Ryan Holiday

Mut – Das Glück ist mit dem Tapferen

Die vier stoischen Tugenden – Band I

DIE VIER STOISCHEN TUGENDEN – BAND I

MUT

DAS GLÜCK IST MIT DEM TAPFEREN

RYAN HOLIDAY

Bibliografische Information der Deutschen Nationalbibliothek
Die Deutsche Nationalbibliothek verzeichnet diese Publikation in der Deutschen Nationalbibliografie. Detaillierte bibliografische Daten sind im Internet über https://dnb.de abrufbar.

Für Fragen und Anregungen
info@m-vg.de

5. Auflage 2026

Türkenstraße 89
80799 München
Tel.: 089 651285-0

Übersetzung: Dr. Thomas Stauder
Redaktion: Bärbel Knill
Korrektorat: Anke Schenker
Umschlaggestaltung: Marc-Torben Fischer in Anlehnung an das Cover der Originalausgabe
Satz: Röser MEDIA GmbH & Co. KG, Karlsruhe
Druck: GGP Media GmbH, Pößneck
Printed in Germany

ISBN Print 978-3-95972-488-3
ISBN E-Book (PDF) 978-3-96092-924-6
ISBN E-Book (EPUB, Mobi) 978-3-96092-925-3

Inhalt

»Lasst uns nicht auf andere warten, die kommen und uns zu schönen Taten ermahnen; lasst uns die Ersten sein, die die anderen zur Tapferkeit anspornen; zeigt euch als die trefflichsten aller Hauptleute und als die würdigsten der Feldherrn, die mehr Recht haben auf die Führung als jene, die jetzt unsere Führer sind.«

Xenophon

Die Vier Tugenden

Lange vor unserer heutigen Zeit kam Herkules an einen Scheideweg.

An einer friedlichen Wegkreuzung inmitten der griechischen Hügellandschaft, im Schatten astreicher Pinien, begegnete der große Held der griechischen Geschichte und des Mythos erstmals seinem Schicksal.

Wo genau dies passierte oder wann, weiß niemand. Wir erfahren von diesem besonderen Augenblick durch die Erzählung des Sokrates. Vor Augen haben wir diese Szene in der prächtigen Kunst der Renaissance. Seine jugendliche Kraft und seine strammen Muskeln, aber auch seine seelische Qual kommen in der klassisch gewordenen Kantate zum Ausdruck, die Johann Sebastian Bach ihm gewidmet hat. Wäre es im Jahr 1776 nach dem amerikanischen Gründervater John Adams gegangen, dann wäre Herkules am Scheideweg auf dem offiziellen Siegel der gerade erst entstandenen Vereinigten Staaten verewigt worden.

Denn dort, bevor er unsterblichen Ruhm erwarb, bevor er die ihm gestellten zwölf Aufgaben erfüllte und bevor er die Welt veränderte, befand sich Herkules in einer persönlichen Krise, wie sie jeder von uns schon erlebt hat, mit einer wichtigen Weichenstellung für seine gesamte Existenz.

Wohin war er unterwegs? Welches Ziel wollte er erreichen? Darum geht es in dieser Geschichte. Auf sich allein gestellt, unbekannt und unsicher, wusste Herkules, wie so viele Menschen, hierauf noch keine Antwort.

Wo der Pfad sich gabelte, lag eine schöne Göttin, die ihm jede erdenkliche Verlockung darbot. Prächtig gekleidet, versprach sie ihm ein

Leben in Saus und Braus. Sie schwor ihm, dass er nie Mangel, Unglück, Angst oder Schmerz würde erleiden müssen. Wenn er ihr folge, sagte sie zu ihm, würden alle seine Wünsche in Erfüllung gehen.

Daneben, auf dem Weg, der in eine andere Richtung führte, stand eine strenger wirkende Göttin in einem strahlend weißen Gewand. Sie richtete sich in ruhigerem Ton an ihn. Sie versprach ihm keine Belohnungen, sondern nur die Früchte seiner eigenen harten Arbeit. Es würde eine lange Reise werden, sagte sie. Er würde Opfer erbringen müssen und es würde für ihn furchterregende Situationen geben. Aber es war ein Lebensweg, der eines Gottes würdig war, der Weg seiner Vorfahren. Er würde ihn zu dem Mann machen, der er werden sollte.

War das die Realität? Ist es wirklich passiert?

Wenn es aber nur eine Legende ist, ist es dann überhaupt von Bedeutung?

Ja, denn es ist eine Geschichte über uns.

Über unser eigenes Dilemma. Über unseren persönlichen Scheideweg.

Herkules hatte die Wahl zwischen Laster und Tugend, dem leichten und dem schweren Weg, dem ausgetretenen Pfad und der weniger beschrittenen Route. Das Gleiche gilt für uns.

Herkules zögerte nur eine Sekunde und entschied sich dann für den Weg, der den entscheidenden Unterschied ausmachte.

Er wählte die Tugend.

Der Begriff »Tugend« mag uns altmodisch erscheinen. Tatsächlich aber bedeutet Tugend – griechisch *arete* – etwas sehr Einfaches und Zeitloses: hervorragende und vorbildliche Haltung, und zwar moralisch wie körperlich und geistig.

In der Antike setzte sich die Tugend aus vier Hauptbestandteilen zusammen.

Mut.

Mäßigung.

Gerechtigkeit.

Weisheit.

Der römische Kaiser und Philosoph Mark Aurel nannte sie »Prüfsteine des Guten«. Millionen Menschen sind sie als »Kardinaltugenden« bekannt, vier nahezu universelle Ideale, die vom Christentum und dem größten Teil der abendländischen Philosophie übernommen wurden, aber auch im Buddhismus, Hinduismus und fast jeder anderen Religion oder Weltanschauung geschätzt werden. Wie C. S. Lewis zu Recht feststellte, sind diese Tugenden nicht nach einem kirchlichen Würdenträger benannt – dem Kardinal –, sondern ihre Bezeichnung basiert auf dem lateinischen Wort *cardo* (ursprünglich Türangel, in übertragener Bedeutung Angelpunkt).

Und Dreh- und Angelpunkte sind diese Tugenden in der Tat, sie öffnen die Tür zu einem guten Leben.

Sie sind auch der Gegenstand dieses Buches und dieser Reihe, deren ersten Band Sie in Händen halten.

Vier Bücher. Vier Tugenden.

Ein gemeinsames Ziel: Ihnen die richtige Entscheidung zu ermöglichen.

Mut, Tapferkeit, Ausdauer, Stärke, Ehre, Aufopferung …

Mäßigung, Selbstbeherrschung, Zurückhaltung, Gelassenheit, Ausgeglichenheit …

Gerechtigkeit, Fairness, Hilfsbereitschaft, Kameradschaft, Güte, Freundlichkeit …

Weisheit, Wissen, Bildung, Wahrheit, Selbsterkenntnis, Frieden …

Sie sind der Schlüssel zu einem guten Leben, einem Leben voll Ehre und Ruhm, einer in jeder Hinsicht *vorzüglichen Existenz*. Es sind Charaktereigenschaften, die der Schriftsteller John Steinbeck perfekt beschrieben hat als »angenehm und erstrebenswert für [ihren] Besitzer, die ihn Taten vollbringen lassen, auf die er stolz sein kann und über die er sich freuen kann«. Doch mit dem »er« sind hier nicht nur die Männer gemeint, sondern die gesamte Menschheit. In Rom existierte keine weibliche Version des Wortes *virtus*. Doch die Tugend war weder männlich noch weiblich, es gab sie einfach.

Und es gibt sie noch heute. Dabei spielt es keine Rolle, ob Sie ein Mann oder eine Frau sind. Genauso wenig kommt es darauf an, ob Sie von kräftiger Statur sind oder extrem schüchtern, ob Sie einen genialen Verstand besitzen oder nur eine durchschnittliche Intelligenz, denn Tugend ist ein universeller Wert. Der Imperativ gilt für alle gleichermaßen.

Jede dieser Tugenden ist untrennbar mit den anderen verbunden, aber dennoch unterscheiden sie sich voneinander. Das Richtige zu tun erfordert fast immer Mut, genauso wie Mäßigung unmöglich ist ohne die Weisheit, den Wert einer Entscheidung zu erkennen. Was nützt der Mut, wenn er nicht für die Gerechtigkeit eingesetzt wird? Was nützt die Weisheit, wenn sie uns nicht bescheidener macht?

Norden, Süden, Osten, Westen – die vier Tugenden sind eine Art Kompass. Nicht umsonst werden die vier Himmelsrichtungen auf einem Kompass »Kardinalpunkte« genannt: Sie weisen uns den Weg, indem sie uns zeigen, wo wir sind und was wahr ist.

Aristoteles beschrieb die Tugend als eine Art Handwerk, etwas, das man sich aneignen kann, so wie man sich einen Beruf oder eine Kunstfertigkeit aneignet. »Wir werden Baumeister, indem wir bauen, und wir werden Harfenspieler, indem wir Harfe spielen«, schreibt er. »Ebenso werden wir gerecht, indem wir gerecht handeln, gemäßigt, indem wir gemäßigt handeln, und tapfer, indem wir tapfer handeln.«

Tugend ist etwas, das wir tun.

Es ist etwas, wofür wir uns entscheiden.

Nicht nur einmal, sondern immer wieder, denn Herkules stand nicht nur einmal am Scheideweg. Es ist eine tägliche Herausforderung, mit der wir nicht nur einmal konfrontiert werden, sondern ständig. Werden wir egoistisch sein oder selbstlos? Tapfer oder ängstlich? Stark oder schwach? Weise oder dumm? Werden wir gute oder schlechte Gewohnheiten annehmen? Mut oder Feigheit? Werden wir uns mit der Unwissenheit zufriedengeben oder die Herausforderung neuer Ideen akzeptieren?

Werden wir stets dieselben bleiben … oder uns weiterentwickeln?

Wählen wir den bequemen Weg oder den richtigen Weg?

Einleitung

»Es gibt keine Tat in diesem Leben, die so unmöglich wäre, dass Sie sie nicht tun könnten. Ihr ganzes Leben sollte als Heldentat gelebt werden.«
Leo Tolstoi

Nichts schätzen wir mehr als den Mut, und dennoch erleben wir ihn extrem selten.

Ist das vielleicht einfach eine normale Reaktion? Dass Dinge für wertvoll gehalten werden, weil sie selten sind?

Möglicherweise.

Aber Mut – die erste der vier Kardinaltugenden – ist kein Edelstein. Er ist kein Diamant, seine Entstehung ist nicht das Ergebnis eines scheinbar endlosen Vorgangs, der bis zu einer Milliarde von Jahren dauern kann.

Nein. Mut ist etwas viel Einfacheres. Er ist eine erneuerbare Ressource, die in jedem von uns verfügbar ist. Er ist etwas, zu dem wir augenblicklich in der Lage sind. In großen wie in kleinen Dingen, egal ob körperlicher oder moralischer Art.

Es gibt unzählige, sogar tägliche Gelegenheiten, seinen Mut zu zeigen: bei der Arbeit, zu Hause, überall.

Und doch ist er so selten.

Warum ist das so?

Weil wir Angst haben. Weil es einfacher ist, nichts zu riskieren. Weil wir gerade etwas anderes zu tun haben und es angeblich nicht der richtige Zeitpunkt dafür ist. »Ich bin kein Soldat«, sagen wir, als ob das Kämpfen auf dem Schlachtfeld die einzige Form von Mut wäre, die in der Welt gebraucht wird.

Wir bleiben lieber im sicheren Bereich. Ich soll ein Held sein? Das klingt selbstverliebt und anmaßend. Das überlassen wir lieber einem anderen, der dafür besser geeignet und vorbereitet scheint, der weniger zu verlieren hat.

Das ist verständlich, sogar logisch.

Aber wo wären wir, wenn alle so denken würden?

»Muss man noch eigens erwähnen«, sagte der sowjetische Schriftsteller und Dissident Alexander Solschenizyn, »dass von jeher ein Schwinden des Mutes als erstes Symptom des nahenden Endes galt?«

Umgekehrt sind die größten Augenblicke der Menschheitsgeschichte – sei es die Landung auf dem Mond oder der Kampf um die Bürgerrechte, die letzte Schlacht bei den Thermopylen oder die Kunst der Renaissance – alle durch eines definiert: die Tapferkeit einfacher Männer und Frauen. Menschen, die taten, was getan werden musste. Menschen, die sagten: »Wenn nicht ich, wer dann?«

Mut ist Mut ist *Mut*

Lange Zeit war man der Auffassung, dass es zwei Arten von Mut gebe.

Körperlichen Mut und moralischen Mut.

Körperlichen Mut hat ein Ritter, der in die Schlacht reitet. Ein Feuerwehrmann, der in ein brennendes Gebäude stürmt. Ein Forscher, der in die Arktis aufbricht und dort den Elementen trotzt.

Moralischen Mut hat ein Whistleblower, der sich gegen mächtige Interessen stellt. Jemand, der die Wahrheit ausspricht, der sagt, was niemand sonst zu sagen wagt. Der Unternehmer, der sich trotz aller Schwierigkeiten selbstständig macht.

Dann gibt es noch den kriegerischen Mut des Soldaten und den geistigen Mut des Wissenschaftlers.

Aber man muss kein Philosoph sein, um zu erkennen, dass all dies eigentlich dasselbe ist.

Es gibt keine zwei Arten von Mut. Es gibt nur eine. Nämlich die, bei der man sein Leben aufs Spiel setzt. In manchen Fällen ganz wörtlich, mit möglicherweise tödlichem Ausgang. In anderen Fällen nur im übertragenen oder finanziellen Sinn.

Mut bedeutet Risiko.

Mut bedeutet ...

... Aufopferung.

... Hingabe.

... Durchhaltevermögen.

... Aufrichtigkeit.

... Entschlossenheit.

Wenn Sie das tun, was andere nicht tun können oder nicht tun wollen. Wenn Sie etwas tun, von dem die Leute denken, dass man es nicht tun sollte oder tun darf. Sonst ist es kein Mut. Dazu gehört immer, *jemandem* oder *etwas* die Stirn zu bieten.

Trotzdem bleibt Mut etwas, das schwer zu definieren ist. Wir erkennen ihn, wenn wir ihn sehen, aber es ist nicht einfach, ihn zu beschreiben. Dementsprechend geht es in diesem Buch nicht um Definitionen. Mut ist ein seltener Edelstein, deshalb müssen wir ihn emporhalten, um ihn aus vielen Blickwinkeln zu betrachten. Indem wir seine vielen Seiten und Schliffe, seine Perfektion und seine unvollkommenen Stellen betrachten, können wir ein Verständnis für den Wert des Ganzen erlangen. Jede dieser Perspektiven hilft uns, ein wenig mehr Einblick zu bekommen.

Aber wir tun dies natürlich nicht, um nur eine abstrakte Vorstellung von Tugend zu bekommen. Jeder von uns steht vor seinem eigenen herkulischen Scheideweg. Vielleicht haben Sie ein Amt inne, in das Sie gewählt wurden. Vielleicht haben Sie etwas Unethisches bei der Arbeit beobachtet. Vielleicht versuchen Sie als Vater oder Mutter, Ihre Kinder in einer Welt voller Gefahren und Verlockungen zu anständigen Menschen zu erziehen. Vielleicht sind Sie ein Wissenschaftler, der eine umstrittene oder unorthodoxe Idee verfolgt. Vielleicht haben Sie einen Einfall für ein neues Unternehmen. Vielleicht sind Sie ein einfacher Soldat in der Infanterie, am Vorabend einer Schlacht. Oder ein Sportler, der sich überlegt, politisch Stellung zu beziehen, was jedoch seiner Karriere oder seinen Werbeeinnahmen schaden könnte.

Was in diesen Situationen gefragt ist, ist Mut. Ganz konkret. Sofort. Werden wir ihn haben? Werden wir auf das Klingeln des Telefons reagieren?

Churchill pflegte zu sagen: »Für jeden kommt im Leben ein besonderer Augenblick, in dem man ihm bildlich gesprochen auf die Schulter klopft und ihm die Chance gibt, etwas Außergewöhnliches zu tun, das einzigartig für ihn ist und seiner Begabung entspricht. Was für eine Tragödie, wenn dieser Moment ihn dann unvorbereitet oder unqualifiziert für das antrifft, was seine Sternstunde hätte werden können.«

Genauer gesagt hält das Leben *viele* solche Momente bereit, es bietet viele derartige Gelegenheiten.

Was Churchill betrifft, so musste er eine schwierige Kindheit mit lieblosen Eltern durchstehen. Er brauchte Mut, um die Lehrer zu ignorieren, die ihn für dumm hielten. Mut, um als junger Kriegsberichterstatter nach Südafrika zu reisen, wo er prompt in Gefangenschaft geriet und wieder seinen Mut benötigte, um eine strapaziöse Flucht anzutreten. Mut, um für ein öffentliches Amt zu kandidieren. Mut brauchte er auch bei seinen Veröffentlichungen als Schriftsteller. Nicht weniger mutig war sein Entschluss, die politische Partei zu wechseln. Oder seine Entscheidung, sich während des Ersten Weltkriegs als Freiwilliger zu melden. Mut war nötig während der schrecklichen Jahre in der politischen Isolation, als die öffentliche Meinung gegen ihn war. Dann war da der Aufstieg Hitlers und Churchills heroischer Widerstand gegen die Nazi-Herrschaft in Europa, die größte Herausforderung in seinem Leben. Aber auch der Mut, weiterzumachen, als er nach dem Zweiten Weltkrieg von den undankbaren Wählern seiner politischen Verantwortung enthoben wurde, um schließlich auf den Posten des Premierministers zurückzukehren. Der Mut, im hohen Alter wieder die Malerei aufzunehmen und seine Werke auch zu zeigen. Mutig war es, sich während des Kalten Kriegs gegen Stalin und den Eisernen Vorhang zu stellen. Und so weiter und so fort ...

Hat ihn sein Mut zwischendurch auch manchmal verlassen? Hat er bisweilen auch Fehler gemacht? Zweifellos. Aber blicken wir lieber auf seine mutigen Augenblicke und lernen von ihnen, statt die Schwächen anderer Menschen als Entschuldigung für unsere eigenen zu verwenden.

Im Leben aller großen Persönlichkeiten finden wir die gleichen Themen. Es gibt darin einen zentralen Moment des Mutes, aber auch viele kleinere Augenblicke dieser Art. Das Verhalten der Rosa Parks im Bus[1] war mutig, aber genauso mutig war es, *42 Jahre lang* im Süden der USA als schwarze Frau zu leben, ohne dabei die Hoffnung zu verlieren, ohne zu verbittern. Ihr Mut, vor Gericht gegen die Rassentrennung vorzugehen, war nur die Fortsetzung des Mutes, der nötig war, um 1943 in die NAACP einzutreten und dort offen als Sekretärin zu arbeiten oder um sich 1945 in Alabama als Wählerin registrieren zu lassen.

Geschichte wird mit Blut, Schweiß und Tränen geschrieben, und sie wird in die Ewigkeit graviert durch die stille Ausdauer mutiger Menschen.

Menschen, die sich erhoben haben (oder sich hingesetzt haben, wie Rosa Parks) ...

Menschen, die gekämpft haben ...

Menschen, die etwas riskiert haben ...

Menschen, die das Wort ergriffen haben ...

Menschen, die sich um etwas bemüht haben ...

Menschen, die ihre Ängste überwunden haben, die mutig gehandelt haben und in manchen Fällen sogar kurzzeitig eine höhere Ebene der Existenz erreicht haben, wodurch sie in die Ruhmeshalle der Helden als diesen ebenbürtig aufgenommen wurden.

Mut ist bei jedem von uns auf andere Weise gefragt, zu unterschiedlichen Zeiten, in unterschiedlichen Formen. Aber in jedem Fall muss er von innen kommen.

Zuerst sind wir aufgerufen, uns über unsere Angst und Feigheit zu erheben. Anschließend werden wir zur Tapferkeit aufgerufen, zum Kampf gegen die Elemente, gegen die Widrigkeiten, gegen unsere Grenzen. Am Ende werden wir zum Heldentum aufgerufen – vielleicht nur für einen einzigen großartigen Moment –, wenn wir etwas Bedeutendes für jemand anderen als uns selbst tun sollen.

Welchen Ruf Sie auch immer gerade hören: Es kommt nur darauf an, dass Sie ihm folgen. Entscheidend ist, sich darauf einzulassen.

In dieser hässlichen Welt ist Mut etwas Schönes. Er ermöglicht die Existenz des Schönen.

Wer sagt denn, dass er so selten sein muss?

Sie haben zu diesem Buch gegriffen, weil Sie wissen, dass er es nicht sein muss.

TEIL I

FURCHT

»Nach dieser Welt voll Zorn und Tränen
lauert nur der Schrecken des düsteren Jenseits,
und doch trifft mich die Bedrohung der Jahre
ohne Furcht an, und so wird es auch bleiben.«
William Ernest Henley

Wodurch wird Mut verhindert? Was macht etwas so hoch Geschätztes so selten? Was hält uns davon ab, das zu tun, was wir tun können und sollten? Was ist die Ursache der Feigheit? Die Furcht. *Phobos*. Einen Feind, den man nicht versteht, kann man nicht besiegen; deshalb ist es wichtig, den Feind des Mutes zu verstehen, die Furcht in all ihren Formen: von Schrecken über Apathie bis hin zu Hass und Kleinmut. *Wir befinden uns in einem Kampf gegen die Furcht.* Also müssen wir die Furcht studieren, uns mit ihr vertraut machen, uns mit ihrem Ursprung und ihren Symptomen auseinandersetzen. Deshalb erbauten die Spartaner Tempel, die sie der Furcht widmeten. Um sie in ihrer Nähe zu haben. Um ihre Macht vor Augen zu haben. Um sich vor ihr zu schützen. Tapfere Menschen sind nicht furchtlos – kein Mensch ist das –, sondern sie zeichnen sich aus durch ihre Fähigkeit, sich über die Furcht zu erheben und sie zu meistern. Wahre Größe erreicht man nur auf diesem Weg. Über Feiglinge gibt es keine Aufzeichnungen. Weder erinnert man sich an sie, noch bewundert man sie. Nennen Sie mir nur irgendetwas Gutes, für das nicht mindestens einige schwierige Momente der Tapferkeit erforderlich waren. Wenn wir also große Taten vollbringen wollen, müssen wir zuerst lernen, die Furcht zu besiegen oder sie zumindest in den entscheidenden Augenblicken zu überwinden.

Der Ruf, den wir fürchten

Bevor sie es besser wusste, war Florence Nightingale furchtlos.

Es gibt eine kleine Zeichnung, die irgendwann in ihrer frühen Kindheit angefertigt wurde. Eine Tante stellte darin Florence auf einem Spaziergang mit ihrer Mutter und ihrer Schwester dar, als sie etwa vier Jahre alt war.

Ihre ältere Schwester klammert sich an die Hand der Mutter. Währenddessen »stapft Florence selbstständig weiter«, mit diesem wunderbar naiven Selbstvertrauen, das manche Kinder besitzen. Sie brauchte keinen Schutz. Es war ihr egal, was andere darüber dachten. Es gab so viel zu sehen. So viel zu erkunden.

Aber leider sollte diese Unabhängigkeit nicht von Dauer sein.

Vielleicht hat ihr jemand gesagt, dass die Welt ein gefährlicher Ort ist. Vielleicht war es der unmerkliche, aber schwer auf ihr lastende Druck ihrer Epoche, in der vorgeschrieben war, dass Mädchen sich auf eine bestimmte Weise verhalten sollten. Vielleicht war es der Luxus ihres privilegierten Daseins, der ihre Wahrnehmung dessen, wozu sie fähig war, beeinträchtigte.

Jeder von uns hat als Kind schon einmal ein derartiges Gespräch miterlebt, wenn ein Erwachsener uns das grausame Unrecht antut – wenngleich womöglich mit den besten Absichten –, unseren Kokon des Selbstvertrauens zu zerstören. Diese Erwachsenen glauben, sie würden uns auf die Zukunft vorbereiten, während sie uns in Wirklichkeit nur ihre eigenen Ängste und ihre eigenen Hemmungen aufzwingen.

Oh, was uns das kostet! Und wie viel Mut dadurch der Welt verloren geht!

So wäre es beinahe auch Florence Nightingale ergangen.

Am 7. Februar 1837, im Alter von 16 Jahren, sollte sie das erhalten, was sie später als ihre »Berufung« bezeichnen würde.

Wozu? Wohin? Und wie?

Sie bemerkte nur, dass es geheimnisvolle Worte von oben waren, die ihr das Gefühl vermittelten, dass etwas von ihr erwartet wurde, dass sie sich nützlich machen sollte, dass ihre Existenz einem anderen Zweck dienen sollte, als das Leben ihrer reichen und trägen Familie zu führen, außerhalb der beengenden und langweiligen Rollen, die für die Frauen ihrer Zeit vorgesehen waren.

»Irgendwo im Inneren hören wir eine *Stimme* …«, sagte Pat Tillman, als er darüber nachdachte, den Profi-Football zu verlassen und sich den Army Rangers anzuschließen. »Diese Stimme führt uns in die Richtung des Menschen, der wir werden wollen, aber es ist an uns, ob wir ihr folgen oder nicht. Die meiste Zeit unseres Lebens werden wir in eine vorhersehbare, geradlinige und scheinbar positive Richtung geführt. Gelegentlich werden wir aber auch auf einen ganz anderen Weg gelenkt.«

Man könnte meinen, dass ein tapferes Mädchen wie Florence Nightingale prädestiniert gewesen wäre, auf diese Stimme zu hören, aber wie so viele von uns hatte sie die Denkweise ihrer Zeit verinnerlicht und wurde zu einer verängstigten Jugendlichen, die es nicht wagte, sich einen Lebensweg vorzustellen, der von dem ihrer Eltern abweichen würde.

»Ihre Familie besaß ein großes Landhaus in Derbyshire«, schrieb Lytton Strachey in seinem Klassiker *Lives of Eminent Victorians*, »es gab ein weiteres Anwesen im New Forest; es gab Zimmer im Londoner Mayfair-Viertel für die Aufenthalte in der Hauptstadt mit ihren exquisiten Partys; man unternahm Reisen auf den Kontinent und besuchte mehr als die übliche Anzahl italienischer Opern, und in Paris bekam man auch berühmte Persönlichkeiten zu Gesicht. Nachdem Florence inmitten solcher Annehmlichkeiten aufgewachsen war, war es naheliegend, anzunehmen, dass sie diese in angemessener Weise würdigen würde, indem sie ihre Pflicht in dem Lebensstand erfüllen würde, zu dem Gott sie berufen hatte – mit anderen Worten, indem sie nach einer angemessenen Anzahl von Tänzen und Dinnerpartys einen geeigneten Gentleman heiraten und eine glückliche Ehe führen würde.«

Acht Jahre lang blieb diese Stimme von oben als störende Präsenz in einer Ecke von Florences Kopf, ein stummer Riese, dem sie aus dem Weg ging. Mittlerweile hatte sie ansatzweise erkannt, dass in der viktorianischen Gesellschaft keineswegs alles in Ordnung war. Die Lebenserwartung ab der Geburt betrug kaum 40 Jahre. In vielen Städten war die Sterblichkeitsrate bei Patienten, die in Krankenhäusern behandelt wurden, höher als bei Patienten, die privat gepflegt wurden. Im Krimkrieg, in dem sich Nightingale später auszeichnen sollte, starben von ungefähr 100 000 Soldaten nur 1800 Männer an ihren Verletzungen. Mehr als 16 000 starben an Krankheiten, und 13 000 weitere wurden dienstunfähig. Selbst in Friedenszeiten waren die Bedingungen dort schrecklich, und schon die Einberufung war lebensgefährlich. »Sie könnten genauso gut jedes Jahr 1100 Männer auf die Salisbury Plain deportieren und dann erschießen«, sagte sie einmal zu Behördenvertretern.

Aber so dringlich diese Krise auch war – und so schnell die Zahl der geopferten Männer stieg –, war doch die Furcht bei Florence noch größer als der Mut.

Laut Strachey musste sie sich um das Familienporzellan kümmern, und ihr Vater erwartete von ihr, dass sie ihm regelmäßig etwas vorlas. Sie musste jemanden zum Heiraten finden und an Teekränzchen teilnehmen. Es gab nichts Nennenswertes für sie zu tun, und das war alles, was eine wohlhabende Frau zu ihrer Zeit tun durfte: *nichts*.

Mit diesem alltäglichen Druck konfrontiert, schenkte Florence dem Ruf in ihrem Inneren kein Gehör, weil sie Angst hatte, er würde ihr Leben in der eleganten Gesellschaft stören. Zwar half sie hin und wieder einem kranken Nachbarn. Sie las auch Bücher und lernte interessante Persönlichkeiten kennen, darunter Dr. Elizabeth Blackwell, die erste Ärztin der USA. Aber als man ihr mit 25 Jahren anbot, ehrenamtlich im Salisbury Hospital zu arbeiten, ließ sie zu, dass ihre Mutter dies verhinderte. Arbeit in einem Krankenhaus? Für ihre Familie hätte sie noch eher eine Prostituierte werden können!

Nach acht Jahren der Verdrängung ertönte ein weiterer Ruf. Die Stimme fragte, dieses Mal etwas deutlicher: *Lässt du dich von Fragen des gesellschaftlichen Ansehens davon abhalten, etwas Nützliches zu tun?* Genau davor hatte sie Angst: Was würden die Leute von ihr denken? Konnte sie den Bruch mit ihrer Familie riskieren, die sie bei sich behalten wollte? Durfte aus einer reichen Debütantin eine einfache *Krankenschwester* werden? Konnte sie einem Beruf nachgehen, von dem sie so gut wie nichts wusste und den es im 19. Jahrhundert noch gar nicht in der heutigen Form gab?

Durfte sie tun, was Frauen nicht tun sollten? Konnte sie darin erfolgreich sein?

Diese Furcht war stark ausgeprägt, so wie das bei jedem Menschen der Fall ist, wenn man in Betracht zieht, in unerforschte Gewässer vorzudringen, oder wenn man sich überlegt, sein bisheriges Leben aufzugeben, um etwas Neues oder anderes zu beginnen. Wenn Ihnen jeder sagt, dass Sie scheitern werden, dass Sie falsch liegen, wie könnten Sie das einfach ignorieren? Es ist ein schreckliches Paradoxon: Man müsste verrückt sein, um nicht auf andere zu hören, wenn sie einem sagen, dass man verrückt ist.

Und was ist, wenn die Leute versuchen, Ihnen Schuldgefühle einzureden? Wenn sie versuchen, Sie für Ihr Verhalten zu bestrafen? Was ist, wenn Sie die anderen nicht enttäuschen wollen? Mit diesem Dilemma war Nightingale konfrontiert, mit Eltern, die ihren Ehrgeiz als Anklage gegen ihren eigenen Mangel an Ehrgeiz auffassten. Ihre Mutter behauptete weinend, dass sie vorhabe, »Schande über sich zu bringen«, während ihr Vater wütend auf sie war, weil sie ihm zufolge verwöhnt und undankbar war.

Das waren Lügen, die sie schmerzten und die sie verinnerlichte. »Dr. Howe«, wagte Florence einmal, Julia Ward Howe zu fragen, die Philanthropin und Autorin der »Battle Hymn of the Republic«, »glauben Sie, dass es für eine junge Engländerin unpassend und unschicklich wäre, in Krankenhäusern wohltätige Arbeit zu leisten? Glauben Sie, es wäre etwas Schreckliches?« Ihre Fragen waren mit vielen Befürchtungen befrachtet. *Unpassend. Unschicklich. Schrecklich.*

Sie war hin- und hergerissen – wollte sie die Erlaubnis, ihrem Traum zu folgen, oder die Erlaubnis, ihn unerfüllt zu lassen? »Meine liebe Miss Florence«, antwortete Howe, »es wäre ungewöhnlich, und in England gilt alles, was ungewöhnlich ist, als unpassend. Aber ich sage zu Ihnen ›Nur vorwärts‹, wenn Sie eine echte Berufung für diese Lebensweise verspüren. Handeln Sie gemäß Ihrer Eingebung, und Sie werden feststellen, dass es nie unschicklich oder undamenhaft sein kann, seine Pflicht zum Wohle anderer zu erfüllen. Entscheiden Sie sich, und gehen Sie dann Ihren Weg, wohin er Sie auch führen mag.«

Aber diese Furcht, nicht normal zu sein, die Furcht vor noch mehr Schuldgefühlen und noch mehr Drohungen wurde Florence nicht los. All das diente dazu, sie zu Hause zu halten, ihr *die Grenzen aufzuzeigen*. Und wie in vielen anderen Fällen funktionierte es auch bei ihr – trotz der ausdrücklichen Ermutigung durch jemanden, den sie bewunderte.

»Was für eine Verbrecherin bin ich, dass ich ihr Glück störe«, schrieb Florence in ihr Tagebuch. »Wer bin ich denn, dass ich behaupten könnte, ihr Leben sei nicht gut genug für mich?« Ihre Familie habe kaum noch mit ihr gesprochen, berichtete sie, »ich wurde behandelt, als hätte ich mich eines schlimmen Delikts schuldig gemacht«. Über *Jahre* hinweg ging diese Taktik auf. »Sie wäre dazu in der Lage gewesen, sich gegenüber ihrer Familie zu behaupten«, schreibt ihr Biograf Cecil Woodham-Smith, »aber sie tat es nicht. Die Fesseln, die sie banden, waren nur aus Stroh, aber sie zerriss sie nicht.«

Nightingale war dabei keine Ausnahme – weder in den 1840er-Jahren noch heute. Denn was ist bei der sogenannten Heldenreise fast immer die Reaktion auf den »Ruf zum Abenteuer«? *Die Weigerung, diesem Ruf zu folgen.* Weil es zu schwer scheint, zu furchterregend, weil man glaubt, nicht der oder die Richtige dafür zu sein. Derartige Gedanken gingen Nightingale im Kopf herum, nicht nur kurze Zeit, sondern 16 Jahre lang.

Das sind die Auswirkungen der Furcht. Sie hält uns von unserer Bestimmung ab. Sie fesselt uns.

Sie lässt uns erstarren. Sie nennt uns eine Million Gründe, warum wir etwas tun sollten. Oder warum nicht. »Wie wenig kann man doch ausrichten, wenn man von der Furcht beherrscht wird«, sollte Nightingale später schreiben. Ein großer Teil der ersten drei Jahrzehnte ihres Lebens war ein Beweis hierfür gewesen. Aber sie wusste auch, dass es einen kurzen Augenblick gegeben hatte, in dem sie keine Angst gehabt hatte. Sie musste diese in ihr steckende Kraft dazu nutzen, um eigenständig auszubrechen und den Ruf anzunehmen, der ihr zu Gehör gebracht worden war.

Es war für sie ein beängstigender, erschreckender Schritt. Es bedeutete, ein komfortables Leben hinter sich zu lassen. Sich über Konventionen hinwegzusetzen. Mit einer Vielzahl von Zweifeln und Forderungen konfrontiert zu werden. Natürlich war es genau das, was sie lange Zeit zurückgehalten hatte – wie so viele von uns. Aber nun hatte Nightingale sich davon befreit. Zwei Wochen später wagte sie den Absprung.

»Ich darf kein Verständnis und keine Hilfe von meiner Familie erwarten«, schrieb sie über ihre Entscheidung, den Weg in die Freiheit zu gehen. »Was ich für meine Existenz benötige, muss ich mir einfach *nehmen.* Das muss ich selbst tun, da kein anderer mir diese Dinge geben wird.«

Ein Jahr später war sie bereits dabei, Feldlazarette für verwundete Soldaten auf der Krim einzurichten. Die Bedingungen dort waren entsetzlich. Da es nicht genügend Betten gab, starben die Männer in den Fluren der Gebäude und auf den Decks der Schiffe. Ratten fraßen ihnen das Essen von den Tellern weg. Patienten ohne die nötige Kleidung kauerten in eiskalten Krankenhäusern; einige von ihnen verbrachten ihre letzten Augenblicke auf Erden völlig nackt. Ihre Verpflegung war unzureichend und ihre Ärzte inkompetent. Dieses Elend war genau das, was ihre Eltern ihr hatten ersparen wollen. Es war so schlimm, dass sogar die tapfersten Staatsdiener dort nicht arbeiten wollten.

»Ich habe«, erklärte sie, »die Behausungen in den schlimmsten Gegenden der großen Städte Europas gesehen, aber ich war noch nie in einer Atmosphäre, die mit der des Barrack Hospitals bei Nacht vergleichbar gewesen wäre.« Jetzt war ihre Furcht verschwunden. An deren Stelle war stählerne Entschlossenheit getreten. Sie finanzierte die Reparaturen vor Ort aus ihrer eigenen Tasche und machte sich an die Arbeit.

Henry Wadsworth Longfellow sollte ihr heldenhaftes Wirken in einem seiner Gedichte perfekt einfangen, in dem er die düsteren und trostlosen Flure des Krankenhauses kontrastierte mit dem Erscheinen von Florence Nightingale, die von Zimmer zu Zimmer geht, mit einer Lampe und aufmunternden Worten für die Verwundeten.

»England, dein Barde soll durch all
Die Zeiten von ihr singen,
Und der Vergangenheit Portal
Ihr Schimmer stets durchdringen!

Heroisch steht ein Frauenbild
Im hellsten Sonnenlichte,
Verklärt von Geisteshoheit mild,
In deiner Großgeschichte!«[2]

Das war heroisch. Möglich war das nur, weil sie mutig genug gewesen war, ihre ganz gewöhnliche, aber sie stark hemmende Furcht zu überwinden.

Ihre Arbeit auf der Krim, die sie unter feindlichem Beschuss und mit großem persönlichen Risiko verrichtete – sie erkrankte dort am Krim-Fieber (Brucellose), das sie für den Rest ihres Lebens plagte –, wurde zum Vorbild für die Gründung des Roten Kreuzes. Ihre Innovationen und ihre spätere Pionierleistung bei der Systematisierung der Versorgung von Kranken und Verwundeten kommen auch heute noch jedem im Krankenhaus zugute, 180 Jahre nachdem sie den für sie vorgezeichneten Lebensweg verließ, ungeachtet der Widerstände in ihrer Umgebung.

Ihre Mutter hatte geweint, als ihre Tochter sich mit ihrem Vorhaben durchsetzte. »Wir sind Enten, die einen wilden Schwan ausgebrütet haben«, sagte sie. Stellen Sie sich vor: Eine Mutter, die in Tränen ausbricht, weil sich herausstellt, dass ihr Kind etwas Besonderes ist. Wie es wohl sein muss, in einem Haus aufzuwachsen, in dem so etwas passiert. Strachey sollte später hierzu bemerken, dass Nightingales Mutter falschlag. Ihre Tochter war kein Schwan. Sie hatte einen Adler zur Welt gebracht. Der kleine Adler war lange ausgebrütet worden und hatte lange im Nest gesessen, aber sobald er flügge war, erwies er sich als furchtlos.

Unsere Bestimmung im Leben erhalten wir zugeteilt; die Aufgabe ist größer als wir selbst. Wir sind alle berufen, etwas zu sein. Wir sind auserwählt. Man hat uns dafür auserkoren … aber werden wir uns entscheiden, dies zu akzeptieren? Oder werden wir davor weglaufen?

Das ist unser Ruf.

Eine Möglichkeit, die Lebensgeschichte von Nightingale zu interpretieren, besteht darin, zu sagen, dass sie jahrelang den Ruf ignoriert hat, sich in den Dienst ihrer Mitmenschen zu stellen. Man kann aber auch sagen, dass sie sich auf die Aufgabe ihres Lebens vorbereitet hat. Sie brauchte eine Weile, um die Störgeräusche ihrer Familie und der sie umgebenden Gesellschaft auszublenden, die sie davon abhalten wollten, das zu tun, was getan werden musste. Es nahm eine gewisse Zeit in Anspruch, sich die Fähigkeiten anzueignen, die sie benötigte, um die Krankenpflege von Grund auf zu reformieren.

In beiden Versionen ihres Lebens ist der Kampf gegen die Furcht – und der Sieg darüber – für ihre Existenz entscheidend. So wie es dies für jede Person war, die die Welt verändert hat. Es gibt keine große Tat, die nicht furchterregend wäre. Es gibt niemanden, der Großes erreicht hat, ohne mit seinen eigenen Zweifeln, Ängsten, Beschränkungen und Dämonen zu ringen.

Es stellte sich heraus, dass diese Erfahrung für Nightingale sogar prägend war. Als sie schließlich mit vollem Einsatz mit der Einrichtung von Krankenhäusern und der Reformierung des militärischen und zivilen Gesundheitswesens Großbritanniens begann, stieß sie auf unglaublichen Widerstand – vonseiten der Bürokratie, der Elemente und der politischen Machthaber. Sie musste mehr sein als ein Engel der Barmherzigkeit auf der Krankenstation: Sie war Quartiermeisterin, Schattensekretärin, Lobbyistin, Whistleblowerin, Aktivistin und Verwalterin. Durch ihre Fähigkeit, all dies zu tun und sich dabei nicht von unerbittlichen und einschüchternden Gegnern beirren zu lassen, ihre Fähigkeit, einen geduldigen, nie nachlassenden Kampf gegen diejenigen zu führen, die sie von ihren Zielen abbringen wollten, wurde ihr Wirken überhaupt erst möglich.

Niemand konnte ihr mehr Angst einjagen. Sie ließ sich nicht einschüchtern.

»Ihr Brief ist vom Belgrave Square aus geschrieben«, bemerkte sie in einem Briefwechsel, mit dem sie den britischen Kriegsminister herausforderte, »ich schreibe aus einer Hütte auf der Krim. Daraus ergibt sich eine andere Sichtweise.« Und das von einer Frau, die ein paar Monate zuvor noch Angst hatte, ihre hysterische Mutter zu enttäuschen. Wenn nun ein Arzt – oder irgendjemand sonst – ihr sagte, dass etwas nicht getan werden könne, antwortete sie mit ruhiger Autorität: »Aber es muss getan werden.« Und wenn es dann doch nicht getan wurde – zum Beispiel, als ein Krankenhaus, in dem sie arbeitete, sich weigerte, Katholiken und Juden aufzunehmen –, drohte sie mit ihrer Kündigung. Das war unmissverständlich.

Ihre Erfahrungen mit der Furcht halfen ihr, eine liebevolle Beziehung zu den Tausenden von verwundeten und sterbenden Patienten aufzubauen, die sie betreute. »Befürchtungen, Ungewissheit, Warten, Erwartungen und Angst vor Überraschung schaden einem Patienten mehr als jede Anstrengung«, schrieb Nightingale. »Denken Sie daran, dass er seinem Feind die ganze Zeit von Angesicht zu Angesicht gegenübersteht, innerlich mit ihm ringt, lange imaginäre Unterhaltungen mit ihm führt.« Dies war ein Kampf, den sie aus erster Hand kannte, einer, bei dem sie ihren Patienten zum Sieg verhelfen konnte.

Heutzutage erhält jeder von uns seinen eigenen Ruf.

Um sich in den Dienst einer Sache zu stellen.

Ein Risiko einzugehen.

Den Status quo infrage zu stellen.

Auf etwas zuzulaufen, während andere davor wegrennen.

Über die eigene Stellung hinauszuwachsen.

Etwas zu tun, von dem die Leute sagen, es sei unmöglich.

Es wird für uns viele Gründe geben, warum uns dieser Weg nicht als der richtige erscheinen wird. Es wird auf uns ein unglaublicher Druck ausgeübt werden, diese Gedanken, diese Träume, dieses Bedürfnis aus unserem Kopf zu verbannen. Je nachdem, wo wir sind und was wir tun möchten, kann der Widerstand, auf den wir stoßen, in Anreizen zugunsten einer anderen Entscheidung bestehen … oder die Form offener Gewalt annehmen.

Die Furcht wird sich bemerkbar machen. Das tut sie immer.

Werden wir uns von ihr davon abhalten lassen, dem Ruf zu folgen? Werden wir das Telefon klingeln lassen?

Oder können wir uns näher und näher an unser Ziel herantasten, wie Nightingale es tat, uns dabei stählen und vorbereiten, bis wir bereit sind, das zu tun, was unsere Bestimmung ist?

Wichtig ist, keine Angst zu haben

Es ist leicht, verängstigt zu sein. Besonders in der heutigen Zeit.

Die Lage kann jeden Moment eskalieren. Es herrscht Ungewissheit. Sie könnten Ihren Job verlieren. Dann Ihr Haus und Ihr Auto. Sogar Ihren Kindern könnte etwas zustoßen.

Wenn alles so unsicher ist, wirkt sich das natürlich auf unseren Gefühlshaushalt aus. Wie sollte es auch anders sein?

Sogar die antiken Stoiker, die angeblich immer ihre Emotionen unter Kontrolle hatten, haben zugegeben, dass wir alle immer wieder einmal impulsiv reagieren. Auf laute Geräusche. Auf Verunsicherung. Auf einen Angriff.

Sie hatten einen Ausdruck für diese spontanen, noch nicht vom Verstand verarbeiteten Eindrücke von Dingen: *phantasiai*. Und diesen war nicht zu trauen.

Wissen Sie, was der am häufigsten wiederholte Satz in der Bibel ist? »Fürchtet euch nicht.« Immer und immer wieder tauchen diese Worte auf, eine Ermahnung von oben, sich nicht von *phantasiai* beherrschen zu lassen.

»Sei mutig und stark«, lesen wir im Buch Josua, »fürchte dich also nicht und hab keine Angst«. Im fünften Buch Mose heißt es: »Wenn du zum Kampf gegen deine Feinde ausziehst und Pferde und Wagen und ein Kriegsvolk erblickst, das zahlreicher ist als du, dann sollst du dich nicht vor ihnen fürchten.« In den Sprüchen Salomos heißt es: »Fürchte dich nicht vor jähem Erschrecken, vor dem Verderben, das über die Frevler kommt!« Ebenfalls im fünften Buch Mose, in Anlehnung an das Buch Josua, ruft Mose Josua zu sich und entsendet ihn nach Israel. »Empfange Vollmacht und Kraft«, sagt er zu ihm. »Du sollst mit diesem Volk in das Land hineinziehen, von dem du weißt: Der Herr hat ihren Vätern geschworen, es ihnen zu geben. Du sollst es an sie als Erbbesitz verteilen. […] Du sollst dich nicht fürchten und keine Angst haben.«[3]

Sowohl die Stoiker als auch die Christen haben niemanden dafür getadelt, dass er sich kurzfristig fürchtet, dass er eine emotionale Reaktion zeigt. Ihnen kam es nur darauf an, wie man sich verhält, nachdem der Anflug dieses Gefühls abgeklungen ist.

»Erschrick ruhig. Dagegen kannst du nichts tun«, sagte William Faulkner. »Aber hab keine Angst.«

Das ist ein wesentlicher Unterschied. Erschrecken ist ein vorübergehend aufwallendes Gefühl. Das kann man verzeihen. Angst ist dagegen ein länger anhaltender Zustand, und der Angst zu erlauben, ein Gemüt zu beherrschen, ist eine Schande.

Der Schreck hilft Ihnen, denn er alarmiert Sie, weckt Sie auf, weist Sie auf eine Gefahr hin. Die Angst hingegen zieht Sie herunter, schwächt Sie, kann Sie sogar lähmen.

In einer unsicheren Welt, in einer Zeit quälender, schwer zu lösender Probleme, ist Angst eine Belastung. Angst schränkt Sie ein.

Es ist okay, sich einmal zu fürchten. Wem wäre das noch nicht passiert? Aber es ist nicht in Ordnung, sich davon aufhalten zu lassen.

Ein jüdischer Spruch vom Anfang des 19. Jahrhunderts lautet: כל העולם כולו גשר צר מאוד והעיקר לא לפחד כלל. »Die Welt ist eine schmale Brücke und das Wichtigste ist, keine Angst zu haben.«

Die Weisheit dieses Satzes hat dem jüdischen Volk in unglaublichen Widrigkeiten und schrecklichen Tragödien Halt gegeben. Er wurde sogar in ein populäres Lied verwandelt, das während des Jom-Kippur-Krieges von israelischen Soldaten und Zivilisten im Radio gehört wurde.

Der Spruch ist eine Erinnerung: Ja, die Lage ist schwierig, und man kann erschrecken, wenn man auf der Brücke nach unten und nicht nach vorne schaut. Aber Angst hilft einem dabei nicht weiter.

Als die Märkte im Oktober 1929 zusammenbrachen, sah sich Amerika mit einer katastrophalen Wirtschaftskrise konfrontiert, die zehn Jahre andauerte. Banken gingen in Konkurs. Investoren wurden ruiniert. Die Arbeitslosigkeit stieg auf 20 Prozent. Franklin Delano Roosevelt trat 1933 die Nachfolge eines Präsidenten an, der dreieinhalb Jahre lang vergeblich versucht hatte, das Problem in den Griff zu bekommen. War er verunsichert? Natürlich war er das. Wie hätte er es auch nicht sein sollen? Alle Amerikaner waren verunsichert.

Aber in seiner heute legendären Antrittsrede sagte er, dass jeder selbst dafür verantwortlich sei, ob er Angst habe oder nicht. Die Angst war für ihn der wahre Gegner, denn sie machte die Situation nur noch schlimmer. Sie würde die übrig gebliebenen Banken auch noch vernichten. Sie würde die Menschen gegeneinander aufbringen. Sie würde die Umsetzung gemeinschaftlicher Lösungen verhindern.

Wer kann gute Arbeit leisten, wenn er Angst hat? Wer kann klar sehen, wenn er Angst hat? Wer kann anderen dann noch helfen? Wie kann man lieben, wenn man Angst hat? Wie kann man überhaupt noch etwas Sinnvolles tun, wenn man Angst hat?

Im American Football kann der Empfänger den Ball nicht fangen, wenn er in Erwartung des Schlags zurückzuckt. Ein Künstler kann kein Kunstwerk schaffen, wenn er vor der Reaktion der Kritiker zittert. Ein Politiker wird selten die richtige Entscheidung treffen, wenn er sich dabei nur um die Konsequenzen bei den Wahlen sorgt. Wenn ein Paar nur daran denkt, wie schwer die Zukunft mit Kindern sein wird, wird es nie eine Familie gründen.

Da ist kein Platz für Angst. Jedenfalls nicht bei dem, was wir tun wollen.

Dieses Leben, das wir leben, diese Welt, in der wir uns befinden, sind durchaus furchteinflößend. Wenn man über den Rand einer schmalen Brücke blickt, kann man durchaus den Mut verlieren, weiterzugehen. Man erstarrt. Man setzt sich hin. In dieser Verfassung trifft man aber keine guten Entscheidungen, weil man dann weder klar sehen noch denken kann.

Das Wichtigste ist, keine Angst zu haben.

Wir besiegen die Furcht mit Logik

Perikles, der große Staatsmann in Athen, kam einst zu seinen Truppen und stellte fest, dass diese durch die Vorboten eines Gewitters in Schreckensstarre verfallen waren. Heutzutage mutet eine derartige Reaktion albern an, aber wie wäre es Ihnen gegangen, wenn Sie in einer Zeit gelebt hätten, in der die Menschen noch keine Ahnung hatten, was Donner war oder was ihn verursachte?

Perikles konnte die Vorgänge nicht wirklich wissenschaftlich erklären, aber immerhin konnte er dem nahekommen. Er schnappte sich zwei große Felsbrocken, versammelte seine Männer um sich und begann, die Felsstücke gegeneinanderzuschlagen. BUMM. BUMM. BUMM.

Entsteht denn Donner anders, sagte er, als durch zwei Wolken, die ebenso aufeinanderprallen?

Von politischen Führern wird gesagt, dass sie den Menschen Hoffnung verkaufen, aber in praktischer Hinsicht bekämpfen sie auch die Angst.

»Falsche Beweise, die echt wirken.« In Vereinigungen, die sich die Abstinenz der Alkoholabhängigen zum Ziel gesetzt haben und die versuchen, die Beschwerden der Suchtkranken zu lindern, welche diese davon abhalten, ihre Lebensweise zu ändern, wird dies mit dem englischen Akronym F.E.A.R. bezeichnet (False Evidence Appearing Real).

Was wir tun müssen, ist, das Wesen unserer Eindrücke zu erforschen – zu unserem eigenen Nutzen und zu dem der anderen. Wir müssen sie mithilfe der Logik analysieren, genauso wie Perikles es tat. Den Dingen auf den Grund gehen. Sie verstehen. Sie erklären.

In einer anderen Situation, als gerade die Pest in Athen wütete, war Perikles dabei, mit seiner Flotte den Hafen zu verlassen, um Kurs auf den Feind zu nehmen, gegen den er Krieg führen wollte. Aber als er bereits an Bord war und seine Matrosen die Anker gelichtet hatten, wurde die Sonne plötzlich von einer Sonnenfinsternis verdunkelt. Schnell verbreitete sich Furcht unter den Männern, die diese Überraschung für ein gefährliches Omen hielten. Perikles brachte seine Männer jedoch dazu, sich wieder zusammenzureißen, und zwar nicht mit einer großen Rede, sondern mit einer logischen Demonstration. Er ging auf einen Steuermann zu und deckte ihn mit seinem Mantel zu. »Ist denn das«, sagte er, »was eben geschehen ist und diese Dunkelheit verursacht hat, etwas anderes als mein Mantel, abgesehen davon, dass es größer ist?«

Das Leben hält auch heute noch für uns unvorhersehbare Ereignisse bereit. Es gibt immer noch viel, was wir nicht wissen. Deshalb sind wir leicht zu erschrecken, sind ein Spielball unserer Ängste und Zweifel.

Der einzige Weg, diese Furcht zu überstehen, besteht darin, sie zu bekämpfen. Auf logische, klare und nachdrückliche Art.

Als die Verluste an Menschenleben durch den Krieg und die Pest immer größer wurden, sagte Perikles zu den Bürgern Athens, Tapferkeit sei die Fähigkeit, die Ruhe zu bewahren und einen klaren Verstand. Wir müssen das, womit wir konfrontiert sind, aufschlüsseln, sagte er, »die Bedeutung dessen, was im Leben angenehm ist und was schrecklich, und dann unverzagt hinausgehen, um uns dem Unvermeidlichen zu stellen«.

Was ist mit dem Teil Ihres Gehirns, der immer das Schlimmste vorhersieht, der mit dem verrücktesten Szenario rechnet und der Ihre Fähigkeit unterschätzt, damit fertigzuwerden? Er ist nicht Ihr Freund. Und die innere Stimme, die Sie ermüdet, indem sie Katastrophen an die Wand malt und ständig übertreibt? Sie ist nicht hilfreich. Sie vermittelt

Ihnen kein zutreffendes Bild von der Welt. Dadurch werden Sie ganz sicher nicht tapferer!

Sagen Sie sich einfach: Es geht nur um Geld. Es ist nichts als ein schlechter Artikel. Es ist bloß eine Besprechung mit einigen Leuten, die sich gegenseitig anschreien. Ist das etwas, wovor Sie Angst haben müssten?

Analysieren Sie die Ereignisse. Blicken Sie auf die wirklichen Fakten. Finden Sie die Hintergründe heraus. Nur auf dieser Basis ist echtes Verständnis möglich.

»Wir sollen nicht das sehen, was unser Feind sieht und wovon er hofft, dass wir es sehen«, schrieb Mark Aurel, »sondern das, was *wirklich da ist.*«

Was schrecklich ist und was nicht

Areios Didymos überlebte den Niedergang der römischen Republik und endete als Berater des neuen Kaisers Octavian, der Nachwelt bekannt unter seinem Ehrennamen Augustus. Es gibt kaum eine gesellschaftliche Stellung, die mehr Mut, Gerechtigkeitssinn, Selbstdisziplin und Weisheit erfordert als die eines Königs oder Kaisers. Außerdem war Octavian ein ziemlich abergläubischer junger Mann, was die ohnehin schon schwere Bürde noch vergrößert haben dürfte.

Es sollte uns also nicht überraschen, dass Areios ausführlich über die Furcht schrieb. »Zögern ist Furcht vor einer zukünftigen Aktion«, sagte er. »Sorge ist Furcht vor dem Versagen sowie, in einer anderen Bedeutung, Furcht vor der Niederlage. Erstaunen ist Furcht aufgrund eines ungewohnten Sinneseindrucks. Scham ist Furcht vor dem Verlust des Ansehens. Erschütterung ist Furcht, die durch uns umgebenden Lärm verstärkt wird. Aberglaube ist Furcht vor Göttern oder Geistern. Grauen ist Furcht vor dem Schrecklichen.«

Aber was ist »schrecklich«? Das ist die Frage, denn was der eine schrecklich findet, kann ein anderer durchaus noch erträglich finden. Dennoch gibt es etwas, das wir alle schrecklich finden sollten: das Versagen beim Erfüllen unserer Pflicht. Zu versagen und die Furcht als Ausrede zu benutzen.

In der Bibel können Sie feststellen, dass trotz all der Ermahnungen »Fürchtet euch nicht« auch immer wieder von der Wichtigkeit der Gottesfurcht gesprochen wird.

Ein Widerspruch? Nein, eine Unterscheidung.

Wir sollten uns nicht vor Dingen in der Außenwelt fürchten. Was wir allerdings fürchten sollten, ist der Verlust unserer eigenen Fähigkeiten, das Herabsetzen unserer eigenen Ansprüche an uns selbst – wofür auch immer diese stehen mögen. Das ist es, was schrecklich ist.

Für Areios war Mut einfach die Fähigkeit, das Richtige zu tun. Manchmal bedeutet das, in die Schlacht zu stürmen. Es kann aber auch bedeuten, vor eine Menschenmenge zu treten oder zuzugeben, dass man einen Fehler gemacht hat, oder etwas Neues auszuprobieren.

Nichts davon ist schrecklich. Beängstigend wäre ein anderes Verhalten: dies aus Furcht nicht zu tun.

Die Menschen fürchten die Wahrheit. Was sie aber fürchten sollten, das ist die Unwissenheit. Was sie fürchten sollten, ist das Beharren auf einem Irrtum, auf einem falschen Eindruck von der Wirklichkeit.

Es wäre natürlich schön, wenn alle Tatsachen immer angenehm wären und alle Umstände zu unseren Gunsten. Es wäre schön, wenn unsere Pflicht immer leicht und gefahrlos zu erfüllen wäre. Aber man muss das Leben so nehmen, wie es ist.

»Nicht alles, dem man ins Auge blickt, kann verändert werden«, sagte James Baldwin, »aber nichts kann verändert werden, bevor man ihm nicht ins Auge blickt.« Wir sollten uns nicht vor den Dingen fürchten, sondern vor unseren Reaktionen auf sie, besonders vor Erschrecken und Scham.

Mit etwas weiterzumachen, mit dem man nicht einverstanden ist – das ist schlecht. Genauso schlecht ist es, etwas zu verheimlichen. Oder seine Last auf einen anderen abzuladen. Die Realität zu leugnen. Einem Rüpel nachzugeben. Sich zu weigern, die Dinge beim Namen zu nennen.

Noch schlimmer ist es, diese Dinge nur deswegen nicht zu tun, weil man Angst hat.

Wer sich fürchtet, weiß nichts. Wer mutig ist, weiß, was richtig ist und was nicht – was schrecklich ist und was nicht.

Und *Wissen* ist der erste Schritt zum *Handeln*.

Wenden Sie sich gegen den Status quo

Am häufigsten fürchten wir uns davor, was andere Leute über uns denken könnten.

Das lähmt uns und verdreht uns. Diese Haltung verzerrt unsere Wahrnehmung der Wirklichkeit und lässt uns auf eine so völlig verrückte und feige Art handeln, dass es schwer zu beschreiben ist.

»Es gibt viele, die sich nicht trauen, sich umzubringen, weil sie sich davor fürchten, was die Nachbarn sagen werden«, scherzte Cyril Connolly einmal. Es beschäftigt uns so sehr, was andere Leute denken, dass wir sogar dann noch Angst vor ihnen haben, wenn wir ihre Reaktionen nicht mehr selbst miterleben können.

Das Paradoxe daran ist natürlich, dass fast alles Neue, alles Beeindruckende, alles Richtige gegen die lauten Einwände der Verteidiger des Status quo getan wurde. Das meiste von dem, was heute geschätzt wird, wurde zur Zeit seiner Entstehung oder Einführung von Personen abgelehnt, die jetzt so tun, als wäre das nie geschehen. Uns fehlt oft die Fähigkeit oder die Bereitschaft zu erkennen, dass solche Einwände nur ein kleines Hindernis sind, das es zu überwinden gilt.

Nachdem Frank Serpico 1970 die Korruption innerhalb der New Yorker Polizei aufgedeckt hatte, gratulierte ihm ein anderer ehrlicher Cop. »Aber warum hast du mich nicht schon früher unterstützt«, fragte Serpico, »warum hast du nicht den Mund aufgemacht, als ich Hilfe brauchte?« – »Was?!«, antwortete der Mann. »Sollte ich mich dafür von allen anderen ächten lassen so wie du?«

Ja, durchaus! Denn was wäre geschehen, wenn niemand diese Machenschaften enthüllt hätte? Soll man zulassen, dass die eigenen Kollegen weiterhin ausgerechnet jene Menschen erpressen, die sie eigentlich beschützen sollten? Soll man ihnen erlauben, mit den Kriminellen zusammenzuarbeiten, vor denen sie die Bevölkerung eigentlich bewahren sollten?

Die meisten Menschen würden lieber zu Komplizen einer Straftat werden, als diese von sich aus zu melden. Während einer Pandemie würden die meisten Menschen lieber sterben, als der Einzige mit einer Maske zu sein. Die meisten würden eher in einem verhassten Job bleiben, als erklären zu müssen, warum sie kündigen, und dadurch eine beruflich unsichere Zukunft in Kauf nehmen. Sie würden eher einem dummen Trend folgen, als es zu wagen, ihn zu hinterfragen; die eigenen Ersparnisse durch eine geplatzte Investitionsblase zu verlieren scheint ihnen weniger schmerzhaft, als durch Zurückhaltung während des Wachstums der Blase einen schlechten Eindruck zu machen. Sie machen lieber etwas mit, das ihr Vermögen schmälert, als ihre Stimme auch nur ein wenig zu erheben und dadurch zu riskieren, vorübergehend aufzufallen oder isoliert zu sein.

Wir täten gut daran, uns an die mahnenden Worte Ciceros zu erinnern – eines Mannes, der von seinen Zeitgenossen belächelt wurde aufgrund seiner neureichen Herkunft, seines Willens, Karriere zu machen, und seiner Liebe zu blumiger Sprache –, die Menschen hätten schon immer geredet, getratscht und nach den anderen geschielt. »Lass es die Sorge deiner Mitmenschen sein, was sie über dich sagen möchten«, bemerkte er. »Du wirst sie ohnehin nicht daran hindern können.«[4]

Sie dürfen sich nicht von der Furcht beherrschen lassen. Es hat noch nie einen Menschen gegeben, der etwas Wichtiges getan hat, ohne andere Leute damit zu verärgern. Es hat noch nie eine Veränderung gegeben, der sich keine Zweifler in den Weg gestellt hätten. Es hat noch nie einen Trend gegeben, über den nicht gelästert worden wäre. Es hat noch nie eine bahnbrechende Geschäftsidee gegeben, der nicht lautstark das Scheitern vorausgesagt worden wäre.

Und es hat noch nie eine Zeit gegeben, in der die durchschnittliche Meinung von gesichtslosen, nicht rechenschaftspflichtigen Fremden stärker gewichtet werden sollte als unser eigenes wohlüberlegtes Urteil.

Sie sind immer zahlreicher, bevor man sie zählt

Es war zu Beginn seiner militärischen Laufbahn, als Ulysses S. Grant sich auf einem langen Ritt durch den Osten von Texas befand. Der Proviant wurde langsam knapp. Einer seiner Männer war krank. Ein Pferd gab den Geist auf.

In diesem gefährlichen Gebiet, Indianern, Banditen und der Witterung schutzlos ausgeliefert, versuchte Grant in Begleitung eines weiteren Mannes schließlich, sich allein die siebzig Meilen bis Corpus Christi durchzuschlagen, um dort nicht als unerlaubt abwesend zu gelten. Sie standen zeitlich unter Druck und riskierten, in der feindseligen Umgebung voller dichtem Gestrüpp, in dem Klapperschlangen hausten, verletzt zu werden, oder wenn sie Bäche und Flüsse überqueren mussten.

Ach ja, Wölfe gab es dort auch – die beiden Männer hörten »ein schrecklich unheimliches Wolfsgeheul«. Sie konnten durch das hohe Präriegras nichts sehen, aber sie hatten keinen Zweifel, dass das Wolfsrudel in unmittelbarer Nähe war. Nahe bei ihnen, böse und bereit, wie Grant schrieb, »uns zwei mitsamt den Pferden auf einmal zu verschlingen«. Er überlegte deshalb, umzukehren, und hoffte insgeheim, dass sein Begleiter dies vorschlagen würde, denn sein größter Wunsch war, sich in Sicherheit zu bringen.

Der andere Offizier, der etwas abgebrühter und erfahrener war als Grant, lächelte jedoch nur und ritt weiter. »Grant, wie viele Wölfe befinden sich Ihrer Meinung nach in diesem Rudel?«, fragte er. Um nicht als dumm oder feige dazustehen, versuchte Grant, die Bedrohung, die ihm einen derartigen Schrecken eingejagt hatte, beiläufig zu unterschätzen. »Oh, ungefähr zwanzig«, sagte er mit einer Lässigkeit, die im Widerspruch stand zu seinem Herzklopfen.

Da stießen Grant und der Offizier plötzlich auf die Urheber des Geheuls. Dort vor ihnen lagen ganz entspannt, mit spitzbübischer Selbstsicherheit, nicht mehr als zwei Wölfe. In der Anspannung, die eine unbekannte Bedrohung bei ihm ausgelöst hatte, war es Grant nie in den Sinn gekommen, sein Herzrasen und seine Hirngespinste zu hinterfragen.

Vier Jahrzehnte später, nach einem Leben im Staatsdienst und in der Politik, pflegte Grant zu erzählen, dass er oft an diese Begebenheit zurückdachte, wenn er von einer Gruppe hörte, die aufgrund von Kritik ihren Kurs änderte, oder wenn jemand wegen schlechter Chancen oder eines unsichtbaren Feindes aufgeben wollte. Er endete stets mit dem Hinweis auf die Lektion, die er gelernt hatte und die in derartigen Situationen von Nutzen war: »Sie sind immer zahlreicher, bevor man sie zählt.«

Die Hindernisse, die Feinde, die Kritiker – sie sind nicht so zahlreich, wie Sie sich vielleicht vorstellen. Das ist ein Trugbild, von dem Ihre Gegner sich wünschen, dass Sie daran glauben.

Damals in Texas lernte Grant noch eine weitere Lektion. Was glauben Sie, was die Wölfe taten, als sie sahen, dass Grant und sein Begleiter einfach weiter auf sie zukamen und nicht furchtsam umkehrten? Die Wölfe rannten weg.

Nachdem 1861 der amerikanische Sezessionskrieg zwischen den Süd- und Nordstaaten ausgebrochen war, wurde Grant als Oberstleutnant der Unionsarmee zum Kampf gegen ein unter der Führung von Oberst Thomas Harris stehendes Konföderiertenheer nach Missouri geschickt. Obwohl Grant bereits Gefechtserfahrung besaß und obwohl er etwas von seiner Begegnung mit den Wölfen gelernt hatte, hatte er doch wieder Angst.

Das Gebiet war über eine Distanz von fünfundzwanzig Meilen evakuiert worden. Kein Mensch war in Sicht; es lag eine Spannung in der Luft wie beim Herannahen eines Sturms, von dem niemand im Freien überrascht werden wollte.

Noch einmal bekam Grant Herzklopfen, das in seiner Brust immer weiter hochstieg, bis es ihm die Kehle zuschnürte. »Ich hätte damals alles dafür gegeben, wieder in Illinois zu sein«, schrieb er, »und ich hatte nicht den moralischen Mut, innezuhalten und zu überlegen, was ich tun sollte.«

Genau in dem Moment, in dem er am meisten Angst hatte, in dem er spürte, dass er es nicht würde ertragen können, anzugreifen und zu kämpfen und sich dem Getöse und dem Schrecken der Schlacht auszusetzen, erreichte er die Spitze eines Hügels, wo er erwartet hatte, auf den Kriegsgegner zu stoßen.

Aber dieser Gegner war verschwunden. Die Konföderierten waren geflohen, nachdem sie erfahren hatten, dass Grant und seine Truppen unterwegs waren, um sie anzugreifen.

»Es kam mir sofort in den Sinn, dass Harris genauso viel Angst vor mir haben musste wie ich vor ihm«, schrieb Grant später. »Das war eine Sichtweise auf die Situation, die ich zuvor noch nie eingenommen hatte, die ich aber danach nie mehr vergessen sollte. Von diesem Erlebnis an bis zum Ende des Krieges verspürte ich nie mehr dieselbe Beklemmung, wenn ich einem Feind gegenüberstand, wenngleich ich immer in verschiedenem Maße besorgt war. Ich vergaß nie, dass der Feind dieselben Gründe hatte, mich zu fürchten, wie ich ihn. Das war für mich eine wertvolle Lektion.«

Die Nacht ist dunkel und voller Schrecken. Im Leben stehen wir vielen Feinden gegenüber.

Jedoch müssen Sie sich immer bewusst machen, dass diese Feinde nicht annähernd so schrecklich sind, wie Sie sich das zuvor ausmalen.

Das gilt für viele unangenehme Situationen: Sie können sich fürchten, wenn Sie während einer Party versuchen, mit einem Prominenten ins Gespräch zu kommen, wenn Sie mit Ihren Kindern über Sex sprechen müssen oder wenn Sie Ihren Chef um eine Gehaltserhöhung bitten wollen, aber in Wirklichkeit fühlen sich dabei immer beide Seiten unwohl, wenn nicht sogar beklommen. Die Ängstlichkeit ist auf beiden Seiten vorhanden.

Sie überschätzen Ihr Gegenüber … und Ihr Gegenüber überschätzt Sie.

Glauben Sie, dass der Personalchef gerne ein Bewerbungsgespräch mit Ihnen führt? Dass es ihn antörnt, Ihnen diese Fragen zu stellen? Nein, er hat genauso Angst wie Sie, dass es nicht gut läuft. Egal ob Sie es als Schauspieler bei einem Filmdreh mit einem ruppigen Regisseur zu tun haben, als Rekrut mit einem Sergeanten, der die Neuankömmlinge triezt, oder als Angestellter bei Vertragsverhandlungen mit einem Vorgesetzten – die Selbstsicherheit dieser Personen ist bloß vorgetäuscht. Sie sind genauso nervös wie jeder andere und versuchen ebenso, dies zu verbergen.

Und wenn Sie diese Personen näher kennenlernen, werden Sie feststellen, dass der Unterschied zwischen deren Empfindungen und Ihren eigenen keineswegs so groß ist, wie von Ihnen vermutet.

Ein wenig Achtsamkeit und ein wenig Einfühlungsvermögen schwächen uns keineswegs, sondern schenken uns Selbstvertrauen.

Jetzt können wir die wahren Verhältnisse erkennen: Alle anderen sind ängstlicher als wir selbst.

Aber was ist, wenn?

Was wir fürchten, kennen wir nicht.

Jedenfalls nicht genau.

Die Gefahr zeichnet sich drohend, aber weit entfernt in der Zukunft ab. Oder sie verursacht uns Magengrimmen, echte Bauchschmerzen, aber bleibt dennoch vage und unbestimmt.

Wir fürchten, dass etwas Schlimmes passieren könnte. Wir fürchten, dass etwas nicht klappen könnte. Wir fürchten negative Konsequenzen. Wir fürchten, was die Leute über uns denken könnten.

Aber *was, wo, wann, wie, wer*? Das können wir nicht beantworten, weil wir uns nicht wirklich damit auseinandergesetzt haben. Wir haben nicht wirklich definiert, was uns so beunruhigt. Unsere Befürchtungen sind nicht konkret, sie sind Schatten, Trugbilder, Lichtbrechungen, die wir irgendwo aufgeschnappt und meist nur flüchtig betrachtet haben.

Das muss ein Ende haben. Auf der Stelle und sofort.

Der Unternehmer und Buchautor Tim Ferriss spricht von der Übung des Erkennens der eigenen »Furcht-Einstellungen« – der Bestimmung und Beschreibung der Alpträume, Ängste und Zweifel, die uns im Leben einschränken. Die Ursprünge dieser Praxis reichen zurück bis in die Antike, mindestens bis zu den Stoikern. So schrieb beispielsweise Seneca über die *premeditatio malorum*, das bewusste Nachdenken über die Übel, denen wir begegnen könnten.

»Exil, Krieg, Folter, Schiffbruch«, sagte Seneca, »alle Begleitphänomene der Conditio humana könnten uns ständig bewusst sein.« Nicht als Furcht, sondern als Vertrautheit. Wie wahrscheinlich sind sie? Was könnte sie auslösen? *Wie haben wir uns darauf vorbereitet, mit ihnen umzugehen?* Seneca war der Auffassung, dass die unerwarteten Schläge am stärksten schmerzen. Wenn wir das, was passieren kann, erwarten, bestimmen und geistig bewältigen, wird es weniger beängstigend und gefährlich für uns sein.

»Was wäre, wenn die Ölfelder versiegen würden!?«, fragte sich John D. Rockefeller als geistige Übung, um nicht träge zu werden. Durch beherztes Handeln während der wiederholten Finanzpaniken des 19. Jahrhunderts konnte er sein Vermögen beträchtlich vermehren.

Napoleon glaubte, dass ein Heerführer sich mehrmals am Tag fragen sollte: »Was wäre, wenn der Feind jetzt direkt vor mir oder zu meiner Rechten oder zu meiner Linken auftauchen würde?« Zweifellos bestand der Sinn dieser Übung nicht darin, seinen Generälen Angst zu machen. Nein, es ging darum, sicherzustellen, dass sie vorbereitet waren.

Doch wir haben zu große Bedenken, »das Schicksal herauszufordern« oder »negative Energie auszustrahlen«, um diese Art der umsichtigen Führung zu praktizieren. Dabei ist es in der Tat die Aufgabe einer Führungskraft, über das Undenkbare nachzudenken. Seit mehr als zweitausend Jahren gilt für militärische Führer die gleiche, stets nur geringfügig abgewandelte Maxime: Das einzige unentschuldbare Vergehen für einen Offizier ist, sich überraschen zu lassen. Und dann hinterher zu sagen: *Ich hätte nicht gedacht, dass das passieren würde.*

Wir alle müssen den Mut aufbringen, tatsächlich dem ins Auge zu blicken, wovor wir Angst haben. Angenommen, wir fürchten uns, einen attraktiven fremden Menschen anzusprechen. Aber warum? Was sind die möglichen Folgen? Zum Gespött gemacht zu werden? Zurückgewiesen zu werden? Oder wir wagen es im Berufsleben nicht, unsere Meinung zu sagen. Warum das? Weil wir vielleicht deswegen kritisiert werden? Weil wir uns im schlimmsten Fall einen neuen Job suchen müssen? Aber haben wir daran nicht ohnehin schon gedacht? Weil wir sterben oder getötet werden könnten? Besteht diese Gefahr denn nicht auch, wenn wir in ein Flugzeug steigen, eine Straße überqueren oder beim Aufwachen am Morgen, weil wir zerbrechliche und sterbliche Wesen sind?

Wir müssen den Mut aufbringen, über all die Dinge nachzudenken, die passieren könnten, Ereignisse, an die man nicht gerne denkt, das Ungewöhnliche, das Unerwartete, das Unwahrscheinliche. Es geht nicht nur darum, unsere Angst vor übertrieben gefährlich dargestellten Unsicherheitsfaktoren zu reduzieren, sondern auch darum, Gewissheiten im Unbekannten zu finden – Risiken, polternde Geräusche in der Nacht, Pläne des Feindes, Dinge, die schiefgehen können und werden.

Nichts Menschliches sollte uns fremd sein. Nichts Mögliches sollte unberücksichtigt bleiben.

Douglas MacArthur fasste alle Fehlschläge des Krieges und des Lebens in zwei Worten zusammen: »Zu spät.« Zu spät bei der Vorbereitung, zu spät beim Erkennen der Absichten des Feindes, zu spät beim Gewinnen von Verbündeten, zu spät beim Austauschen von Informationen zwischen den politischen Führern, zu spät beim Leisten von Hilfe, wo diese nötig war. Zu spät, weil man nicht konkret wurde, weil man die Feinde nicht zählte, wie von Ulysses S. Grant empfohlen, oder weil man sich nicht auf das Auftauchen des Feindes vorbereitete, wie von Napoleon gefordert.

Ein bisschen deprimierend? Vielleicht. Aber es ist besser, pessimistisch und auf das Schlimmste vorbereitet zu sein als das Gegenteil davon. Es war Aristoteles, der sagte, dass Optimisten am verletzlichsten sind, denn »wenn das Ergebnis nicht wie erwartet ausfällt, rennen sie weg«.

Seien Sie immer auf das Schlechteste vorbereitet, um das Beste zu erreichen.

Wenn man die Furcht durchschaut hat, kann man sie besiegen. Wenn das Negative angesprochen wurde, kann es durch Positives ausgeglichen werden. Wenn man die Wölfe oder Feinde gezählt hat, sind sie plötzlich ganz wenige. Berge erweisen sich als Maulwurfshügel, Ungeheuer erweisen sich als Menschen.

Wenn unsere Feinde von uns vermenschlicht werden, können wir sie besser verstehen. Kosten, die zuerst unglaublich hoch erschienen, verwandeln sich in klare Berechnungen – Kalkulationen, die es wert waren, durchgeführt zu werden. Es stellt sich heraus, dass der Nutzen weitaus größer war als die Risiken. Sogenannte »schwarze Schwäne« – selten auftretende Ereignisse mit schwerwiegenden Auswirkungen – werden im Vorfeld bedacht, sodass eine Vorbereitung darauf möglich wird. Angriffe, die wir vorhergesehen haben, können wir abwehren. Das Spektrum möglicher Zwischenfälle wird dadurch reduziert und die Auswirkungen von Murphys Gesetz (»Alles, was schiefgehen kann, wird auch schiefgehen«) werden verringert.

Eine vage Furcht reicht aus, um uns abzuschrecken; je genauer wir sie aber analysieren, desto weniger Macht hat sie über uns. Deshalb müssen wir uns diese irrigen Annahmen vorknöpfen und sie beseitigen wie ein schädliches Krebsgeschwür.

Wir hatten Angst, weil wir etwas nicht kannten. Wir waren verletzlich, weil wir etwas nicht kannten.

Aber jetzt kennen wir es.

Und mit dieser Bewusstheit können wir weitermachen.

Lassen Sie sich von Schwierigkeiten nicht abschrecken

Seneca bereitete sich auf alle Eventualitäten und Schwierigkeiten des Lebens vor. Aber auf keinen Fall hätte er gedacht, dass ihm das *alles* passieren würde: Krieg. Schiffbruch. Folter. Exil. All das … plus Tuberkulose. Der Verlust eines Kindes. Neros Wahnsinn. Kritiker, die ihn verleumdeten.

Einerseits muss er all dies als unglückliche Häufung von Schicksalsschlägen empfunden haben. Andererseits wusste er, dass ihn diese Erfahrungen zu der Person machten, die zu werden ihm bestimmt war.

»Wer etwas ohne Gefahr gewonnen hat, hat es ohne Ruhm gewonnen«, schrieb er. »Mucius wurde durch Feuer geprüft, Fabricius durch Armut, Rutilius durch Verbannung, Regulus durch Folter, Sokrates durch Gift, Cato durch den Tod. Vorbilder für menschliche Größe kann man nur im Unglück finden.«

Zerbrechen Sie sich nicht den Kopf darüber, ob die Umstände für Sie schwer sein werden. *Denn sie werden es sein.*

Stattdessen sollten Sie sich klarmachen, dass diese Umstände Ihnen helfen werden. Deshalb müssen Sie sich nicht vor ihnen fürchten.

Unsere blauen Flecken und Narben werden zu einer Rüstung. Unsere Kämpfe werden zu Erfahrung. Sie machen uns besser. Sie haben uns auf den jetzigen Augenblick vorbereitet, genauso wie dieser Augenblick uns auf den vorbereiten wird, der in der Zukunft liegt. Diese Umstände sind die Würze, die dem Sieg seinen besonderen Geschmack verleihen.

Wenn die interessanten Dinge einfach wären, würde jeder sie tun. Wenn jeder den Erfolg erreichen könnte, wie wertvoll wäre er dann noch?

Der springende Punkt ist, dass das Leben schwer ist. Risiken gehören dazu und sind keine außergewöhnlichen Störfälle.

Nec aspera terrent. Lassen Sie sich von Schwierigkeiten nicht schrecken.

Fühlen Sie sich wie ein Sportler, der weiß, dass er durch hartes Training seine Muskelmasse vergrößern kann.

»Es gibt nichts Besseres als Widrigkeiten«, pflegte der amerikanische Bürgerrechtler Malcolm X zu sagen. »Jede Niederlage, jede schmerzliche Erfahrung, jeder Verlust enthält einen Keim und eine Lektion, die dir helfen werden, deine Leistung beim nächsten Mal zu verbessern.«

Wie könnten Sie Selbstvertrauen besitzen, wenn Sie nicht schon härtere Situationen als die jetzige durchgestanden hätten? Wie könnten Sie glauben, dass Sie dies *möglicherweise* überleben werden, wenn Sie nicht schon andere schlimme Ereignisse überlebt hätten?

Ich verrate Ihnen das Verrückteste über die Gladiatoren im Kolosseum: Hätten Sie gedacht, dass viele von ihnen tatsächlich Freiwillige waren? Sie wollten wissen, ob sie das Zeug dazu hatten, dieser Gefahr zu trotzen. Wir alle brauchen Widersacher und Widrigkeiten, um zu existieren. »Überfluss und Frieden züchten Feiglinge heran«, schrieb Shakespeare. »Aus dem Schoß der Härte geht stets neue Härte hervor.«

Es ist nicht schlimm, was Ihnen passiert. Es ist ein gutes Training für Sie. Außerdem können Sie stolz sein, denn nicht jeder besitzt die innere Stärke, das so zu sehen.

Derartige Augenblicke sind eine Art Prüfung. Nicht umsonst nennt man sie auch eine »Herausforderung«.

Es ist gut, dass es Ihnen jetzt passiert und nicht erst später – denn später werden Sie härter sein, weil Sie es heute durchgestanden haben. Haben Sie begriffen, auf welche Einstellung es dabei ankommt?

Vielleicht glauben Sie trotzdem, dass es besser für Sie wäre, wenn alles möglichst einfach wäre. Sie wünschen sich, keine Risiken eingehen zu müssen. Wenn dieser Sprung nur nicht so verdammt gefährlich aussehen würde! Aber da spricht die Furcht aus Ihnen.

Es ist gut, dass es schwer ist. Das schreckt die Feiglinge ab und fasziniert die Mutigen.

In Ordnung?

Konzentrieren Sie sich auf das, was Sie unmittelbar vor sich haben

Der griechische Feldherr Demosthenes – nicht zu verwechseln mit dem Redner gleichen Namens – wachte einmal auf und stellte fest, dass er und seine Truppen im Begriff waren, sowohl vom Meer als auch vom Land aus angegriffen zu werden.

Es war ein ungeheurer Schreck für ihn und seine Männer.

Dann tat er das Einzige, was es für ihn in dieser Situation zu tun gab. Er machte sich daran, sich gegen den Angriff zu verteidigen.

Er ließ seine Männer hinunter zum Meeresstrand marschieren und appellierte dort an sie auf eine Weise, die uns allen nützen kann, wenn wir vor einem enormen, vielleicht sogar unlösbaren Problem stehen.

»Soldaten und Mitstreiter, ich hoffe, dass keiner von euch in unserer gegenwärtigen Bedrängnis auf die Idee kommen wird, seinen Scharfsinn unter Beweis stellen zu wollen, indem er alle Gefahren, die uns umgeben, genau analysiert. Stattdessen hoffe ich, dass ihr schnell die Begegnung mit dem Feind suchen werdet, ohne euch damit aufzuhalten, eure Chancen zu berechnen, denn das ist für euch der sicherste Weg zum Sieg. In Notsituationen wie der unseren ist abwartendes Kalkül fehl am Platz; je früher man der Gefahr entgegentritt, desto besser.«

Man könnte sagen, dass Furcht das Einzige ist, was wir alle gemeinsam haben. Wir alle kennen Angst, Sorgen, Zweifel und Stress. Von

Kindern bis zu Königen, von Soldaten bis zu Stubenhockern, wir alle verspüren dies deutlich in wichtigen und unwichtigen Situationen.

Hilft uns diese Beklemmung? Das Auflisten aller Gefahren und Probleme? Unsere Furcht gefährlich riesig werden zu lassen? Nein!

»Das Leben selbst ist insgesamt ein viel zu riskantes Unterfangen, um jedem Gefahrendetail viel Aufmerksamkeit zu schenken«, schrieb Robert Louis Stevenson. Es ist besser, sich einfach an die Arbeit zu machen. Sich dem zu stellen, womit man konfrontiert ist, je früher, desto besser.

»Lass dich nicht vom Nachdenken über die ganze Tragweite des Lebens erdrücken«, sagte Mark Aurel. »Belaste deinen Geist nicht mit all den schlimmen Dingen, die noch passieren könnten. Konzentriere dich stets auf die gegenwärtige Situation und frage dich, warum sie so unerträglich scheint, dass du sie nicht überstehen kannst.«

Aber zu wem hat er das gesagt?

Er sagte es zu *sich selbst*. Der damals als römischer Kaiser mächtigste Mann der Welt, der Herrscher über ein riesiges Reich, der Befehlshaber der gefürchtetsten Armee, verspürte selbst Sorge und Angst.

Kein Wunder! Da war die Seuche. Die Grenze wurde bedroht. Ein Palastaufstand war im Gange. Er hatte ein schwieriges Kind. Was ihm passierte, war das *Leben*.

Unabhängig davon, wer Sie sind, gibt es wahrscheinlich etwas, worüber Sie sich Sorgen machen. Aber hilft uns die Sorge? Nein. Sie lenkt uns ab und hält unsere Aufmerksamkeit gefangen. Sie pflastert unseren Weg mit Schlaglöchern aus Zweifel und Unsicherheit, mit spekulativen Szenarien und Weltuntergangsprognosen. Sie beansprucht kognitive Ressourcen, die für die aktuell anstehende Aufgabe benötigt würden.

Der britische Dichter Wilfred Owen hat es 1916 im Schützengraben in Frankreich in wunderschöne Worte gefasst:

»Glücklich ist, wer seine Vorstellungskraft verliert:
Er hat genug zu tragen an seiner Munition.«

Wenn wir uns vorstellen, was alles passieren kann, wenn wir uns ständig Katastrophen ausmalen, dann sind wir unglücklich und haben am meisten Angst. Wenn wir uns aber auf das konzentrieren, was wir zu bewältigen und zu tun haben, dann sind wir zu beschäftigt, um uns Sorgen zu machen, zu beschäftigt mit der *Arbeit*.

Im Hier und Jetzt steht mehr als genug für Sie auf der To-do-Liste. Deshalb sprachen die Stoiker davon, sich an den »ersten Eindruck« zu halten. Einfach an das, was Sie sehen. Was hier bei Ihnen ist. Nicht an alles andere, was vielleicht irgendwann damit zusammenhängen könnte oder auch nicht.

Dieser Anruf, den Sie tätigen müssen. Dieser Scheck, den Sie ausstellen müssen. Dieses Drahtseil, das Sie überqueren müssen, diese Schar von Soldaten, die Sie angreifen müssen.

Der kanadische Astronaut Chris Hadfield konnte während seines ersten Weltraumspaziergangs plötzlich auf dem linken Auge nichts mehr sehen. Dann füllte sich sein rechtes Auge mit Tränenflüssigkeit, und er konnte gar nichts mehr sehen. Er war nun in völlige Dunkelheit gestürzt und bewegte sich taumelnd über einem ungeheuren, ebenfalls tiefschwarzen Abgrund. Später sagte er, der Schlüssel zum Überleben in einer derartigen Situation sei, sich zu erinnern: »Es gibt sechs Dinge, die ich jetzt tun könnte, die alle dazu beitragen werden, meine Lage zu verbessern.« Und während er nicht unrecht hat mit seiner Feststellung »Kein Problem kann so schlimm sein, dass Sie es nicht noch verschlimmern könnten«, dürfen wir nicht vergessen, dass die Energie, die wir dafür aufwenden, darüber nachzudenken, dass wir unsere Lage verschlechtern könnten, Energie ist, die wir besser dafür verwenden sollten, unsere Lage zu verbessern.

Ob es nun sechs Dinge sind oder fünf – oder auch *fünfundsechzig* – der Punkt ist, dass nur das zählt, was unmittelbar vor Ihnen liegt. Je früher, desto besser, wie Demosthenes sagte.

Wie können Sie also eine Herausforderung meistern, wenn Sie mit Ihren Gedanken ganz woanders sind? Wenn Sie darüber nachdenken, wie irgendjemand auf Ihr Verhalten reagieren wird? Wenn Sie sich schon halb auf ein mögliches Scheitern vorbereiten? Wenn Sie sich weiterhin an all die Gründe klammern, warum etwas eine schlechte Idee ist?

Die Antwort ist ganz einfach: Auf diese Weise können Sie es nicht schaffen.

Wie aber können Sie dieses »Nicht-an-morgen-denken« in Einklang bringen mit der mentalen Vorbereitung auf alles, was passieren könnte, auf alles »Was-wäre-wenn«? Seneca, der als geistiges Vorbild für Tim Ferriss' Übung zur Beruhigung von Furcht diente, sagte, dass wir uns um diese Vorbereitung aus einem bestimmten Grund kümmern, der jedoch nicht die Angst sein darf.

»Gib dir Mühe, schwierige Situationen zu durchdenken – harte Zeiten können weniger hart, Engpässe weniger eng und schwere Lasten weniger schwer gemacht werden, wenn man es versteht, den richtigen Druck auszuüben.«

Das richtige Verhalten ist ein Gleichgewicht, das nicht leicht zu erreichen ist, aber Sie haben verstanden, worauf es dabei ankommt.

Zweifeln Sie nie am Mut eines anderen Menschen

Als James Baldwin über den Tod seines Vaters, eines Menschen, den er gleichermaßen geliebt und gehasst hatte, nachdachte, kam ihm in den Sinn, dass er nur die Außenseite dieses Mannes gesehen hatte. Hinter seinem Versagen als Elternteil verbarg sich ein einzigartiger innerer Kampf, der von anderen nicht vollständig rekonstruiert werden konnte. Deshalb trafen ihn die Worte des Predigers bei der Beerdigung seines Vaters so hart:

»Du kennst den Sündenfall dieses Mannes, aber du kennst nicht sein Ringen.«

Es ist sehr einfach, zu urteilen. Es ist sehr schwer, zu *wissen.*

Zu wissen, was eine andere Person durchmacht. Zu wissen, was ihre Gründe sind. Welche komplexen Probleme sie zu meistern versucht, wen und was sie zu schützen versucht.

Es gibt eine Geschichte über Nikita Chruschtschow, nachdem er Regierungschef der Sowjetunion geworden war. Auf der Bühne stehend prangerte er in einer Rede vor dem Politbüro die Verbrechen des Stalin-Regimes an. Da ließ ihm ein Mitglied der Zuhörerschaft unter dem Schutz der Anonymität einen Zettel nach vorne reichen. »In Ordnung«, stand da, »aber wo waren Sie damals?«

Chruschtschow rang um eine Antwort, hielt kurz inne und antwortete dann: »*Ich war da, wo Sie jetzt sind.*«

Er meinte: Im Publikum. Namenlos. Nichts unternehmend. Genau wie jeder andere.

Wir wissen nicht, warum jemand gekniffen hat, warum er sich zweideutig verhalten hat, warum er sich nicht zu einer bestimmten Aktion entschließen konnte. Es ist schwierig für Menschen, etwas zu verstehen, wenn ihr Gehalt davon abhängt, dass sie es nicht verstehen. Wir sind nicht eingeweiht in das volle Ausmaß des Ringens und der Last, unter der andere zerbrochen sind. Wir sollten versuchen, ihnen keine Vorwürfe zu machen, denn wir können nie wirklich ermessen, was sie durchgemacht haben.

Was wir aber wissen, ist, dass es in unserem eigenen Leben viele Bereiche gibt, in denen die Furcht uns zurückhält, uns nichts sehen lässt, unsere Geradlinigkeit zerstört.

Es ist kompliziert: Manchmal können Menschen in einem bestimmten Bereich ihres Lebens kühn und furchtlos sein, jedoch in einem anderen Bereich eine extreme (meist moralische) Feigheit an den Tag legen. Denn die Menschen zeigen unterschiedliches Verhalten in unterschiedlichen Bereichen. Und sie rationalisieren die Bereiche.

Dieser Kampf gegen die Furcht ist ein Vollzeitjob. Keiner von uns hat ihn so gut im Griff, dass er noch viel Zeit hätte, darüber zu urteilen, wie andere mit ihrer Furcht zurechtkommen, in der Vergangenheit oder in der Gegenwart. Wir können nicht mehr tun, als zu versuchen, von unseren Mitmenschen zu lernen – sowohl von historischen Persönlichkeiten als auch von Zeitgenossen – und ihre Lektionen auf unser eigenes Leben anzuwenden.

Wenn Sie während der Sklaverei gelebt hätten, während des Imperialismus, wenn Sie Zeuge des zunehmenden Antisemitismus in Europa geworden wären, wenn Sie in Sowjetrussland oder in Maos China geboren worden wären, was hätten Sie dann getan? Wären Sie dazu fähig gewesen, sich gegen den Mainstream Ihrer Zeit zu stemmen? Wären Sie tapfer genug gewesen, unabhängig zu denken? Wären Sie in der Lage gewesen, allen gesellschaftlichen Einflüssen und Normen der damaligen Zeit zu widerstehen, beispielsweise Ihre Sklaven freizulassen oder die Homosexualität ihres Sohnes zu akzeptieren oder die Gleichberechtigung der Frau zu unterstützen?

Furcht ist der entscheidende Faktor bei diesen Antworten.

Niemand kann wirklich verstehen, wie es wäre, in einer anderen Zeit und an einem anderen Ort zu leben, wenn dort völlig andere Anschauungen herrschen, die jeder Ihrer Bekannten vertritt und die auch in allen Büchern und Zeitungen stehen, die Sie dort in die Hand bekommen. Dennoch ist es möglich, eine eindeutige Antwort auf die Frage, wie Sie sich damals verhalten hätten, zu geben: Wie Chruschtschow sagte, würden Sie sich gegenüber den Normen genauso verhalten wie hier und heute.

Deswegen müssen Sie sich nicht den Kopf zerbrechen über die Frage »Was würde ich an deren Stelle tun?«. Stattdessen sollten Sie sich fragen: »Was tue ich *jetzt*?«

In Ihrem eigenen Leben. Mit Ihren eigenen Ängsten.

Manche Menschen können daran zerbrechen. Das muss Ihnen klar sein. Viele Menschen werden mit diesem Konflikt zu ringen haben. Wie Epiktet, der geprägt war von 30 Jahren in der Sklaverei und dabei sein Einfühlungsvermögen in menschliche Zwangslagen entwickelt hatte, zu sagen pflegte: »Solange wir die Gründe eines Menschen nicht kennen, können wir nicht einmal behaupten, dass er falsch gehandelt hat.«

Genauso wenig können wir uns vorstellen, wie verängstigt sogar tapfere Menschen waren. »Nur meine Unterwäsche wusste, wie viel Angst ich hatte«, sagte Louis Zamperini, als er an seine Zeit als Kriegsgefangener im japanischen Lager Naoetsu zurückdachte. Zum Glück hat ihn diese Furcht nie gebrochen, jedenfalls nicht ganz, nicht nach außen hin – aber viel fehlte nicht. »Richtet nicht, damit ihr nicht gerichtet werdet« heißt es im Matthäus-Evangelium.

Heißt das, dass niemand jemals zur Rechenschaft gezogen werden sollte? Für seine Taten oder für seine Untätigkeit? Nein, natürlich nicht. Es bedeutet nur, dass wir gerade jetzt genug eigene Dinge unmittelbar vor uns haben, auf die wir uns konzentrieren sollten. Kümmern wir uns um unsere persönlichen Angelegenheiten. Bündeln wir unsere Anstrengungen dort, wo sie am wichtigsten sind; halten wir uns nicht auf mit Verurteilungen oder Untersuchungen.

Die Trottel in Washington … Die Bürokraten in Brüssel … Die Idioten in den Firmen. Ja, sie sind alle Feiglinge. Aber was ist mit Ihnen? *Was tun Sie denn*?

Wenn wir jemanden für seine Feigheit anklagen wollen, dann sollten wir dies wortlos tun, durch unser gutes Beispiel.

Verschwenden Sie keine Sekunde damit, den Mut anderer Menschen infrage zu stellen. Stellen Sie nur sich selbst infrage.

Sie sind immer in der Lage zu handeln

Im Jahr 2007 wurde der Technologie-Investor Peter Thiel von der Website Gawker als schwul geoutet, in einem höhnischen, persönlich verletzenden Beitrag, der ihn für sein Privatleben verspottete. Da er großen Wert auf seine Privatsphäre legte, war es nicht verwunderlich, dass Thiel es ablehnte, derart in der öffentlichen Aufmerksamkeit zu stehen. Er hielt das Silicon Valley für einen Ort, dessen intellektuelle Bedeutung in seiner Fähigkeit wurzelte, auch von der Norm abweichende und komplizierte Menschen zu tolerieren. Wie sähe eine Welt aus, in der niemandem ein derartiger Vertrauensvorschuss gewährt würde? Wo die sexuellen Neigungen eines Menschen öffentlich zur Schau gestellt würden? Wo jede neue Idee verspottet würde, bevor sie eine Chance erhielte?

Als er seinen Freunden bei einem Abendessen diese Fragen stellte, wurde Thiel von so ziemlich jedem, auch von sehr mächtigen Leuten, gesagt, dass man nichts tun könne. Zwar war das, was ihm passiert war, unfair und geschmacklos, aber es war nicht illegal und daher nicht zu stoppen. Außerdem hatte sich Gawker mit Tricks und Druck bereits aus mehr als hundert Prozessen herausgekämpft. Die Vertreter dieses Klatschmediums hatten ihre Gegner zum Weinen gebracht und um Gnade betteln lassen.

Dagegen können Sie gar nichts machen.

Das hat man Ihnen vielleicht aus dem gleichen Grund gesagt wie ihm: Es ist eine schonende Art, jemandem beizubringen, etwas auf sich beruhen zu lassen.

Weil Thiel, wie so viele andere, diesen Ratschlägen vertraute, wurden sie wahr. Er glaubte nicht, etwas ausrichten zu können, und so passierte jahrelang überhaupt nichts – trotz seiner Brillanz und seines Vermögens als größter externer Investor in Facebook. Sich damit abzufinden, dass er keine Handlungsfähigkeit und keinen Einfluss hatte, wurde, um eine von Thiels eigenen Formulierungen zu verwenden, zu einer *wirkmächtigen Überzeugung*.

So läuft es, unabhängig davon, ob man Milliardär oder Durchschnittsverdiener ist, auch wenn man einen gestählten Körper und einen brillanten Intellekt besitzt. Die Angst bestimmt, was möglich ist oder nicht, im Sinne einer selbsterfüllenden Prophezeiung. Wenn Sie denken, dass etwas zu furchterregend ist, dann wird es das tatsächlich für Sie. Wenn Sie glauben, keine Macht zu haben … dann haben Sie tatsächlich keine. Wenn Sie nicht der Herr Ihres Schicksals sind … dann wird das Schicksal zu Ihrem Herrn.

Wir können unser Leben auf zwei Arten durchqueren. Dabei haben wir die Wahl zwischen zwei wirkmächtigen Überzeugungen: dass wir in der Lage sind, unsere Situation selbstständig zu ändern, oder dass wir den Umständen, in denen wir uns befinden, passiv ausgeliefert sind. Wir können auf das Glück vertrauen … oder auf Ursache und Wirkung.

Natürlich reicht es nicht aus, zu glauben, man könne etwas tun, um es dann tatsächlich tun zu können. Wenn Sie aber von vornherein *nicht* daran glauben, dass Sie etwas tun können, wenn Sie Angst davor haben, ist es sehr unwahrscheinlich, dass Sie es dann *tun können*. Ob es sich darum handelt, wieder laufen zu können oder etwas zu erfinden – wenn Sie davon überzeugt sind, dass es nicht möglich ist, wird es niemals geschehen. Jedenfalls nicht mit Ihnen als Akteur.

Xenophon, der große Kavalleriekommandant von Athen, befand sich einmal zusammen mit zehntausend führerlosen griechischen Soldaten eingekesselt mitten in Persien. Die Männer fingen an zu verzweifeln, waren vor Angst und Frustration erstarrt und warteten nur noch auf die Katastrophe. Xenophon versuchte, den Männern Mut zu machen, indem er ihnen ihre Lage erklärte. Er sagte, sie könnten zwischen zwei Haltungen wählen, einer, die fragte:

»Was wird mit mir geschehen?«,

und der anderen, die fragte:

»Was werde ich tun?«.

Knapp zweieinhalbtausend Jahre später, in demselben fernen Land, gab General James Mattis seinen Soldaten denselben Rat: »Denkt niemals, dass ihr ohnmächtig seid. Entscheidet selbst, wie ihr reagiert.«

»Mut ist seltener zu finden als Genialität«, schrieb Thiel einmal. In der Tat wurde seiner eigenen Genialität durch Furcht, Unsicherheit und schlechte Ratschläge ein Dämpfer verpasst.

Trotz all seines Geldes, trotz all seiner Beziehungen, trotz all seiner Fähigkeiten und Ressourcen glaubte er, er sei ohnmächtig.

Und das war er dann auch.

Genauso geht es Ihnen mit den schwerwiegenden Problemen, die Sie derzeit belasten und verunsichern.

Das ist die Kraft der Handlungsfähigkeit – und unseres Glaubens an sie.

Wir haben Angst, an etwas zu glauben

Der Psychologe Viktor Frankl sprach, nachdem er die Vernichtungslager der Nazis überlebt hatte, von seiner Überraschung über das »existenzielle Vakuum«, das über Europa und die westliche Hemisphäre hereingebrochen war. Das Gute hatte über das Böse gesiegt, die Technik hatte im Ringen mit der Natur und der materiellen Not triumphiert, und doch war niemand glücklich und niemand hatte Hoffnung. Die Welt, sagte er, war spirituell ausgebombt.

Doch gerade wegen seiner Erfahrungen im Holocaust war Frankl nicht bereit, am Leben zu verzweifeln. Er stellte den zukünftigen Generationen eine eindringliche Frage: Warum haben wir uns die Mühe gemacht, diese schreckliche Höllensituation zu überleben, wenn das Leben anschließend keinen Sinn hat? Was gibt euch das Recht, so verdammt zynisch zu sein?

Dennoch besteht diese Haltung, die sich gefährlich einschleicht, heute noch immer. Die Menschen glauben, dass nichts von Bedeutung ist.

Das existenzielle Vakuum, das im zwanzigsten Jahrhundert begann, saugt uns weiterhin in seinen dunklen Rachen. Egal, ob es um Religion, Patriotismus oder Fleiß geht – jeden Tag wird der kollektive Glaube an diese Säulen der Menschheit schwächer. Sehen Sie sich nur an, was wir uns über unsere Geschichte erzählen. Entscheiden wir uns dafür, uns als die jüngsten Nachkommen einer langen Reihe heroischer Vorfahren zu sehen, die tapfer und gegen alle Widrigkeiten für eine bessere Welt gekämpft haben? Oder sind wir die missratenen Kinder von unverbesserlichen Rassisten, Kriegstreibern und Ungeheuern? Sind wir die Zukunft der Menschheit – der Fortschritt – oder sind wir eine Heimsuchung für den Erdball?

Langsam, aber sicher haben wir uns all der Dinge entledigt, die unserem Leben einen Sinn gaben, die uns an Ideale erinnerten. *Es gibt keinen Himmel mehr. Der Staat ist böse. Die Menschen sind schrecklich. Die Geschichte ist nichts als eine Chronik schlimmer Verbrechen.* Und wenn Sie dem dann noch die Überzeugung hinzufügen, dass der Einzelne nichts bewirken kann? Dass er höheren Mächten ausgeliefert ist, die er nicht beeinflussen und gegen die er sich nicht wehren kann?

Das nennt man *Nihilismus.*

Und dann wundern wir uns, dass niemand mehr Mut hat. Denn was hätte dieser für einen Sinn?

Diese Haltung ist zwar traurig, aber sie ist sicher, weil sie auf »Fakten« beruht. Sie verringert den Einsatz, den man riskiert. Sie beseitigt das Urteil, den Druck, die Vorstellung, dass wir uns selbst oder anderen nicht gerecht werden könnten. Sie gibt uns einen Freibrief, so weiterzumachen wie bisher, nie etwas zu riskieren, nie etwas zu versuchen, uns nie in Gefahr zu begeben.

Die Altphilologen weisen uns darauf hin, dass das Gegenteil von *andreia* – dem altgriechischen Ausdruck für »Mut« – nicht Feigheit ist, sondern *Melancholie.* Mut ist ehrliches Engagement für edle Ideale. Das Gegenteil von Mut ist nicht, wie manche behaupten, Angst zu haben. Es ist Apathie. Es ist Desillusionierung. Es ist Verzweiflung. Es ist eine Geste der Resignation, begleitet von den Worten: »Was bringt das überhaupt?«

Wenn wir bereits bisher an nichts glauben, wird es sehr schwer, ein neues Ideal zu finden, an das es sich zu glauben lohnt. Wir erfüllen die Prophezeiung unseres Nihilismus, genauso wie wir die Lüge akzeptieren, dass wir keine Handlungsfähigkeit besitzen. Anders ausgedrückt können wir zwar nicht kontrollieren, was passiert ist, aber wir haben die Kontrolle darüber, wie wir darauf reagieren. Wenn Sie befürchten, dass es nichts gibt, was Sie tun können, werden Sie wahrscheinlich entsprechend dieser Furcht handeln und nichts tun.

Sie werden auch nichts sein. Ein geschütztes, sich selbst rechtfertigendes Nichts. »Es ist ein Thema, das heutzutage so tabu ist wie früher die Sexualität«, schrieb der Romanautor Nicholas Mosley, »nämlich über das Leben zu reden, als hätte es irgendeine Bedeutung.«

Wir wollen in einer Welt von tapferen Menschen leben, wir wollen tapfer sein … und wir haben Angst, darüber zu sprechen, weil wir uns dabei blamieren könnten!

Tapfere Menschen verzweifeln nicht. Sie glauben. Sie sind nicht zynisch, sie sorgen sich. Sie sind davon überzeugt, dass es Dinge gibt, für die es sich zu sterben lohnt – dass es Gut und Böse gibt. Sie wissen, dass das Leben voller Probleme ist, aber sie sind lieber Teil der Lösung als bloße Zuschauer.

»Das Leben ist echt! Das Leben ist ernst!« steht in Longfellows berühmtem Gedicht »A Psalm of Life«.

Aber dies auch nur zu sagen – geschweige denn, es zu glauben – erfordert einen gewissen Mut.

Ernsthaftigkeit ist nicht einfach. Jedenfalls nicht so leicht wie Furcht und Zweifel. Wir müssen darauf bestehen, in allem einen Sinn zu finden – einen Sinn in unserem Leben, einen Sinn in unseren Entscheidungen, einen Sinn in dem, was wir sind. Worin besteht dieser Sinn? Er ergibt sich aus dem, was wir *tun*. Aus den Entscheidungen, die wir treffen. Aus der Wirkung, die wir erzielen wollen.

Wir glauben daran, trotz aller Beweise und Zweifler, die für das Gegenteil sprechen. Weil wir wissen, dass wir berufen sind, es wahr zu machen.

Lassen Sie sich niemals einschüchtern

Helvidius Priscus, der römische Senator, wurde von Kaiser Vespasian aufgefordert, nicht im Senat zu erscheinen.

Es war eine Anweisung, die viele Menschen erhalten. Nämlich die, aufzuhören, Fragen zu stellen. Aufzuhören, in einem Thema herumzustochern. Sehr vorsichtig zu sein, um nicht in etwas verwickelt zu werden.

Was wollte Vespasian damit bezwecken? Wir wissen es nicht. Vielleicht wollte er ungestört ein Gesetz durchboxen, um eines seiner Verbrechen zu decken. Oder vielleicht wollte er sich nur Ärger ersparen. Jedenfalls wusste er, dass Einschüchterung in Rom normalerweise sehr wirksam war.

»Es liegt in Eurer Macht, mir nicht zu erlauben, Mitglied des Senats zu sein«, antwortete Helvidius, »aber solange ich es bin, muss ich an den Sitzungen teilnehmen.«

»Gut«, entgegnete Vespasian erstaunt, »aber dann sagst du dort besser nichts.«

»Wenn ich nicht nach meiner Meinung gefragt werde«, antwortete Helvidius, »werde ich schweigen.«

»Aber ich muss die Meinung des Senats einholen«, erwiderte Vespasian, der allmählich wütend wurde.

»Und ich muss sagen, was ich für richtig halte«, war die Antwort von Helvidius.

Und so wurde ihm unweigerlich mit dem Tod gedroht. »Wenn du dich nicht zurückhältst, wenn du redest, obwohl ich von dir verlangt habe, nicht zu reden«, sagte Vespasian, dabei mit einer Handbewegung auf die Prätorianergarde verweisend, die hinter ihm stand, »werde ich dich hinrichten lassen.«

Obwohl die meisten von uns heutzutage nie ein derart drastisches Ultimatum erhalten werden, bleibt die Dynamik dieselbe. Bestimmte Menschen wollen, dass wir uns anpassen. Nicht im Weg stehen. Nicht dazwischenfunken.

Werden wir dem Folge leisten? Wovor werden wir unsere Augen verschließen?

Leider funktioniert diese Drohung, sogar bei einflussreichen Personen. Helvidius gehörte zur Elite der Gesellschaft, und die meisten Mitglieder dieser Elite ließen sich damals einschüchtern. Das ist auch heute noch so. In den USA fürchten Senatoren immer noch, die Nähe zur Macht zu verlieren. Milliardäre gehen strittigen Themen aus dem Weg, um nicht von den Treffen in Davos oder ihrem Country Club ausgeschlossen zu werden. Künstler, die früher unkonventionell waren, schmeicheln nun ihren Geldgebern und Kritikern.

Sogar die Allermächtigsten finden es manchmal einfacher, alles mitzumachen, um ihre Ruhe zu haben. In Shakespeares Drama *Julius Caesar* fragt einer von Cäsars Männern ihn, welche höfliche Entschuldigung er überbringen lassen wolle, um die Eliten in Rom nicht zu verärgern. »Soll Cäsar eine Lüge schicken?« überlegt er, dabei von sich in der dritten Person sprechend. »Habe ich bei Eroberungen meinen siegreichen Arm so weit ausgestreckt, um nun Angst zu haben, diesen Graubärten die Wahrheit zu sagen?«

Wir wollen keinen Anstoß erregen. Wir wollen keinen Ärger.

Wir wollen unsere Position nicht verlieren. Oder unsere Macht. Oder unsere Rente. Oder unsere Privilegien. Wir reden uns ein, dass wir den Drahtseilakt schon hinbekommen werden.

Also lügen wir. Oder wir machen Kompromisse. Oder noch schlimmer, wir geben klein bei.

Es ist die Furcht, die dies bewirkt, die uns zu einem »Wunder ohne Rückgrat« verwandelt, wie Churchill einen seiner politischen Gegner nannte.

Niemand will hinausgeworfen werden. Niemand will angefeindet werden oder ins Visier geraten. Es war schwer genug, auf diese Spitzenposition zu gelangen, auf der Sie sich befinden, und jetzt sollen Sie sich mit dem Gedanken anfreunden, sie zu verlieren? Oder degradiert zu werden? Ist unsere Position in der Gesellschaft nicht wichtig? Wie können wir anderen Menschen helfen, wenn wir die Mächtigen verärgert haben? Werden wir nach unserem beruflichen Aufstieg nicht in einer besseren Position dafür sein?

Ja, diese Dinge sind wichtig, aber William Edward Burghardt Du Bois hatte recht, als er sagte, *es sei besser, aufrecht in einer Schlammpfütze zu stehen, als in einem eleganten Salon Stiefel zu lecken.*

»Aber was springt für mich dabei heraus?« oder »Aber was passiert mit meiner Position, wenn ich frei meine Meinung äußere?« – das sind die falschen Fragen. Stattdessen müssen wir stark genug sein, uns zu fragen: »Aber was wäre, wenn jeder so handeln würde?« – »Was wäre, wenn jeder seinen eigenen Vorteil über alles andere stellen würde?« – »Was wäre, wenn jeder Angst hätte?«.

Was für eine Welt wäre das?

Keine gute. Und schon gar keine sichere.

Deshalb blickte Helvidius dem Kaiser Vespasian furchtlos in die Augen und sagte: »Ihr werdet Eure Rolle spielen, und ich die meinige: Eure Rolle besteht darin, zu töten; meine darin, zu sterben, aber ohne Furcht; Eure darin, mich zu verbannen; meine darin, ohne Gram ins Exil zu gehen.«

Und schließlich wurde er tatsächlich verbannt; er wurde aus dem von Du Bois erwähnten Salon geworfen und später hingerichtet.

Er verlor seine Position und sein Leben. Die beiden Dinge, deren Verlust wir am meisten fürchten.

Aber während er im Besitz dieser Dinge war, hat er wenigstens einen sinnvollen Gebrauch davon gemacht. Können Sie dasselbe von sich behaupten?

Jedes Wachstum ist ein Sprung

Dreieinhalb Jahrzehnte nach der Unterzeichnung der amerikanischen Unabhängigkeitserklärung war für Benjamin Rush das Gefühl dabei noch immer unauslöschlich präsent. Keiner der damals Anwesenden hat es je vergessen.

»Erinnern Sie sich an die gedankenschwere und eindrucksvolle Stille«, schrieb er im hohen Alter an John Adams, »die das Haus durchdrang, als wir einer nach dem anderen an den Tisch des Kongresspräsidenten gerufen wurden, um das zu unterzeichnen, was viele damals für unser eigenes Todesurteil hielten?«

Wenn man mit dem eigenen Namen unterschreibt, bringt man sich in die Schusslinie.

Nur im Nachhinein konnten sie wissen, dass sie damit Erfolg haben würden. Nur im Nachhinein würden sie vorausschauend, tapfer und stark wirken. Zu jener Zeit war Rush erst knapp über dreißig. Die Unabhängigkeitserklärung zu unterzeichnen bedeutete für ihn, sich in die gefährlichste Erfahrung seines ganzen Lebens zu stürzen.

Aber er tat es trotzdem.

In der Fabel »Der goldene Schlüssel« erklärt der Alte Mann von der Erde einem kleinen Jungen die Welt, wie sie wirklich ist, dass nämlich jeder Fortschritt mit Risiken verbunden ist. Indem er einen riesigen Stein vom Boden der Höhle verschiebt, zeigt er dem Jungen dort ein Loch, das ewig weiter nach unten zu führen scheint.

»Das ist der Weg«, sagt er.

»Aber es gibt keine Treppe«, antwortet der Junge.

»Du musst dich hineinwerfen«, wird ihm erwidert. »Das ist die einzige Möglichkeit.«

Es ist furchterregend, aber es führt kein Weg daran vorbei.

Der Golfprofi Tiger Woods hätte gerne seinen alten Schwung beibehalten, als er sein Spiel mit einem anderen Schwung neu erfand, aber das ging nicht. Als er es das erste Mal ausprobierte, war es beängstigend, und auch noch beim zweiten, dritten und vierten Mal.

Jedes Wachstum ist ein Sprung in die Dunkelheit. Wenn Sie davor Angst haben, werden Sie nie etwas Lohnenswertes erreichen. Wenn Sie sich von Ihrer Furcht leiten lassen, werden Sie diesen Schritt nie tun, nie diesen Sprung wagen.

Die Gelegenheiten, bei denen wir etwas hätten sagen können. Die Risiken, die wir hätten eingehen sollen. Die Menschen, die wir hätten treffen können. Die Lektionen, die gelernt worden wären. Die Schlachten, die nie gewonnen wurden.

Was wäre, wenn es Gewissheit gäbe, wenn es einen gut ausgeleuchteten, klar vorgezeichneten Weg gäbe? Wenn das Leben so wäre, bräuchte man keinen Mut.

Es wäre schön gewesen, wenn jemand Reed Hastings hätte informieren können, dass die vorbestimmte Zukunft des Fernsehens und des Filmwesens das Streaming war. Aber es gab niemanden, der dies gekonnt hätte. Immerhin hatte Hastings eine Vorahnung, dass es so sein würde. Er besaß auch eine Firma mit Milliardenumsatz, die DVDs mit der Post verschickte. Um die Vorteile des Streamings zu nutzen, musste er das Geschäft mit den DVDs aufs Spiel setzen. Er musste in die wahnwitzige Dunkelheit springen, den Analysten und Kritikern trotzen und auch seinen eigenen Zweifeln – wie jede erfolgreiche Führungspersönlichkeit und jeder Unternehmer, der jemals wichtige Entscheidungen zu treffen hatte.

Niemand kann Ihnen versprechen, dass Ihr Plan erfolgreich sein wird. Niemand kann Ihnen sagen, wie die Antwort auf Ihre Frage ausfallen wird. Niemand kann Ihnen garantieren, dass Sie lebendig nach

Hause kommen werden. Sie können nicht einmal im Voraus erfahren, wie weit das Loch in der Höhle in die Tiefe reicht.

Wenn all das möglich wäre, wenn es nicht beängstigend wäre, würde es jeder tun. Und dann müsste es nicht von Ihnen getan werden, oder?

Der Feigling wartet in dieser Situation auf eine Treppe, die nie kommen wird. Er möchte wissen, wie wahrscheinlich sein Erfolg ist. Er möchte Zeit, um sich vorzubereiten. Er möchte Zusicherungen erhalten. Er erhofft sich Erleichterungen. Ein Feigling ist bereit, auf alles zu verzichten, um diese Vorteile zu erlangen, sogar auf diese einzigartige Gelegenheit, die niemals wiederkommen wird.

»Es ist zehnmal besser, in der Brandung zu sterben, um den Weg in eine neue Welt zu verkünden«, erinnert uns Florence Nightingale, »als untätig am Ufer zu stehen.«

Und eine neue Welt hat sie tatsächlich gefunden. Denken Sie daran, wie viele Menschen hätten unnötig sterben müssen, wenn sie nicht so gehandelt hätte. Stellen Sie sich vor, was geschehen wäre, wenn sie niemals tapfer genug gewesen wäre, um zu springen.

Ihnen steht nur ein kurzer Zeitraum zur Verfügung. Auf diesem Planeten. In diesem Beruf. Als junger, alleinstehender Mensch. Was auch immer. Wie wollen Sie diese Zeit verbringen? Wie ein Feigling?

Wenn die Furcht schon eine treibende Kraft in Ihrem Leben sein soll, dann fürchten Sie, was Sie verpassen werden. Fürchten Sie, was passiert, wenn Sie nicht handeln. Fürchten Sie, was man später von Ihnen denken wird, weil Sie sich so wenig getraut haben. Denken Sie daran, welche Chancen Sie ungenutzt lassen. Denken Sie an die erschreckenden Nachteile, wenn Sie freiwillig klein beigeben.

Die Furcht, die Sie verspüren, ist ein Zeichen. Wenn in Ihrem Leben niemals Mut benötigt wird, leben Sie ein langweiliges Leben.

Bringen Sie sich in eine Stellung, von der aus Sie zum Sprung ansetzen müssen.

Fürchten Sie sich nicht vor Entscheidungen

Dean Acheson war, so sagte er mit einem Augenzwinkern, bei der Schöpfung dabei. Genauer gesagt bei der Wiedererschaffung, als aus den Trümmern des Zweiten Weltkriegs eine neue Weltordnung errichtet wurde. Er war stellvertretender Außenminister unter George Marshall, dann Außenminister von Harry Truman. Als er sich bereits im Ruhestand befand, beriet er noch John F. Kennedy und Lyndon B. Johnson.

In diesen Funktionen konnte er aus nächster Nähe einige der kritischsten und angespanntesten Augenblicke der amerikanischen Geschichte miterleben. Den Marshall-Plan. Die Berliner Luftbrücke. Die Kuba-Krise. Den Vietnamkrieg. Dies waren Situationen, in denen alle unter Hochdruck standen, in denen die Schwachen untergingen und die Starken glänzen konnten, in denen nur der Mut einer guten politischen Führung die Welt vor Chaos und Zerstörung bewahrte. Situationen, in denen Feigheit nicht nur potenziell beschämend war, sondern das Leben von Millionen von Menschen bedrohte.

»Wenn man an der Spitze steht«, pflegte Acheson zu bemerken, »gibt es keine einfachen Entscheidungen. Es geht darum, das geringere Übel zu wählen, mit schwer abschätzbaren Folgen.«

Aber genau das ist es, was uns Angst macht. Die falsche Entscheidung zu treffen. Dinge zu vermasseln, mit möglicherweise ungewollten Konsequenzen.

Wie wäre es hiermit?

Wie wäre es damit?

Und was ist, wenn ich etwas falsch mache? Wenn die Leute mir nicht zustimmen? Wenn noch zusätzlich etwas anderes passiert?

Sollen Sie bleiben?

Oder gehen?

Sollen Sie etwas sagen? Sollen Sie es auf diese oder jene Weise versuchen?

Aber was ist, wenn es nicht funktioniert?

So viele Entscheidungen zur Auswahl. Nur wenige davon sind einfach, keine von ihnen ist klar. Beängstigende Entscheidungen, die Sie in den Worten Shakespeares quälen »wie ein Gespenst oder ein Albtraum«.

Wir sagen uns, dass wir dabei sind, nachzudenken und unsere Optionen abzuwägen, dass wir bei der Entscheidungsfindung vorankommen.

In Wirklichkeit sind wir innerlich gelähmt, weil wir uns fürchten. Weil wir überwältigt sind von den zahlreichen Optionen. Von den Bedenken. Vom Bestreben, keine Fehler zu machen. Deshalb quälen wir uns.

Wir reden uns ein, wir würden die Optionen abwägen, aber in Wahrheit ist es Paralyse durch Analyse.

In der Zwischenzeit machen andere Leute gerade Fortschritte.

Es gibt eine Geschichte über einen König von Sparta, der mit seinen Truppen durch Griechenland marschierte. Immer dann, wenn er die Grenzen eines Landes erreichte, schickte er Gesandte aus, um sich zu erkundigen, ob er die dortigen Einwohner als Freunde oder Feinde behandeln sollte.

Die meisten Nationen entschieden sich schnell, und die meisten von ihnen wählten die Freundschaft. Aber ein König wollte zunächst über seine Optionen nachdenken, denn er hatte Angst, sich festzulegen. Also überlegte er und überlegte und überlegte … bis ihm die Entscheidung abgenommen wurde.

»Dann soll er sich weiter den Kopf zerbrechen«, sagte der vom Warten frustrierte Heerführer aus Sparta, seine Kinnlade zurechtrückend, »während wir auf ihn zu marschieren.«

Die Moral von der Geschichte ist, dass Sie auch dann eine Entscheidung treffen, wenn Sie sich nicht entscheiden wollen und die Entscheidung aufschieben. Dann wählen Sie nämlich den Status quo. Sie entscheiden sich, andere an Ihrer Stelle entscheiden zu lassen. Sie wählen die Option, Ihre eigene Handlungsfähigkeit aufzugeben.

»Was die Feigheit am meisten fürchtet«, sagte Søren Kierkegaard, »ist das Treffen einer Entscheidung, denn eine Entscheidung vertreibt sofort den Nebel.«

Was Sie fürchten, sind die Konsequenzen. Also überlegen Sie weiter und hoffen, dass Sie die Konsequenzen vermeiden können.

Kann man nicht verlieren, wenn man sich nicht festlegt? Natürlich kann man das. Sie verpassen den richtigen Augenblick. Sie verlieren den Impetus. Sie können nicht mehr in den Spiegel sehen.

Ihre Sicherheit steht nicht an erster Stelle

Während Julius Cäsar versuchte, die römische Republik zu beseitigen, weil ihre Institutionen ihm im Weg standen, schien Cicero, sein langjähriger Rivale, vor allem an sich selbst zu denken. Im Leben und im Krieg, würde Cicero später sagen, »sollte man die stärkere Seite wählen und den sicheren Weg für den besseren halten«.

Statt für den Erhalt der Gesellschaft zu kämpfen, der er so lange gedient hatte, wartete er einfach ab, wie sich die Dinge entwickeln würden. Als Cäsar gewann, war Cicero zur Stelle, um ihn zu ehren, wobei er sogar die Lobrede für seine gefallenen Freunde zensierte, um den neuen Diktator nicht zu brüskieren. Als Cäsar dann ermordet wurde und Rom erneut in einen Bürgerkrieg stürzte, hängte Cicero wiederum sein Fähnchen in den Wind, statt das moralisch Richtige zu tun.

Man könnte meinen, dass Cicero damit zumindest sein Leben retten konnte, aber das ist die Ironie an der Geschichte. Er sollte wenig später trotz allem von Marcus Antonius getötet werden. Und selbst wenn er überlebt hätte, wäre seine Karriere ohnehin vorbei gewesen, weil er jede Glaubwürdigkeit verloren hatte. Er starb auf erbärmliche Weise und verlor nicht nur sein Leben, sondern auch mehrere Chancen, ein Held zu werden.

Natürlich kann man sich zurücklehnen und die Dinge auf sich zukommen lassen. Wir können abwarten, um uns erst später für eine Seite oder einen Gewinner zu entscheiden. Vielleicht wird es sich auszahlen. Vielleicht werden wir im Rückblick untadelig erscheinen.

Vielleicht.

Aber tief im Inneren werden Sie wissen, wie es um Sie bestellt ist. Die Furcht hinterlässt einen Makel.

»Noch nie«, erinnert uns Theodore Roosevelt, »wurde ein achtbares Abenteuer anständig von einem Menschen bestanden, der seine persönliche Sicherheit an erste Stelle setzte.«

Es gibt Dinge, die schlimmer sind als der Tod. Zum Beispiel mit dem Bewusstsein zu leben, was man tun musste, um nicht zu sterben. Das Bedauern über die verpasste Gelegenheit, zum Helden zu werden. Das höllische Dasein in einer Welt, die von Feiglingen regiert wird.

Vor einen weißen Richter geladen, um sich für eine umstrittene Predigt zu verantworten, hätte sich der schwarze Pastor und Bürgerrechtspionier Vernon Johns entschuldigen können. Er hätte einknicken können. Er hätte sich schützen und versprechen können, niemals die Trennung der Menschen nach Hautfarben oder den Rassismus zu kritisieren. Das wäre der sichere Weg gewesen … und nach der Logik von Cicero wahrscheinlich die richtige Entscheidung. Stattdessen sah er dem Richter in die Augen und sagte: »Überall, wo ich im Süden hinkomme, wird der Schwarze gezwungen, entweder seine Haut oder seine Seele zu retten. Meistens wählt er das Überleben. Ich werde ihm sagen, dass das bloße Überleben es nicht wert ist.«

Die Furcht behauptet, die mächtige Logik des Eigeninteresses zu vertreten. Aber sie ist eine unverbesserliche Lügnerin.

Diese Selbsterhaltung, die sie verspricht, der Komfort, den zu bewahren sie vorgibt. Aber entspricht das der Realität? Wie sicher sind Sie *wirklich*?

Wir sind zerbrechliche Geschöpfe. Das lässt sich nicht ändern. Sie sind ein Dummkopf, wenn Sie glauben, ein Freund der Bösen zu sein, würde Ihnen Sicherheit verschaffen. Die Zukunft, für deren Rettung Sie scheinbar alles andere opfern wollen? *Eine Garantie für eine Zukunft in der von Ihnen gewünschten Form gibt es nicht.* Sie haben nur diesen Augenblick in der von Ihnen missachteten Gegenwart, der Ihnen die Gelegenheit bietet, etwas Riskantes, aber Vergnügliches zu tun, oder etwas äußerst Unangenehmes, aber moralisch Richtiges.

Wir bilden uns gerne ein, dass wir mit gewöhnlichen Entscheidungen ein außergewöhnliches Leben führen können, aber das stimmt nicht. Denn es sind gerade die gewöhnlichen Entscheidungen – die vermeintlich sicheren, die von allen Experten empfohlen und von niemandem kritisiert werden –, die uns in Zeiten von Chaos und Krisen unglaublich verwundbar machen.

Es lohnt sich, daran zu denken, dass die meisten Menschen im Bett sterben. Aufzustehen und aktiv zu handeln ist viel sicherer!

Es ist riskant, zu versuchen, sich eine geschäftliche Zukunft aufzubauen, schrieb der Stratege Peter Drucker, aber es ist noch riskanter, es gar nicht erst zu versuchen. Denn irgendwann werden Änderungen eintreten – ein anderer wird es wagen, und dann werden Sie vom Ergebnis nicht profitieren oder zumindest dabei nur am Rande stehen. Auf jeden Fall werden Sie dann die Initiative verlieren.

Das Leben ist voller Risiken. Jeder Tag steht »auf Messers Schneide«, wie der Dichter Dylan Thomas es ausdrückte. Unternehmen können noch so sehr versuchen, sich abzusichern, das lässt sich nicht vermeiden. Auch wenn Sie sich ständig verstecken, werden Sie es nicht verhindern können, mit unangenehmen Dingen konfrontiert zu werden. Von Geburt an versuchen wir, dem Tod auszuweichen, und doch sind wir bereits von vornherein zum Tode verurteilt. Wenn Sie das verstanden haben, können Sie aufhören, so viel Aufhebens um sich zu machen, so besorgt zu sein über jede Gefahr und alles, was schiefgehen kann.

Wen kümmert das? Es ist nur ein Tropfen auf den heißen Stein, ein Akt der Risikovermeidung, der von vornherein vergeblich ist, denn wir alle müssen einmal sterben.

Alle Gewissheit ist ungewiss. Sie können sich nicht sicher fühlen. Jetzt nicht und auch künftig nicht. Keiner kann das. Indem wir die Sicherheit überbewerten, bringen wir uns in Wirklichkeit in Gefahr. In die Gefahr, vergessen zu werden. Nie in die Nähe unserer Ziele zu kommen. Zu Mitläufern zu werden.

Wie werden Sie mit der Gefahr umgehen?

»Was wird mit mir geschehen?« Das kann Ihnen niemand verraten. Aber wenn Sie mutig sind, können Sie zu sich sagen: »Ich weiß es nicht, aber ich werde es mit heiler Seele überstehen. Ich werde das Beste daraus machen. Ich werde *keine* Angst haben.«

Die Furcht zeigt Ihnen etwas

Theodore Roosevelt zögerte, bevor er Booker T. Washington 1901 zum Abendessen ins Weiße Haus einlud. Es war das erste Mal in der amerikanischen Geschichte, dass ein Schwarzer als Gast eines amtierenden Präsidenten am Essen teilnahm.

Er zögerte, weil er Angst hatte. Angst davor, was seine Verwandten im Süden denken könnten, Furcht vor der Reaktion der Zeitungen, Besorgnis, dass rassistische Wähler ihn im Stich lassen würden, dass er die Unterstützung im Süden verlieren würde, dass es ihn die Wahl kosten könnte.

Ein amtierender Präsident – der Mann, der das Kavallerieregiment der Rough Riders bei einem selbstmörderischen Angriff angeführt hatte, der Bären jagte, der die Kinderlähmung überwunden hatte, der Depressionen und Trauer und eine Million anderer Hindernisse besiegt hatte – hatte Angst davor, *was die Leute von ihm denken würden.*

Es war eine furchterregende Situation. Die Schlagzeile der *New York Times* am nächsten Tag lautete: »Die Einwohner Washingtons verurteilen mehrheitlich den Verstoß des Präsidenten gegen die üblichen Sitten – Negative Auswirkungen auf den Wahlkampf in Maryland«.

Sie verurteilten *mehrheitlich*!

Doch letzten Endes war die Furcht für Roosevelt der entscheidende Grund, an seinem Vorhaben festzuhalten.

»Die bloße Tatsache, dass ich einen Augenblick lang wegen seiner Hautfarbe Bedenken hatte, ihn einzuladen, hat mich beschämt«, schrieb Roosevelt in einem Brief an einen seiner Berater für Bürgerrechte, »und ließ mich die Einladung eilig abschicken. Angesichts der Reaktionen bin ich sehr froh, dass ich ihn eingeladen habe, denn der Aufruhr, der durch dieses Ereignis ausgelöst wurde, gibt mir das Gefühl, dass es nötig war.«

Keine Regel ist perfekt, aber diese hier funktioniert: Unsere Ängste weisen uns, wie durch einen uns anklagenden Pfeil, die Richtung des richtigen Handelns. Ein Teil unseres Gehirns weiß, was wir tun sollten, aber der andere Teil erinnert uns an die unvermeidlichen Konsequenzen. Die Furcht warnt uns vor Gefahren, macht uns aber auch aufmerksam, wenn sich eine Gelegenheit bietet. Wenn es nicht beängstigend wäre, würde es jeder tun. Wenn es einfach wäre, könnte unsere Persönlichkeit nicht daran wachsen. Diese Manifestation der Selbsterhaltung ist das Schallsignal des Metalldetektors, der etwas anzeigt. Wir haben vielleicht etwas gefunden.

Werden wir das Signal ignorieren? Oder werden wir an dieser Stelle graben?

Die Furcht liebt das Zögern, sie hat immer einen Grund, etwas nicht zu tun, und so tut sie selten etwas. Wenn wir nicht ab und zu den Drang zum Zögern empfinden, deutet dies darauf hin, dass wir nicht bis an unsere Grenzen gehen.

Stellen Sie sich auch das Zögern von Booker T. Washington vor. Durch die Annahme von Roosevelts Einladung riskierte er sein Leben. Er riskierte, die stets gefährdete Unterstützung seiner weißen Geldgeber aus den Südstaaten zu verlieren. Er stieß in ein wütendes Wespennest. »Wir werden tausend Nigger töten müssen«, sagte der Senator Benjamin Tillman daraufhin, »um sie wieder auf ihren Platz zu verweisen.«[5]

Booker T. Washington kam dennoch ins Weiße Haus. Er hatte sich weder abschrecken noch einschüchtern lassen. Roosevelts Nichte Eleanor sprach später davon, dass er das getan habe, was er eigentlich nicht tun konnte. Letzteres ist fast immer das, was man tun sollte. Wenn Sie erfahren, dass Sie etwas nicht dürfen. Wenn jemand Ihnen sagt, dass Sie

Ihre Entscheidung bereuen werden. Wenn ein mulmiges Gefühl im Magen Sie zögern lässt.

Aber was werden unsere Kunden denken? Aber was ist, wenn unsere Konkurrenten das gegen uns verwenden? Was ist, wenn es nicht funktioniert? Werden die Leute böse auf mich sein?

Zum Teufel mit ihnen allen.

Entscheiden Sie sich, eine Aussage zu machen. Entscheiden Sie sich, das neue Projekt in Angriff zu nehmen. Nehmen Sie das kreative Risiko auf sich. Entscheiden Sie sich, die E-Mail des Journalisten zu beantworten. Entscheiden Sie sich, zu sagen, was Sie noch zögern zu sagen.

Es heißt, man solle sich nicht von seiner Furcht beeinflussen lassen, aber vielleicht sollten wir genau das tun.

Wir sollten die Furcht genau identifizieren und dann das Gegenteil tun von dem, was sie uns rät.

Tun Sie es.

Das Furchterregendste ist, man selbst zu sein

Frank Serpico war in den 1960er-Jahren ein Außenseiter in der New Yorker Polizei. Er war italienischer Herkunft, während die meisten anderen Polizisten irischer Abstammung waren. Er ließ sich die Haare lang wachsen. Er mochte Oper und Ballett. Er lebte im zu Manhattan gehörenden Stadtteil Greenwich Village, während die meisten seiner Kollegen in ruhigen Vorstädten wohnten. Er hatte einen großen weißen Schäferhund und trug Westen und Lederklamotten und andere ungewöhnliche Kleidung.

So sah er aus, wenn er nicht kostümiert war. Jedoch tauchte Serpico nicht selten in aufwendigen, selbst gemachten Verkleidungen zur Arbeit auf, mit denen er auf Verbrecherfang auf die Straße ging – ungeachtet der Tatsache, dass er bei der Beförderung zum verdeckten Ermittler bisher immer übergangen worden war.

Er war ein Einzelgänger.

Gott sei Dank.

Ein Staatsanwalt, der mit Serpico zusammenarbeitete, beschwerte sich, dass er schwierig sei. Serpico erwiderte, *dass sie gar keinen Fall zu untersuchen hätten*, wenn er ein bisschen weniger schwierig und ein bisschen mehr geneigt gewesen wäre, sich zu verhalten wie jeder andere in seiner Abteilung.

Per Definition ist jeder von uns ein Original. Unsere DNA hat nie zuvor auf diesem Planeten existiert. Niemand hat je genau die gleichen

Erfahrungen gemacht wie wir. Doch was fangen wir mit diesem individuellen Erbe an? Wir schieben es beiseite. Wir beschließen, *nicht* wir selbst zu sein. Wir entscheiden uns dafür, in der Menge mitzulaufen, um keine Aufmerksamkeit zu erregen.

Es scheint unglaublich, dass es bei der New Yorker Polizei für die Cops einfacher war, Bestechungsgelder anzunehmen, als anständig zu sein, aber es ist wahr. Zu protestieren hätte bedeutet, aufzufallen. Man wäre dadurch in die Schusslinie gekommen. Man wäre ein isolierter Fremdkörper geworden.

Weil wir uns fürchten, passen wir uns an. Weil wir uns fürchten, tun wir nicht das Richtige. Wir bringen uns selbst zum Verstummen. Wir wollen nicht einmal, dass andere Menschen sie selbst sind, weil uns dies einen Spiegel vorhalten würde.

Schwierig. Seltsam. Ein unberechenbares Risiko. Ein Unruhestifter. Ist er schwul? Ein Sonderling? Das sind die Charakterisierungen, die in den Dossiers von J. Edgar Hoover, dem KGB und der Gestapo stehen. So bezeichnen Feiglinge gerne die Tapferen, die sie herausfordern. Oder die eine existenzielle Bedrohung für ihre Unrechtsstaaten und Unterdrückungsmaßnahmen darstellen.

Auch wir selbst murmeln solche abschätzigen Bewertungen, wenn wir uns durch die Freiheit von Menschen beschämt fühlen, die genügend Selbstvertrauen besitzen, sie selbst zu sein.

Es ist eine Gratwanderung, die wir von den Menschen erwarten. Einerseits wollen wir, dass alle im selben Team sind. Wir wollen, dass sie sich in die bestehende Kultur einfügen. Beim Militär erwartet man, dass alle sich gleich kleiden und sogar den gleichen Haarschnitt tragen. Wir wollen, dass die Leute tun, was ihnen gesagt wird, dass sie die Anweisungen befolgen …

Andererseits erwarten wir paradoxerweise auch, dass das freie Denken sich entfaltet, dass neue Erfindungen und Ideen sozusagen vom Himmel fallen und dass Menschen außergewöhnliche Taten der Aufopferung und des Mutes vollbringen. Wir bilden uns ein, dass derartige Dinge in einer Welt von Konformisten existieren können.

Der Druck von Machthabern will glattgespültes Verhalten erzeugen, die Widerstände verringern, sonst … *Was denn sonst?,* müssen wir fragen. Psalm 27 der Bibel fordert uns auf, Mut zu haben: »Mag ein Heer mich belagern: Mein Herz wird nicht verzagen. Mag Krieg gegen mich toben: Ich bleibe dennoch voll Zuversicht.«

Es spielt keine Rolle, wer oder wie viele Sie angreifen, Sie müssen Sie selbst sein.

Selbstbewusst. Authentisch. Tapfer.

Ausgerechnet eine bahnbrechende Feministin wie Florence Nightingale kritisierte Frauen, die versuchten, »so zu sein wie Männer«. Sei einfach du selbst, wollte sie ihnen damit sagen – niemand soll andere sklavisch nachahmen und auch nicht instinktiv ablehnen. Wir alle haben es mit den Erwartungen und Klischeevorstellungen anderer Menschen zu tun. Gegen diese wehren wir uns, aber gleichzeitig können wir uns an Senecas Rat erinnern: Wir müssen uns nicht bei jeder Kleinigkeit der Mehrheit widersetzen. Wir müssen nicht um des Andersseins willen anders sein – krampfhaftes Rebellentum kann eine ungesunde Art von Abwehrmechanismus sein. Aber auch wenn wir äußerlich unter den anderen Menschen nicht auffallen, sollten wir besonders gut darauf achten, dass das in unserem Inneren anders ist. Dass wir wirklich so sind, wie wir sein wollen, so wie es gemäß unserer ureigensten Überzeugung richtig ist.

Denn der Mut, anders zu sein, ist der Mut, anders zu denken: etwas zu sehen, was andere nicht sehen, etwas zu hören, was andere nicht hören. Es ist kein Zufall, dass so viele Whistleblower und Künstler schräge Typen waren. Es war gerade ihre Absonderlichkeit, die es ihnen ermöglichte, zu sehen, was alle anderen nicht sehen konnten.

Seien Sie ein Polizist. Seien Sie ein Soldat. Seien Sie ein Philosoph. Seien Sie ein Musiker, der die Tradition der Rockmusik fortsetzt. Seien

Sie in der Pflege tätig und halten Sie jemandem die Hand. Wichtig ist nur, dass Sie dabei *Sie selbst sind.* Dass Sie sich nicht von der Furcht einschränken oder unterkriegen lassen. Dass Sie nicht das tun, was alle anderen tun, nur *weil sie es auch tun.*

Seien Sie authentisch. Seien Sie Sie selbst. Etwas anderes zu sein bedeutet, ein Feigling zu sein.

Lassen Sie Ihr Denken und Handeln nicht von der Meinung von Feiglingen beeinflussen. Ihre Zukunft hängt davon ab.

»Shine on, you crazy diamond.«[6]

Das Leben spielt sich in der Öffentlichkeit ab. Gewöhnen Sie sich daran.

Jerry Weintraub wollte Schauspieler werden.

Er schaffte es, ins New Yorker Neighborhood Playhouse aufgenommen zu werden. Sein Schauspiellehrer dort war der renommierte Sandy Meisner. Einer seiner Klassenkameraden war James Caan. Es gibt einen Grund, warum Sie bestimmt schon Filme mit James Caan gesehen haben, aber noch keinen mit Jerry Weintraub. Dieser Grund ist Furcht.

Genauer gesagt, Furcht in einer spezifischen Form: Scham.

Als man sie losschickte, um Kleidung für eine Tanzklasse zu besorgen, in der keine Geringere als Martha Graham[7] unterrichtete, gingen Jerry und James in einen Laden am Broadway. Während er eine Strumpfhose anprobierte, warf Jerry, ein harter Junge aus der Bronx, einen Blick in den Spiegel und wusste sofort, dass er sich niemals so in der Öffentlichkeit sehen lassen würde. James Caan, der aus dem gleichen Stadtteil stammte, dessen Vater Metzger gewesen war und der sich selbst ebenfalls für einen harten Burschen hielt, sah in denselben Spiegel. Aber er ließ sich dadurch nicht verunsichern.

Hierzu schrieb der Buchautor Rich Cohen: »Das war die Trennlinie, der Augenblick der Wahrheit. Weil Jimmy Caan dazu bereit war, vor Zuschauern Tanzschuhe und Strumpfhosen anzuziehen, tauchte sein Name im Abspann von Filmen als Schauspieler auf, beispielsweise als

Sonny Corleone in »Der Pate«. Jerry Weintraub hingegen weigerte sich aus menschlich verständlicher Scham, sich so bekleidet vor Publikum zu zeigen, sodass sein Name im Abspann verschiedener Filme nur als Produzent erscheint.«

Einer von beiden würde für den Oscar nominiert werden, der andere würde den von ihm produzierten Film »Karate Kid« präsentieren. Beide würden erfolgreich sein, aber nur einem gelang es, ihren gemeinsamen Jugendtraum zu verwirklichen – nur einer war in der Lage, kühn und stolz vor der Kamera zu stehen und sich dabei nicht zu schämen.

Obwohl die meisten von uns nicht auf einer Leinwand erscheinen müssen, um ihren Lebensunterhalt zu verdienen, haben wir alle mit diesem Unbehagen zu kämpfen, *gesehen* zu werden. Die Furcht vor dem, was andere Leute über uns denken könnten, vor Peinlichkeiten oder Ungeschicklichkeiten, ist nicht die gleiche Furcht, die einen Mann davon abhält, in die Schlacht zu stürmen, aber sie schränkt uns genauso ein und ist ebenfalls ein Mangel an Mut, und das verhindert, dass wir unserer Bestimmung gerecht werden.

Es gibt keine Veränderung, keinen Versuch, keine Errungenschaft, die nicht in den Augen irgendeines anderen seltsam aussieht. Es gibt fast keine besondere Leistung, die möglich wäre, ohne Aufmerksamkeit auf sich zu ziehen. Auf das eigene Gelingen zu setzen bedeutet, ein Scheitern zu riskieren. Es in der Öffentlichkeit zu tun bedeutet, eine Blamage zu riskieren.

Jeder, der versucht, seine Komfortzone zu verlassen, muss das wissen.

Und doch würden wir beinahe lieber sterben, als eine peinliche Situation in Kauf zu nehmen.

Der Komiker Jerry Seinfeld bemerkte einmal, dass die meisten Menschen mehr Angst vor dem Reden in der Öffentlichkeit haben als vor dem Tod, was kurioserweise bedeutet, dass eine durchschnittliche Person bei einer Beerdigung lieber im Sarg liegen würde als die Trauerrede zu halten.

Im alten Rom war Crassus einer der besten Redner. Er war berühmt für seine brillanten Ansprachen, die häufig gegen Korruption und Sittenverfall gerichtet waren. Auf seine Zuhörer wirkte er dabei sehr souverän. Sein Publikum hätte niemals erraten, dass er, wie er später zugab, zu Beginn jeder Rede »körperlich und geistig zu zittern begann«. Selbst als Meister seines Faches zweifelte er immer noch an sich und litt vor jedem Auftritt unter dem Gefühl erdrückender Beklemmung und Furcht.

Zu Beginn seiner Laufbahn war es sogar noch schlimmer. Er erzählte oft davon, dass er einem Richter auf ewig dankbar sei, der bei einem der ersten öffentlichen Auftritte von Crassus erkannt habe, dass der junge Mann »völlig verstört und vor Furcht gelähmt« gewesen sei, weshalb er die Anhörung auf einen späteren Zeitpunkt vertagt habe. Wir können uns die mitleidigen Worte des Richters vorstellen, mit denen er Crassus verschonte, was dieser sich zweifellos inständig gewünscht hatte, so wie es jedem von uns schon unzählige Male ergangen ist; seine einzige andere Hoffnung bestand darin, von einem Blitz getroffen und getötet zu werden, bevor er würde weitersprechen müssen.

Doch würden wir heute nicht über Crassus sprechen, wenn er diese Furcht nicht überwunden hätte.

Wäre er als Jurist lieber nur im Schutz seines eigenen Arbeitszimmers tätig gewesen? Zweifellos, so wie Serpico sich vermutlich wünschte, mit seiner Kleidung nicht aufzufallen. So ist das Leben. Es kümmert sich nicht um unsere Vorlieben. Hin und wieder werden Sie schwierige Situationen allein durchstehen müssen. Wenn Sie das nicht einmal können, um eine *Rede* zu halten, wie wollen Sie dann den Mut dazu aufbringen, wenn es wirklich darauf ankommt?

Ziehen Sie also die Strumpfhose an. Überwinden Sie das Lampenfieber, das auch dann noch existiert, wenn Sie die Kunst des öffentlichen Redens längst gemeistert haben. Betreten Sie den Zeugenstand. Überbringen Sie den versammelten Mitarbeitern die unangenehmen Neuigkeiten. Lernen Sie einfach, nicht mehr darüber nachzudenken, *was die anderen von Ihnen denken.* Wenn Sie das nicht schaffen, werden Sie nie eigenständige Arbeit leisten können. Man muss bereit sein, sich nicht nur von der Masse abzuheben, sondern sich vor sie zu stellen und zu sagen, was man wirklich denkt oder fühlt. Es heißt nicht umsonst »öffentliches Leben«.

Wenn wir nur auf einer privaten Ebene bleiben, können wir nicht erfolgreich sein.

Die Stoiker würden dazu bemerken, dass es nicht der Ironie entbehrt, dass wir bei aller egoistischen Sorge um uns selbst die Meinung anderer Menschen über uns mehr zu beachten scheinen als unsere eigene. Der befreite Sklave Epiktet sagte: »Wenn du dich verbessern willst, dann finde dich damit ab, ahnungslos oder dumm zu wirken.« Können Sie das durchhalten? Sie werden es müssen.

Wenn wir in Richtung Bequemlichkeit fliehen, nicht anecken wollen, lieber hinten im Raum stehen statt ganz vorne, dann versäumen wir eine Gelegenheit. Wenn wir der Furcht die Herrschaft über uns einräumen, wenn wir sie entscheiden lassen, was wir tun oder nicht tun, verpassen wir eine ganze Menge: nicht nur den Erfolg, sondern auch die Selbstverwirklichung.

Wer könnten wir sein, wenn wir nicht Angst hätten, zu erröten? Was könnten wir erreichen, wenn uns das Rampenlicht nichts ausmachen würde? Wenn wir hart genug wären, die Strumpfhose anzuziehen? Wenn wir nicht nur bereit wären, bisweilen zu scheitern, sondern dies auch vor anderen zu tun?

Es wird nicht einfach sein, aber es wird sich lohnen.

Welche Tradition wählen Sie?

Stellen Sie sich vor, wie erschreckend das bloße Leben für die Menschen der Frühzeit gewesen sein muss. Stellen Sie sich vor, wie es war, ein Kind auf eine Welt zu bringen, wo die Überlebenschance weniger als 50 Prozent betrug. Stellen Sie sich vor, wie es war, den Launen von Herrschern und der Elemente ausgeliefert zu sein, Not, Katastrophen und Kriege sowie die Sorgen einer ungewissen Existenz durchstehen zu müssen.

Und wie haben die damaligen Menschen darauf reagiert? Sie haben einfach weitergemacht. Sie haben es trotzdem geschafft.

Dies galt über Generationen hinweg: Die Menschen, die über Landbrücken neue Kontinente erreichten, die nach Bränden alles wieder aufbauten, die Rüstungen anlegten und in die Schlacht stürmten, die unveräußerliche Rechte von ihren Regierungen einforderten, die den Mob zur Raison brachten, die sich mitten in der Nacht aus der Sklaverei oder der Chancenlosigkeit davonstahlen, die die Wissenschaft vorantrieben – diese Menschen erschufen am Ende auf indirektem und direktem Wege auch Sie. Ihr Blut fließt durch Ihre Adern, ihre DNA ist in Ihr Erbgut eingegangen.

Das gilt auch dann, wenn Sie nicht aus einer berühmten Familie stammen. Auch wenn Sie zu einer verfolgten Minderheit gehören, stammen Sie von Kämpfern und Überlebenskünstlern ab. »Du bist ein Nachkomme robuster Bauern«, erklärte James Baldwin seinem Neffen, »Männern, die Baumwolle pflückten, Flüsse stauten und Eisenbahnlinien bauten und durch die Konfrontation mit den furchtbarsten Widrigkeiten eine unerschütterliche und monumentale Würde erlangten.«

Stammte der Neffe auch von Menschen ab, die Angst gehabt hatten? Ja, natürlich. Das gilt für uns alle. Aber wir suchen uns aus, wessen Tradition wir folgen wollen.

»Ich werde euch an die Gefahren erinnern, die bereits unsere Väter durchgemacht haben«, sagte Xenophon zu seinen furchtsamen Soldaten, die in Persien festsaßen, »damit ihr einseht, dass es richtig ist, tapfer zu sein, und dass mithilfe der Götter die Tapferen auch angesichts der größten Schwierigkeiten Sicherheit finden.«

Wir dürfen nicht vergessen, dass die Geschichte der Menschheit nicht aus Märchen besteht, sondern aus Wesen aus Fleisch und Blut. Echte Menschen, nicht anders Sie – nicht besser und auf keinen Fall gesünder als Sie –, haben Schicksalsschlägen getrotzt und ihr Bestes gegeben. Häufig scheiterten sie, machten Fehler und wurden zu Fall gebracht, aber sie überlebten. Sie überlebten lange genug, um Entwicklungen in Gang zu bringen, von denen wir noch heute profitieren. In einigen Fällen sind sie buchstäblich unsere Eltern, in anderen Fällen nur im übertragenen Sinne.

Unter unseren Vorfahren gab es auch Feiglinge, aber wir können sie aus dem Stammbaum streichen.

Wenn wir Angst haben, können wir zu denen aufschauen, die uns vorausgegangen sind. Wir können die von ihnen errichteten Denkmäler besichtigen. Wir können die von ihnen verfassten Dokumente lesen. Denn das ist unsere Tradition.

Sie haben uns einen Staffelstab übergeben, eine glorreiche Vergangenheit. Werden wir ihn annehmen?

»Wenn man sich nicht mehr an mich erinnert, nur noch an meinen Namen«, hört man die alte Florence Nightingale sagen, deren Worte am

Ende ihres Lebens auf einem Wachszylinder festgehalten wurden, »hoffe ich, dass meine Stimme dazu beitragen wird, die große Mission meines Lebens fortzuführen.«

Damit meint sie doch uns, oder?

Scheuen Sie sich nicht, um Hilfe zu bitten

Ein Ersthelfer weiß, dass es seine Pflicht ist, sich schnell zum Ort einer Explosion zu begeben, während andere von dort weglaufen. Eltern wissen, dass sie ihre eigenen Interessen und Bedürfnisse hinter die ihrer Kinder stellen. Stets optimistische Menschen wissen, dass die anderen von ihnen Humor und Hoffnung erwarten.

Aber wissen diese Verantwortungsträger, dass auch sie um Hilfe bitten können?

Wissen Sie das?

Oder haben Sie Angst, darum zu bitten?

Historisch gesehen waren die Stoiker starke und tapfere Charaktere. Und sie taten ihre Pflicht – ohne zu klagen, ohne zu zögern. Mutig trugen sie ihre Last und auch die von anderen, wenn es nötig war. Aber es wäre ein Fehler, zu glauben, dass sie übermenschliche Kräfte besessen hätten, dass sie sich nie abgemüht hätten, nie geschwankt hätten und nie etwas benötigt hätten. Wie wir alle mussten auch sie um Hilfe bitten, wenn sie diese brauchten.

Und sie hatten auch keine Angst, das zu tun. Denn manchmal ist dies das Stärkste und Tapferste, was man tun kann.

»Schäme dich nicht, dass du Hilfe brauchst«, schrieb Mark Aurel. »Wie ein Soldat, der eine Festungsmauer erstürmt, hast du eine Mission zu erfüllen. Und wenn du verwundet wurdest und nun einen Kameraden brauchst, der dich hochzieht? Wieso sollte das nicht in Ordnung sein?«

Genau. Was spricht dagegen?

Sie bemühen sich um Unterstützung, nicht um ein Almosen. Sie wollen einen Rat erhalten, nicht von Ihrer Pflicht befreit werden. Sie lassen Ihre Wunden behandeln, damit Sie wieder in den Kampf einsteigen können. Sie sprechen über Ihr Problem nicht deswegen, um Mitleid oder Aufmerksamkeit zu bekommen, sondern damit nicht jemand anderem das Gleiche passiert. Sie versuchen nicht, sich einen unfairen Vorteil zu verschaffen. Sie nutzen die Möglichkeiten und den Schutz, die speziell für die Situation, in der Sie sich befinden, zur Verfügung stehen.

In der Vergangenheit war es viele Jahre lang so, dass Süchtige Angst hatten, um Hilfe zu bitten, Angst, ihre Ohnmacht zuzugeben. Viele Jahre lang saßen leitende Angestellte hinter ihren Schreibtischen, kämpften mit dem Hochstaplersyndrom und hatten Angst, sich zu erkundigen, ob sich andere genauso fühlten. Viele Jahre lang litten Mütter unter dem schwarzen Schatten der Depression und waren zwar für ihre Kinder da, hatten aber Angst, von anderen zu verlangen, dass sie für sie da sein sollten. Viele Jahre lang behielten die Kriegsveteranen ihre seelischen Traumata für sich, versteckten den wahren Preis ihres Heldentums, aus Angst, schwach zu wirken.

Es beängstigt uns, uns gegenüber anderen zu öffnen. Es erschreckt uns, unsere Gemütslage zu offenbaren. Wir wollen nicht, dass jemand weiß, wie es uns innerlich geht … und deswegen fühlen wir uns alle noch einsamer. Wie viel Kraft es doch kostet, diese Furcht zu überwinden. Wie viel Schmerz durch die Unfähigkeit oder den Unwillen, dies zu tun, doch verursacht wird.

Was passiert, wenn ein Schüler eine Frage stellt? Er erfährt etwas, was er zuvor noch nicht wusste. Was passiert, wenn jemand seinem Freund eine Schwäche offenbart? Die Freundschaft wird dadurch stärker. Was passiert, wenn ein Mitarbeiter zugibt, dass die Arbeitsbelastung für ihn zu hoch ist? Es wird weiteres Personal eingestellt und die Firma wird effizienter. Was passiert, wenn jemand den Mut hat, über etwas Schändliches zu sprechen, das ihm angetan wurde? Die Gesellschaft wird dazu gebracht, etwas gegen derartigen Missbrauch zu unternehmen und ihn zu unterbinden.

Manchmal ist schon allein die Frage ein Durchbruch. Das Eingeständnis des Problems setzt etwas in uns frei. Jetzt sind wir stark genug, um es zu lösen.

Es gibt eine Redensart, die besagt, dass wir so krank sind wie unsere Geheimnisse. Wir sind einer Furcht ausgeliefert, die wir nicht auszusprechen wagen, innerlich gelähmt durch Vermutungen, die zu überprüfen wir uns weigern.

Es ist in Ordnung, eine Minute Pause oder Bedenkzeit zu benötigen. Es ist in Ordnung, Hilfe zu benötigen. Unterstützung zu benötigen, einen Gefallen, Vergebung, was auch immer. Brauchen Sie eine Therapie? Dann nichts wie los! Brauchen Sie einen Neuanfang? Okay! Sie brauchen eine Schulter zum Anlehnen? Na klar!

Sie werden nichts davon bekommen, wenn Sie nicht danach fragen. Wenn Sie sich nicht trauen, zuzugeben, dass Sie etwas benötigen, werden Sie es auch nicht erhalten. Also fragen Sie am besten sofort, solange Sie noch den Mut dazu haben. Bevor es zu spät ist.

Wir haben eine gemeinsame Mission und wir sind Kameraden. Bitten Sie also um Hilfe. Das ist nicht nur ein Ausdruck von Tapferkeit, sondern es ist auch das *moralisch Richtige*.

Wenn wir über unsere Ängste hinauswachsen …

»Furcht vor dem Beginn einer Schlacht ist eine normale emotionale Reaktion. Es ist der letzte Schritt der Vorbereitung, das Nichtwissen … Bei dieser Gelegenheit können Sie beweisen, dass Sie ein guter Soldat sind. Dieser erste Kampf – der Kampf mit sich selbst – wird bald vorbei sein. Anschließend werden Sie bereit sein, den Feind zu bekämpfen.«

Army Life (Handbuch), 1944

Es gibt gute Gründe, sich zu fürchten.

Furcht hat ihre eigene Logik. Sonst würde sie in physiologischer Hinsicht nicht existieren.

Der Selbsterhaltung Vorrang vor allem anderen zu geben hat vor allem den Vorteil, dass es einen am Leben erhält.

Aber die Frage ist nicht, ob Furcht einen Nutzen hat. Natürlich hat sie diesen. Die Frage ist: Wie würde die Menschheit leben, wenn jeder die ganze Zeit nur aus Furcht handeln würde?

Wir kennen die Antwort: Es wäre die Hölle. Unser Leben würde noch viel beängstigender werden – wenn dies überhaupt vorstellbar ist.

Während sich also die sogenannten vernünftigen Menschen der Welt anpassen, wie George Bernard Shaw sagte, hängt der Fortschritt – die Hoffnung – von den unvernünftigen Menschen ab. Denn es ist vernünftig, sich zu fürchten. Alle Risiken zu vermeiden. Sich mit den Verhältnissen abzufinden. Sich zu arrangieren. All dies ist eigennützig und zweifellos sicher.

Es gibt unzählige Redewendungen, die uns daran erinnern: Ein herausragender Baum wird gefällt. Schwimm mit dem Strom, nicht gegen ihn. Gegen die da oben kommst du nicht an.

Aber wenn jeder dies glauben würde, wenn Furcht die Oberhand hätte, würden nicht nur diese Redensarten zu tatsächlichen Wahrheiten, sondern auch das Gute würde niemals über das Böse triumphieren, das Neue würde niemals den Status quo überwinden, und nichts würde jemals verbessert werden.

Das können wir nicht wollen. Das kann nicht unsere Bestimmung auf diesem Planeten sein.

Manche Menschen würden sich damit abfinden. Aber nicht Sie.

Wir entscheiden selbst, auf welche Stimme wir hören wollen. Wir entscheiden selbst, ob wir auf Nummer sicher gehen, kleinkariert denken, Angst haben, uns anpassen, uns verstecken oder zynisch sein wollen. Wir entscheiden selbst, ob wir diese Ängste bewältigen, ob wir unseren eigenen Weg gehen, ob wir über den Rand der schmalen Brücke nach unten schauen und umkehren – oder ob wir weitergehen.

Mut haben? Der Furcht trotzen? Das ist unsere eigene Entscheidung. Wir müssen es nicht tun.

Aber wir können nicht verleugnen, dass dies eine Haltung ist, von der alles Gute abhängt.

Was wir vom Leben wollen, was die Welt benötigt – all das befindet sich jenseits der Furcht. Unser Helfer auf dem Weg dorthin ist der Mut, wenn wir uns seiner bedienen.

TEIL II

MUT

»Oh, gegen eine große Übermacht zu kämpfen;
Feinden unerschrocken zu begegnen!
Ganz allein ihnen gegenüberzustehen; zu erproben,
was einer allein imstande ist!
Streit, Pein, Gefängnis, öffentlicher Ächtung fest ins
Gesicht zu blicken!
Das Schafott zu besteigen oder mit vollkommenem
Gleichmut den Mündungen der Kanonen
entgegenzugehen!
In Wahrheit ein Gott zu sein!«[8]

Walt Whitman

Mut ist der Umgang mit und der Triumph über die Furcht. Es ist die Entscheidung, in einem Moment der Gefahr oder im normalen Alltag Handlungsfähigkeit zu beweisen, die Verantwortung für eine Situation zu übernehmen, für sich selbst, für das Schicksal, mit dem sich alle anderen abgefunden haben. Wir können entweder die Dunkelheit verfluchen, oder wir können eine Kerze anzünden. Wir können darauf warten, dass jemand kommt und uns rettet, oder wir können uns entscheiden, aufzustehen und uns selbst zu befreien. Worauf wird unsere Wahl fallen? Jeder Held steht vor dieser Alternative. Es ist unser *discrimen*, wie es lateinisch heißt, unser Moment der Wahrheit. Werden Sie tapfer sein? Werden Sie sich der Situation stellen? Welchen Charakter werden Sie zeigen? Wenn Feigheit bedeutet, bei der Pflichterfüllung zu versagen, dann ist Mut die Entscheidung, sich ins Zeug zu legen und die Pflicht zu tun. Dem Ruf zu folgen. Die Furcht zu überwinden und das Schicksal in die eigene Hand zu nehmen. Das tun, was Sie bisher nicht tun konnten, weil dazu Stärke und Geistesgegenwart, Mumm und Schneid nötig sind … auch wenn Sie nicht wissen, ob Sie damit Erfolg haben werden. Es wird nicht leicht sein. Aber wir dürfen der Furcht nicht nachgeben. Wir müssen, wie Shakespeare sagte, »den uns suchenden Zeitpunkt treffen«. Jetzt ist unsere Schicksalsstunde gekommen; nutzen wir sie.

Der Ruf, dem wir folgen …

Frankreich wurde von einem einzigen Mann gerettet.

Ein Einziger glaubte daran, dass Frankreich diese Rettung wert war. Sein Name war Charles de Gaulle, und er allein sorgte für die Rettung seiner Heimat.

Als das Land im Juni 1940 von Deutschland besiegt wurde, als es nicht nur von Panzern überrollt wurde, sondern auch von der Angst seiner eigenen Spitzenpolitiker, die in aller Stille und ganz rasch eine Kapitulation mit dem schlimmsten Aggressor der Neuzeit aushandelten, stieg de Gaulle in ein kleines Flugzeug nach England. Es war einer der furchterregendsten Flüge seines Lebens. Nicht nur, weil man ihn leicht hätte abschießen oder gefangen nehmen können, sondern auch, weil viele andere Flugzeuge, darunter eines, das für seine Familie bestimmt war, abstürzten, wodurch alle an Bord ums Leben kamen. »Ich fühlte mich«, würde er später über diese kurze, nur anderthalb Stunden dauernde Reise reflektieren, »mutterseelenallein und der Inhalte meiner Existenz beraubt, wie ein Mann am Rande eines Ozeans, den er schwimmend zu durchqueren hofft. Ich hatte den Eindruck, dass mein bisheriges Leben zu Ende ging, ein Leben, das ich im Schutz eines starken Frankreich und einer unzerstörbaren Armee verbracht hatte.«

De Gaulle war kein gewählter Repräsentant Frankreichs. Kein königliches Blut floss in seinen Adern. Er war nicht einmal der ranghöchste General seines Landes. Immerhin war er mehr als ein durchschnittlicher Bürger. Erst vor Kurzem zum Brigadegeneral und Unterstaatssekretär im Verteidigungsministerium befördert, war er der Einzige, der gegenüber dem Premierminister mit Nachdruck die Haltung vertreten hatte, Frankreich müsse trotz seiner fatalen Lage den Krieg weiterführen. Es war auch seine persönliche Überzeugung: Er war ein Mann, der nicht bereit war, aufzugeben, der nicht akzeptieren konnte, dass sein Land aufgeben sollte.

Also gab er nicht auf.

Bei einem Treffen mit Churchill kurz nach der Überquerung des Ärmelkanals und der Landung in England wurde de Gaulle angeboten, am nächsten Tag eine Ansprache zu halten, die von der BBC übertragen würde. Er befehligte keine Armeen, besaß kaum Geld, hatte keinen Plan und auch keine Befugnis, einen solchen zu erstellen, und doch war nichts von alledem notwendig.

Man sagt, dass »ein mutiger Mann die Mehrheit ausmacht«, und so war es auch mit de Gaulle.

»Ich versichere Ihnen, dass für Frankreich nichts verloren ist«, sagte er in dieser berühmten Radioübertragung. »Die gleichen militärischen Mittel, mit denen wir erobert wurden, können uns eines Tages den Sieg bringen. Denn Frankreich ist nicht allein! Unsere Heimat ist nicht allein!«

Doch eigentlich *war* sie allein.

De Gaulles Ansprache war ursprünglich vor allem für die vielen Tausend französischen Soldaten gedacht, die von den Briten evakuiert worden waren. Er rief sie auf, mit ihm zu kämpfen, für ihr Land zu kämpfen. Die überwiegende Mehrheit dieser Soldaten wünschte sich aber, zurück in ihre Heimat gebracht zu werden, in die unter Aufsicht der Nazis errichtete Republik Vichy. De Gaulles früherer Mentor und Vorgesetzter, General Philippe Pétain – Frankreichs großer Held im Ersten Weltkrieg – kollaborierte mit den Deutschen und nutzte sein Renommee, um diese Zusammenarbeit zu rechtfertigen. Was hatte es angesichts dieser Situation für einen Sinn, noch weiter kämpfen zu wollen? War Hitlers Vormarsch nicht unaufhaltsam?

Beim Soundcheck vor der Sendung hatte de Gaulle immer nur ein einziges Wort ausgesprochen: *France* – Frankreich. Er glaubte an diese

Nation, ganz ehrlich und unverstellt, unabhängig von militärischer Logik und aktueller Lage. Er hielt die Kapitulation Pétains für unrechtmäßig. Das war seine Leitidee, auch wenn sie unvernünftig scheinen mochte. Er glaubte an die Möglichkeit, Frankreich zu retten.

Die Fakten sprachen allerdings gegen ihn: Alles, worauf Frankreich noch zählen konnte, waren de Gaulle, seine tapfere Frau und seine Familie, die ohne fremde Hilfe geflohen waren, und ein paar Offiziere, denen Churchill die militärische Unterstützung Großbritanniens versprach.

Ob das wohl ausreichen würde?

»Waren Sie bei allen wichtigen Dingen, die Sie in Ihrem Leben getan haben, nicht immer in der Minderheit?«, fragte der Schriftsteller und Résistance-Führer André Malraux de Gaulle am Ende seines Lebens.

»Ich war in der Minderheit, das stimmt«, antwortete de Gaulle. »Aber«, fügte er hinzu, »ich wusste, dass dies früher oder später nicht mehr der Fall sein würde.«

Von Napoleon – vielleicht der einzige französische Nationalheld, dessen Verdienste sich hinter denen de Gaulles nicht verstecken müssen – ist der berühmte Ausspruch überliefert: »Nichts ist verloren, solange noch Mut vorhanden ist.« De Gaulle hatte den Mut, die Initiative zu ergreifen und die Last der Verantwortung auf sich zu nehmen. Er widerstand dem Sog der Hoffnungslosigkeit und wählte stattdessen mit instinktiver Vehemenz den Weg eines Kämpfers, eines Menschen, der sich niemals geschlagen gab.

Und das ausgerechnet zu einem Zeitpunkt, in der Mitte des 20. Jahrhunderts, zu dem der Glaube an den Einfluss großer Männer auf die Weltgeschichte bereits nachgelassen hatte. Kann ein einzelner Mensch wirklich die Welt verändern? Kommt es wirklich auf das Individuum an? Oder muss man sich der erdrückenden Macht der herrschenden Zeiten beugen?

»Das Eingreifen des menschlichen Willens in die Abfolge der Ereignisse hat etwas Unwiderrufliches an sich«, hatte de Gaulle vor dem Krieg geschrieben. »Die Verantwortung dafür hat ein solches Gewicht, dass nur wenige Menschen in der Lage sind, sie allein zu tragen. Höchste Intelligenz allein reicht nicht aus. Zweifellos ist sie von Nutzen, und auch der Instinkt kann als Antrieb dienen, aber letzten Endes muss die Entscheidung auf moralischen Faktoren beruhen.«

Aber auch physische Faktoren dürfen nicht außer Acht gelassen werden. De Gaulle wurde vom Vichy-Regime in Abwesenheit in einem Gerichtsverfahren zum Tode verurteilt. Im Ersten Weltkrieg war er mehrfach verwundet worden (u.a. durch ein Bajonett) und hatte sich in Kriegsgefangenschaft befunden, aus der er wiederholt zu fliehen versuchte, furchtlos und unter großen Gefahren. Man stelle sich auch den Mut seiner Frau vor, die sich einen Platz in einem Boot verschaffte und drei kleine Kinder, darunter eines mit Down-Syndrom, sicher nach London brachte, während die Feinde nach ihr fahndeten. In späteren Jahrzehnten wurden de Gaulle und seine Frau Opfer von insgesamt nicht weniger als dreißig ernsthaften Attentatsversuchen. Nach einem von diesen, bei dem ihr Auto von Maschinengewehrfeuer durchsiebt worden war und zersplitterte Scheiben sowie geplatzte Reifen aufwies, stieg Yvonne unversehrt aus und erkundigte sich in aller Ruhe nach den Lebensmitteln, die sie vor der Fahrt im Kofferraum verstaut hatte. Und de Gaulle spottete über die mangelnde Treffsicherheit seiner Attentäter: »Diese Leute schießen wie die Säue.« Es war eine Familie, die ihre Furcht unter Kontrolle hatte, sie sogar überwand.

Da wir heute wissen, dass de Gaulle letztendlich siegreich war, neigen wir dazu, unsere Erinnerung dahingehend zu verklären, ganz Frankreich sei vereint gewesen im Widerstand gegen seine Besatzer. Das war leider nicht der Fall. Die Menschen hatten Angst und flüchteten sich in Ausreden. Nach ihrer Einschätzung gab es keine Hoffnung für eine baldige Befreiung. Sie waren bereit – nur aus heutiger Sicht ist das schockierend –, Hitlers Fesseln zu akzeptieren und sich der Herrschaft der Nazis zu unterwerfen, wenn das für sie bedeutete, rasch wieder ein normales Leben führen zu können. Französische Arbeitskräfte wurden benutzt, um die deutsche Kriegsmaschinerie in Gang zu halten. Unzählige französische Juden wurden in den Tod geschickt.[9]

Die Feigheit der Masse bietet dem einzelnen Helden jedoch die Möglichkeit, sich auszuzeichnen. »Bei schwerwiegenden Vorkommnissen und akuter Gefahr«, hatte de Gaulle bereits in den 1920er-Jahren geschrieben, »spült eine Art Flutwelle die Menschen mit Charakter an die vorderste Front.« Jetzt waren die Ereignisse für ihn ernst und drängend, genau wie sie dies eines Tages für Sie sein könnten. Er war bereit, dem Ruf zu folgen. Mehr noch, er *sandte* seinerseits *einen Ruf* an alle Menschen aus, die willens waren, sich ihm anzuschließen.

Manche Menschen laufen weg. Manche Menschen halten stand. So einfach ist das.

Auf de Gaulles Mut konnte die französische Résistance aufbauen. Seine Haltung wirkte auch als implizite und explizite Anklage gegen jene Landsleute, denen der Mut zum Kampf fehlte. Hitler konnte herrschen, weil die Menschen ihn fürchteten. Wie ein Teufel weckte er die schlimmsten Regungen in den menschlichen Seelen. Verglichen damit zeigte de Gaulle ein vorbildliches Verhalten: Er machte den Menschen keine Versprechungen, sondern stellte nur Forderungen an sie. Er sagte zu ihnen, es sei ihre *Pflicht*, Widerstand zu leisten. Er wirkte wie eine moralisch höherstehende Instanz, welche die Menschen an ihre hohe Bestimmung erinnerte. Wir müssen *uns selbst befreien*. Am Ende schlossen sich etwa 400 000 französische Männer und Frauen diesem Widerstand an, sprengten Brücken, sammelten Informationen, sabotierten ihre Besatzer, retteten Menschen aus den Lagern und erschossen hin und wieder auch einzelne feindliche Soldaten, wodurch die Besatzungsarmee bereits im Vorfeld der alliierten Invasion geschwächt wurde.

Das ist das Besondere am Mut: Genauso wie die Furcht ist er ansteckend. Durch seinen persönlichen Einsatz und seine Unerschrockenheit hat de Gaulle nicht nur Frankreich, sondern die ganze Welt hinter sich vereint. So schrieb René Pleven, einer der ersten französischen Politiker, die sich de Gaulles Sache anschlossen, an seine Frau: »Ich versichere dir, dass wir angesichts all jener, die *weggelaufen* sind, stolz darauf sind, der Gefahr zu trotzen.« Ein britischer Bericht erklärte: »General de Gaulle symbolisiert jenes Frankreich, das nicht verzweifelte, das nicht aufgab. Er hat auf eigene Faust gehandelt.«

Im Juni 1944 landeten mehr als zwei Millionen alliierte Soldaten in Frankreich. Im August wurde Paris befreit. Es waren vier lange und harte Jahre gewesen; die Dunkelheit wich nun einer hellen Morgenröte. »Paris! Das geschändete Paris! Das unterdrückte Paris! Das zum Märtyrer gemachte Paris! Das endlich befreite Paris!«, sagte de Gaulle in seiner Siegesrede. »Befreit aus eigener Kraft, befreit von seinen Einwohnern mit Hilfe der französischen Armeen, mit der Unterstützung von ganz Frankreich, des kämpfenden Frankreich, des einzig wahren Frankreich, des ewigen Frankreich!«

Ein Radioreporter unter den Zuhörern wurde Zeuge nicht nur der Katharsis jenes Augenblicks, sondern auch der dramatischen Umstände in Echtzeit. Denn der Krieg war damals noch nicht gewonnen. Die feindlichen Truppen waren nur außer Sichtweite. Es waren noch Gewehrschüsse und Explosionen zu hören. Aber de Gaulle nahm das alles gelassen hin.

»Das war eine der dramatischsten Szenen, die ich je erlebt habe«, berichtete Robert Reid atemlos für die BBC. »Überall dort wurde geschossen … General de Gaulle versuchte, die in die Kathedrale drängende Menschenmenge zu beruhigen. Er ging geradeaus, weiter hinein in das, was mir wie ein Feuerhagel vorkam … Aber er ging einfach weiter, ohne zu zögern und mit breiten Schultern, durch das Hauptschiff der Kathedrale, während die Kugeln über ihm durch die Luft flogen. Es war das außergewöhnlichste Beispiel von Mut, das ich je gesehen habe … Überall um ihn herum gab es Einschläge und Lichtblitze, und doch schien er davon absolut unberührt.«

Und dann schritt de Gaulle in einer Parade die Champs-Élysées hinunter, mit mehr als einer Million seiner französischen Landsleute.

Bis dahin hatte er allein gehandelt, aber nun war er, genau wie er es prophezeit hatte, nicht mehr allein.

Der Mut hatte über das Böse gesiegt. Ein Mann war die Mehrheit gewesen.

Aber dabei muss uns bewusst sein, dass Mut mehr ist als eine Einstellung. Es ist mehr als nur die Entscheidung des Herkules zwischen dem leichten und dem schweren Weg. Denn man muss den schweren Weg dann auch *gehen*.

Es war ein weiter Weg von jenen trostlosen Tagen nach der Kapitulation Frankreichs. Zunächst waren da die Radiosendungen und der Aufbau einer Exilregierung. Dann musste de Gaulle langsam, aber stetig die Kontrolle über die weit verstreuten Herrschaftsgebiete Frankreichs außerhalb des Mutterlandes erlangen. Er musste Geld auftreiben, Generäle finden, politische Gegner ausmanövrieren, eine Propagandaschlacht führen. Er musste sich mit den Alliierten über eine gemeinsame Strategie beraten, und wenn man ihn nicht konsultierte, pflegte er mit der Faust auf den Tisch zu schlagen, laut zu brüllen und einen solchen Aufstand zu veranstalten, dass man gezwungen war, ihn wieder an den Beratungen teilnehmen zu lassen. Sogar noch bei der Feier der Befreiung von Paris musste er sich der Heckenschützen erwehren.

»Was alle zu übersehen scheinen«, sagte de Gaulle später, »ist die unglaubliche Mischung aus Geduld, langsamer Aufbauarbeit, hartnäckiger Kreativität, kniffliger Problemlösungen und einer schwindelerregenden Abfolge von Berechnungen, Verhandlungen, Konflikten sowie Reisen, die wir aufbringen mussten, um unser Unternehmen zum Erfolg zu führen.«

Es waren diese Eigenschaften und Aktivitäten – jede von ihnen eine Form von Mut –, die das so tief gefallene Frankreich am Ende des Krieges in eine der Siegermächte verwandelten. Frankreich *existierte noch im-*

mer, wie de Gaulle ständig betonte. Durch seine Tapferkeit wurde das bewiesen. Er schuf ein Narrativ, um das Überleben seiner Heimat zu sichern. Er weigerte sich, Frankreich vorzeitig aufzugeben, und sprach so eindringlich von der Größe dieser Nation, dass seine Worte wahr wurden.

War de Gaulle zuweilen egoistisch? Hat er Fehler gemacht? Hat er sich Feinde gemacht? War er spaltend und polarisierend? Absolut. Er trieb Churchill in den Wahnsinn und wurde von Roosevelt mit Misstrauen beäugt. Später, als er bereits Präsident des von ihm geretteten Frankreich war, verärgerte er alle möglichen Menschen und Gruppen, von den Vereinten Nationen über beide Seiten im Algerienkonflikt und ganz Kanada durch seinen berüchtigten Ausruf »Vive le Québec libre!« bis hin zu einer ganzen Serie von US-Präsidenten: Truman, Eisenhower, Kennedy und Johnson. Es steht außer Frage, dass es schwierig war, mit de Gaulle zusammenzuarbeiten, dass er schwierig zu kontrollieren war und dass es unmöglich war, ihn einzuschüchtern. Was glauben Sie, warum so viele Leute versucht haben, ihn zu ermorden? Aber die Unabhängigkeit und Furchtlosigkeit seines Charakters waren der Schlüssel zu seiner Größe – so wie dies meistens bei bedeutenden Persönlichkeiten der Fall ist.

»Manche denken vielleicht, es sei schwierig, mit mir auszukommen«, pflegte de Gaulle damals zu sagen und damit die Kritik an ihm achselzuckend abzutun. »Aber wenn ich anpassungsfähiger wäre, würde ich heute in Pétains Generalstab sitzen.« Die Art von Mensch, die ihren eigenen Weg geht, die sich weigert, eine Niederlage als endgültig zu akzeptieren, die felsenfest an ihre eigene Handlungsfähigkeit glaubt, die tapfer genug ist, sogar unter Todesgefahr ihre Autonomie zu wahren, ist nicht die Art von Mensch, die man leicht herumkommandieren oder zu Kompromissen zwingen kann.

Natürlich war de Gaulle nie wirklich allein, als er gegen Deutschland kämpfte. Nicht nur wegen seiner damaligen Verbündeten – vor allem der Briten und Amerikaner, deren Unterstützung er nicht immer hinreichend würdigte –, sondern auch, weil niemand, der mutig handelt, jemals allein ist.

»Ich bin ein Mann, der zu niemandem gehört«, sagte er, »und doch zu allen gehört.« De Gaulle war davon überzeugt, eine Aufgabe in einer großen Nationalgeschichte, einer großen Tradition zu erfüllen. Zusammen mit seinen Kameraden war er nur einer von vielen Akteuren in der langen Geschichte Frankreichs, »in der Nachfolge derer, die Frankreich seit den Anfängen seiner Geschichte gedient haben«, sagte er in einer Ansprache vor den Forces françaises libres, »als Vorhut all derer, die der Nation in der Ewigkeit ihrer Zukunft dienen werden«, sodass »wir eines Tages zu Frankreich mit den Worten von Péguy sagen werden, ›Mutter, blicke auf deine Söhne, die für dich gekämpft haben‹.«

Er befand sich auf einer Heldenreise. Er folgte demselben Ruf, dem seine Vorfahren gefolgt waren und dem auch Sie folgen können – wenn Sie sich weigern, Angst zu haben, wenn Sie Ihr Schicksal in die Hand nehmen.

Churchill nannte de Gaulle *l'homme du destin* – den Mann des Schicksals. Wenn wir unserer Bestimmung folgen, wenn wir den Weg gehen, der uns vorbestimmt ist, sind wir nie allein. Wir gehen an der Seite von Herkules. Wir treten in die Fußstapfen großer Männer und Frauen. Wir werden von Gott geführt, oder von den Göttern, oder von einem Leitstern, demselben, der de Gaulle und Napoleon, Jeanne d'Arc, Karl den Großen und jeden anderen großen Mann und jede große Frau der Geschichte geführt hat.

Mut kann uns dazu bringen, allein standzuhalten, allein gegen unglaubliche Widrigkeiten, gefühlt sogar gegen die ganze Welt.

Aber wir haben keine Angst, denn wir sind nicht wirklich allein, wenn wir diese Haltung einnehmen.

Hinter uns steht, wie das bei de Gaulle der Fall war, ein großes Imperium.

Und wir müssen uns bewusst sein: Wenn wir hart und lange genug kämpfen, werden wir feststellen, dass *alle* auf unserer Seite stehen.

Die Welt fragt nach Mut

Warlam Schalamow wurde 1937 zu mehreren Jahren Zwangsarbeit in einem sowjetischen Gulag verurteilt.

Welches Verbrechen hatte er begangen?

Das gleiche Verbrechen, das die meisten Menschen in diese eisigen Höllenlöcher brachte: Er war auf die falsche Seite eines totalitären Regimes geraten. Einfach Pech. Die Kühnheit, die Machthaber zu kritisieren. Nicht genug kommunistische Linientreue. Weil er kein Geständnis ablegen wollte – wenngleich ihn das kaum gerettet hätte.

Da befand er sich nun an einem der unheilvollsten Orte, an denen ein Mensch sich damals befinden konnte, und was fand er dort heraus? Er fand eine ganze Menge über das Wesen des Menschen heraus. »Ich entdeckte, dass die Welt nicht in gute und schlechte Menschen unterteilt werden sollte, sondern in Feiglinge und Nicht-Feiglinge«, schrieb er. »95 Prozent der Feiglinge sind bei der geringsten Bedrohung zu den übelsten Dingen fähig, auch dazu, andere zu töten.«

Wenn wir nach Mut fragen, denken wir darüber in der falschen Richtung nach.

Nicht wir sollen diese Frage stellen.

Denn diese Frage wird *uns* gestellt.

In Cormac McCarthys düsterem und wunderbaren Roman *All the Pretty Horses (All die schönen Pferde)* stellt Emilio Pérez in einem düsteren Gefängnis, das dem von Schalamow nicht unähnlich ist, die folgende Frage an John Grady:

»Die Welt will wissen, ob du cojones hast. Ob du tapfer bist.«

Die Welt stellt *Ihnen* die Frage nach Ihrem Mut. Jeden Tag, in jeder Minute. Auch Ihre Feinde stellen Ihnen diese Frage. Ihre Hindernisse tun es ebenso.

Denn wir müssen es wissen. Sind Sie einer von den Feiglingen? Oder sind Sie jemand, auf den wir zählen können? Haben Sie das Zeug dazu?

Seneca pflegte zu sagen, dass er eigentlich Mitleid mit Menschen habe, die nie ein Unglück erlebt hätten. »Du bist durch das Leben gegangen, ohne einen Gegner zu haben«, sagte er. »Niemand wird je wissen, wozu du fähig bist, nicht einmal du selbst.«

Deshalb ist diese Frage so wichtig. Die Welt will wissen, in welche Kategorie sie Sie einordnen soll, also schickt sie Ihnen schwierige Situationen. Das sind keine Unannehmlichkeiten oder gar Tragödien, sondern Chancen, Fragen, die beantwortet werden wollen. *Habe ich cojones?* Oder vielleicht besser, mit weniger Gendermarkierung: *Habe ich Rückgrat? Bin ich tapfer? Werde ich mich dem Problem stellen oder davor weglaufen? Werde ich standhalten oder werde ich überrollt?*

Diese Fragen beantwortet man nicht mit Worten, sondern mit Taten. Nicht privat, sondern öffentlich.

Wenn nicht Sie, wer dann?

Seit Tausenden von Jahren haben sich Menschen in einer Lage befunden, in der sie gezwungen waren, sich die berühmte Frage in Anlehnung an Rabbi Hillel zu stellen:

»Wenn nicht ich, wer dann?
Wenn nicht jetzt, wann dann?«

Oder wie John Lewis es ausdrückte:

»Wenn nicht wir, wer dann?«

Denn es muss getan werden. In einer der schwierigsten Phasen des Bürgerkriegs, als er die in Virginia gelegene Stadt Petersburg – das letzte verbliebene Hindernis vor Richmond, der Hauptstadt der Konföderierten – monatelang belagerte, sagte Ulysses S. Grant: »Die Aufgabe ist wichtig und muss von jemandem erledigt werden.« Gegen einen verschanzten und verzweifelten Feind nahm sie fast neun Monate in Anspruch, aber Grant ließ sich nicht entmutigen. Seine Entschlossenheit geriet nicht ins Wanken. Er würde sich nicht ablenken lassen, er würde die Verantwortung nicht auf jemand anderen abschieben und sich auch keine Lösungen ausdenken, die weniger kostspielig sein würden.

Nein. Er blieb dort und *grub sich ein*. Er zeigte *Führungsstärke*. Mit der Einnahme von Petersburg schaffte er genau im richtigen Moment, was so vielen anderen Generälen vor ihm nicht gelungen war. Wenige

Wochen später würde der Süden kapitulieren. Es war für ihn eine gewaltige Herausforderung gewesen, aber indem er sich ihr stellte, statt vor ihr zu fliehen, kam die schlimme Heimsuchung des Krieges zu einem Ende.

Im Jahr 1861 befand sich Oliver Wendell Holmes in der komfortablen Situation, der Spross einer reichen und mächtigen Familie zu sein. Er hätte einen Ersatzmann anheuern können, der für ihn im Bürgerkrieg seine Haut riskiert hätte. Stattdessen trat er in die Armee ein, um selbst zu kämpfen, wobei er in Gettysburg fast ums Leben kam. Nach dem Jurastudium und dem Aufbau einer lukrativen Privatpraxis sicherte er sich eine angenehme Stelle in Harvard, die er den Rest seines Lebens hätte behalten können, gut aufgehoben im Elfenbeinturm der Ideen. Stattdessen verließ er diese Position – was ihn nicht wenig Geld und die Inanspruchnahme von Beziehungen kostete –, um das Amt eines Bundesrichters anzunehmen, weil er der Auffassung war, dass Anwälte dorthin gehen sollten, wo das Gesetz gemacht wurde. Später wurde er an den Obersten Gerichtshof berufen, wo er bis zu seinem neunzigsten Lebensjahr unermüdlich tätig war – ein Rekord für dieses Gericht.

»Ich denke, da das Leben aus Aktion und Leidenschaft besteht«, schrieb Holmes später, »wird von einem Menschen erwartet, dass er dieselbe Leidenschaft und Tatkraft zeigt, die in seiner Zeit vorherrschen, weil er andernfalls Gefahr läuft, dass ihm vorgeworfen wird, nicht gelebt zu haben.«

»Wer bin ich, dass ich zum Pharao gehen sollte?«, fragte Mose, als das Schicksal ihn rief. Die Antwort für ihn damals ist dieselbe wie für Sie heute: Er war die richtige Person für die richtige Aufgabe.

Jeder von uns ist einzigartig. Grant war es. Holmes war es. Nightingale und de Gaulle waren es. Jeder von uns hat seine eigenen Fähigkeiten, seine eigene Palette an Erfahrungen und Einsichten. Jeder von uns hat seine Berufung. Wenn wir ihr nicht folgen, dann berauben wir die Welt einer Chance. Unser Mangel an Mut wirkt über uns hinaus bis in das Leben anderer Menschen hinein.

Denn wenn Sie dieses Kind nicht adoptieren, wer wird es dann tun? Wenn Sie jenes Unternehmen nicht gründen, wer dann? Wenn Sie nicht endlich heute diese drei magischen Worte sagen, wann werden Sie es dann tun?

Vermutlich wird niemand es tun, vermutlich wird es nie geschehen. Und wenn es jemand tut, dann nicht Sie – es wird anders sein. Es wird nicht so gut sein. Es wird nicht das sein, was Sie daraus gemacht hätten.

Sie müssen es tun. Und tun Sie es noch heute.

Gute Vorbereitung macht tapfer

Sind andere Menschen von Natur aus tapferer als Sie? Oder sind sie einfach besser vorbereitet?

»Das richtige Wissen hilft dir« heißt es im Handbuch *Army Life*, das die US-Armee im Zweiten Weltkrieg an Millionen von Soldaten verteilte. »Man verspürt mehr geistigen Rückhalt« heißt es weiter, »und größere persönliche Zufriedenheit, wenn man seinen Platz und seine Rolle in dieser Armee kennt, als durch alle anderen Maßnahmen, die man in dieser Lage für sich ergreifen kann. Sei hierbei ruhig egoistisch, wenn dich das motiviert: Informiere dich über deine Aufgabe, denn wenn du weißt, wie du deine Funktion erfüllen kannst, wirst du dich besser fühlen. Das Wissen um deine Aufgaben und Pflichten, deine Rechte und Möglichkeiten wird dich eines Tages noch wertvoller für die Armee machen. Auch wird es dir auf lange Sicht eine *persönliche* Befriedigung verschaffen.«

Angst kann man zwar wegdiskutieren, aber viel effektiver ist es, sie zu ersetzen. Wodurch? Durch *Kompetenz.* Training. Aufgaben. Eine Mission, die durchgeführt werden muss.

So erging es auch der römischen Armee, als sie 321 v. Chr. an den Kaudinischen Pässen in einen Hinterhalt geriet. Eingesperrt in einen engen Pass, gefällte Bäume und aufgetürmte Felsen an einem Ende und bewaffnete Männer auf den Höhen am anderen Ende, saßen die Soldaten hoffnungslos in der Falle. Als ihnen ihre prekäre Lage bewusst wurde – sie waren von allen Seiten umgeben von unüberwindbaren Hindernissen und einem verschanzten Feind –, waren sie wie betäubt vor Furcht. Jeder Mann sah den neben ihm stehenden Kameraden an, in der Annahme, dieser wisse vielleicht, was zu tun sei. Auch die Generäle befanden sich in einer Art Schockstarre. Wie hatte das passieren können? Was konnte man jetzt tun? Gab es irgendeine Möglichkeit zu überleben?

Dann fing ein namenloser Soldat, der anonym geblieben ist und von den Geschichtsschreibern nicht namentlich erwähnt wird, damit an, Befestigungen zu errichten. Ganz instinktiv, ohne einen Befehl erhalten zu haben, folgten die anderen Männer seinem Beispiel. Angesichts ihrer aussichtslosen Lage mochte es sinnlos erscheinen, eine Palisadenanlage zu erbauen, aber dies war besser, als gar nichts zu tun. Sie wandten an, was sie in ihrer Ausbildung gelernt hatten, und fanden Trost und Kraft darin.

Es gab ihnen inneren Halt. Es war etwas, um sich zu beschäftigen. Sie erfüllten ihre Aufgabe. Die Feinde, die dieses seltsame Verhalten beobachteten, begannen, höhnisch zu lachen und sie zu verspotten. Auch die Römer selbst fanden ihre Anstrengungen komisch, da sie keine Rettung versprachen, setzten sie aber dennoch fort. Indem sie ihre Stellungen befestigten, befestigten die Römer sich innerlich. Die Schockstarre, in der sie sich befanden, löste sich binnen kurzer Zeit auf, und sie fanden wieder zu ihrer gewohnten Entschlossenheit zurück. Dies führte dazu, dass die Feinde mit ihnen verhandelten, statt einen Angriff auf einen derart diszipliniert wirkenden Gegner zu riskieren.

Training ist nicht nur etwas für Sportler und Soldaten. Es ist der Schlüssel zur Überwindung von Furcht in allen Lebenslagen. Was wir nicht erwarten, was wir zuvor nicht geübt haben, ist uns gegenüber im Vorteil. Auf das, worauf wir uns vorbereitet haben, was wir vorhergesehen haben, werden wir reagieren können. Epiktet schrieb, beim Treffen auf Widrigkeiten sei es erstrebenswert, sagen zu können: »Dafür habe ich trainiert, dafür bin ich ausgebildet.«

Seneca riet etwa zur selben Zeit: »Wenn du nicht zurückschrecken willst, sobald eine Herausforderung auf dich zukommt, dann *trainiere zuvor diese Situation.*«

Womit wir vertraut sind, das können wir bewältigen. Die Wahrnehmung von Gefahr kann durch Erfahrung und eine gute Vorbereitung verringert werden. Furcht führt zu Ablehnung und Ablehnung zu Feigheit. Wiederholung hingegen stiftet Vertrauen, und Vertrauen macht Mut.

Der Rüpel, mit dem wir uns auseinandersetzen müssen. Die schwierige Pressekonferenz. Die riskante Wette. Eine moralisch richtige Haltung, mit der man sich unbeliebt macht. Von allen Seiten von Feinden umgeben. Das sind Situationen, in denen wir auf unser Training zurückgreifen müssen, denn ohne diesen Halt werden wir uns fürchten oder an uns zweifeln. Instinktiv werden wir dann dazu neigen, den bequemen Weg zu wählen und uns in unser Schneckenhaus zurückzuziehen.

Wir reden hier über *Training*? Diese Frage stellte vor einigen Jahren der als trainingsfaul bekannte Basketballspieler Allen Iverson. Ja, wir reden von Training. Weil es das Wichtigste ist. Fragen Sie einfach die Basketballstars Jordan oder LeBron. Und vergleichen Sie die von diesen erzielten Punkte mit denen von Iverson.

Beim Training gehen Sie die Aktionen im Kopf durch. Sie bauen ein Muskelgedächtnis auf, was in dieser oder jener Situation zu tun ist. Sie lernen, sich zu kräftigen, und werden dabei dauerhaft gestärkt. Sie absolvieren Übungen und probieren verschiedene Spielzüge. Sie haben jemanden, der Ihnen absichtlich unangenehme Fragen stellt. Sie gewöhnen sich an die Anstrengung. Sie trainieren in Ihrem Schwellentempo in festgelegten Intervallen, um Ihre Leistungsschwelle als Läufer zu steigern. Sie machen sich mit den Abläufen vertraut. Sie bauen Ihr Gewehr mit verbundenen Augen zusammen, Sie trainieren mit einer Gewichtsweste. Sie vollziehen bestimmte Bewegungen tausendmal und dann noch tausendmal mehr, während Sie nicht unter Druck stehen, sodass Sie in Stresssituationen dann genau wissen, was zu tun ist.

Know-how ist von Nutzen. Aber tapfer werden Sie nur durch Vorbereitung.

Fangen Sie einfach irgendwo an. Tun Sie einfach etwas.

Die Entwicklung zum Whistleblower begann für Daniel Ellsberg mit der Teilnahme an einer Friedenskonferenz. Indem er dort ein paar Fragen stellte. Durch den Entschluss, die Dokumente mit nach Hause zu nehmen, um sie sich genauer anzuschauen. Niemand entscheidet auf einen Schlag, die geheimen Pentagon Papers an die Öffentlichkeit zu bringen. Es läuft immer weniger dramatisch ab. Die Franzosen sprechen von *petites actions* – die kleinen Schritte am Anfang, durch die eine Dynamik entsteht, die kleinen Dinge, die immer mehr werden.

Wir täten gut daran, dies zu berücksichtigen, wenn wir angesichts eines enormen Problems Angst haben oder verzweifeln.

Wir müssen keinen Frontalangriff führen.

Vergessen Sie den Gedanken an eine todesverachtende Geste. Manchmal fängt man am besten ganz klein an.

So war das auch bei Ellsberg, der für eine Behörde arbeitete, die keinerlei abweichende Meinung duldete, nicht einmal das Stellen von unangenehmen Fragen. Er hatte keineswegs von Anfang an vor, diese Unterlagen der *New York Times* zu geben, sondern alles war in diese Richtung eskaliert, nachdem seine anderen Bemühungen erfolglos geblieben waren.

So erging es auch tyrannischen Figuren, die zuvor unbesiegbar schienen, von Richard Nixon bis zu Harvey Weinstein: Jemand sorgte für einen ersten Riss in ihrer Rüstung, was letztendlich zu ihrem Sturz führte. Könnten Sie dieser Jemand sein?

»Verpasse nie eine Gelegenheit, einen Anfang zu machen, wie klein er auch sein mag«, sagte Florence Nightingale, »sondern denke an die wunderbare Fähigkeit des Senfkorns, zu keimen und Wurzeln zu schlagen.« Das entsprach ihrer eigenen Erfahrung. Sie arbeitete zunächst nur einen Sommer lang im Krankenhaus, was jedoch zu dem Entschluss führte, ihr Leben dieser Aufgabe zu widmen. Auch war es viel einfacher, ihre Familie davon zu überzeugen, sie als Krankenschwester arbeiten zu lassen, wenn dieses Experiment zeitlich begrenzt war. Sich selbst konnte sie dadurch ebenfalls leichter überzeugen.

Thomas Edison war anderer Auffassung: Er sagte, das Leben sei zu kurz, um am kleinen Ende der Dinge zu beginnen. Er wollte immer sofort die schwierigen Probleme angehen, die ehrgeizigen Projekte. *Das Glück ist mit den Kühnen*, oder etwa nicht?

Vielleicht kann man diese gegensätzlichen Vorstellungen so in Einklang bringen, dass wir zwar mit *petites actions* beginnen können, aber an unserem Magnum Opus arbeiten.

Fangen Sie klein an … mit etwas Großem.

Beseitigen Sie zunächst ein einziges Problem. Bringen Sie nur ein bisschen Bewegung in das Ganze. Schreiben Sie einen Satz. Verschicken Sie einen Brief. Erzeugen Sie einen Funken.

Dann kann man sich schon vorstellen, was als Nächstes kommt.

Ihre Scheinwerfer beleuchten nur wenige Meter der dunklen Straße vor Ihnen, und doch reicht das aus, um voranzukommen und kontinuierlich Fortschritte zu machen.

Ist das nicht die Art, wie wir große Probleme lösen? Indem wir sie in ihre Einzelaspekte zerlegen? Indem wir uns auf den vor uns liegenden Teil konzentrieren? Idealerweise frühzeitig, bevor es schwieriger wird oder es unter anderen Problemen begraben wird? (Man sagt, dass sich Flüsse leichter an ihrer Quelle durchqueren lassen.) Sorgen Sie für etwas

Dynamik und Selbstvertrauen, während Sie anfangen, Erledigtes von der Liste zu streichen. Und hilft Ihnen hierbei nicht vor allem das Training? Von diesem wissen Sie, was die kleinsten Dinge sind, die Sie zuerst anpacken sollten – was Ihre aktuelle Aufgabe ist.

Sie werden nicht immer erfolgreich sein, aber es geht ja nicht nur um Sie allein. Ein anderer kann dort weitermachen, wo Sie aufgehört haben. Sie müssen die Dinge nur in Gang bringen, Ihren Teil des Staffellaufs bestmöglich absolvieren. Geben Sie Ihr Bestes, tun Sie, was Sie können, und tun Sie es jetzt. Das ist alles.

Es führt allerdings kein Weg daran vorbei, dass Sie aktiv werden. Aber Sie werden überrascht sein, was für eine Wirkung eine kleine Veränderung haben kann.

»Wer an der Spitze eines Regiments etwas tut«, lehrt uns Abraham Lincoln, »wird denjenigen in den Schatten stellen, der an der Spitze von hundert Regimentern nichts tut.« Es ist besser, eine kleine Schlacht zu gewinnen, als immer nur auf eine größere, perfekte Schlacht in der Zukunft zu warten.[10]

Der Kampf geht ständig weiter. Wir nehmen daran teil.

Wir fangen einfach an. Wir tun, was wir können, wo wir gerade sind, mit dem, was wir haben.

Wenn wir alle unseren Beitrag leisten, werden diese Beiträge zusammengezählt.

Los!

Für Charles Lindbergh gab es unzählige Gründe, nicht loszufliegen.

Noch nie war jemand erfolgreich nonstop über den Atlantik geflogen. Er selbst hatte noch nie einen Überwasserflug absolviert. Auch war er wirklich lange Strecken noch nie geflogen: Er hatte mit dem Flugzeug noch nie mehr als 800 Kilometer zurückgelegt, und dies mithilfe eines starken Rückenwindes sowie der Möglichkeit, sich an markanten Punkten am Boden zu orientieren. Er war auch noch nie 55 Stunden ununterbrochen wach gewesen, was für diesen Flug nun nötig sein würde.

Dann stürzte einer seiner Konkurrenten bei einem Probeflug ab, wobei drei der vier Besatzungsmitglieder schwer verletzt wurden. Ein paar Wochen später verschwanden zwei Piloten, die von Paris nach New York gelangen wollten, während des Fluges und wurden nie wieder gesehen.

Und er sollte das nun *allein* schaffen, 5800 Kilometer über offenem Ozean ohne Orientierungspunkte zurücklegen? In einem Flugzeug, dessen Traglast so stark beschränkt war, dass er einen zwanzig Pfund schweren Fallschirm nicht mit an Bord nehmen konnte? Die Welt erwartete wirklich eine ganze Menge von ihm, sogar mehr, als er sich selbst abverlangte.

Als Lindbergh am 19. Mai 1927 auf dem Roosevelt Field auf Long Island ankam, sah er dort keine Spur von seinen Konkurrenten. Es gab einen vorübergehenden Wetterumschwung. Er füllte einstweilen seine Treibstofftanks auf. In jener Nacht schlief er schlecht. Am Morgen gab es noch mehr logistische Probleme. Diskussionen über den Wind. Er war nun bereits spät dran. Alle vorherigen Einwände und Schwierigkeiten kamen ihm nun wieder in den Sinn. Die Augen der Männer im Hangar und auf der Rollbahn waren voller Zweifel – sie hatten diesen Vorbereitungen schon so oft beigewohnt.

Er kletterte in den Pilotensitz aus Korbgeflecht. Er setzte seine Schutzbrille auf und ließ den Motor an. Wenige Minuten später rollte er langsam in Richtung seines Schicksals. Er zögerte noch und dachte noch einmal über alles nach. Dann schob er seine Zweifel beiseite und beschleunigte. Um 7:52 Uhr hoben seine Räder vom Boden ab, sechs Meter vor dem Ende der Startbahn. In weniger als anderthalb Tagen würde er in Frankreich wieder auf festem Boden stehen.

Wie überwindet man so große Furcht? Die vielen Gründe, das nicht zu tun, was Sie sich vorgenommen hatten?

Mit den Worten des ordensdekorierten Navy Seal Jocko Willink: Um die Furcht zu besiegen, *legt man einfach los*.

Tun Sie es einfach. Springen Sie in die Dunkelheit. Das ist der einzige Weg.

Denn wenn Sie es nicht tun, was steht Ihnen dann bevor? Ein Gefühl des Versagens. Der Reue. Der Scham. Eine verpasste Gelegenheit. Die verlorene Hoffnung, jemals voranzukommen.

»In derartigen Situationen«, erklärte de Gaulle einmal einigen zögerlichen Mitgliedern seiner Regierung, »muss man entweder handeln oder sterben. Ich habe mich entschieden, zu handeln; das schließt aber die Möglichkeit nicht aus, dennoch zu sterben.« Und so ging er nach der Niederlage Frankreichs ins Exil, und seine Frau tat es ihm gleich – ohne Koffer, ohne Fallschirm, ohne Ersatzplan. So mutig handelte er noch Dutzende Male in seiner Laufbahn, sei es während der Algerienkrise oder während der Studentenproteste von 1968.

Alea iacta est.

Zum Teufel mit den Torpedos![11]

Ist es riskant? Ja, natürlich. Es ist nicht unvernünftig, sich deswegen Sorgen zu machen. Aber man kann keinen Erfolg haben, wenn man gar nichts tut, wenn man es nicht einmal versucht. Niemand kann Ihnen garantieren, dass Sie sicher durchs Leben kommen, es besteht immer die Möglichkeit, zu scheitern oder zu sterben.

Aber wenn Sie gar nicht erst loslegen? Dann ist Ihnen die Niederlage garantiert, und Sie erleiden eine andere Art von Tod.

Später werden Sie sich wünschen, Sie hätten etwas getan. Uns allen geht es so.

Und das bedeutet, dass Sie jetzt *sofort loslegen müssen.*

Sagen Sie den Mächtigen die Wahrheit

Decimus Laberius wurde von Julius Cäsar befohlen, vor ihm aufzutreten.

Für manche wäre das eine Ehre gewesen. Für andere eine Art Demütigung.

Für Decimus, der kein Stiefellecker war, bedeutete es eine moralische Verpflichtung. Eine moralische Verpflichtung zur Auflehnung.

Bei dieser Gelegenheit, mit Cäsar im Publikum und in Anwesenheit vieler Beobachter, machte Decimus dem Diktator unverblümte Vorhaltungen, verspottete seine Tyrannei und prophezeite sein schmerzhaftes Ende. Noch beeindruckender war, dass er es so gut, so kunstvoll, so kühn tat, dass Cäsar sich nicht in der Lage sah, ihn dafür zu bestrafen.

Das griechische Wort für diese Art von Mut war *parrhesia.* Es war das Aussprechen der Wahrheit gegenüber Mächtigen. Es war die Weigerung, eine Lüge zu akzeptieren oder sich zu verstellen. Sokrates war der klassische *parrhesiastes*, ein Mann, der sagte, was andere sich nicht zu sagen trauten, und dies zu Personen, bei denen die anderen Angst gehabt hätten, sich offen zu äußern. Um einen antiken Historiker zu paraphrasieren: Niemand konnte Sokrates dazu bringen, etwas zu tun, zu sagen oder zu denken, was nicht seinem Charakter entsprochen hätte.

In gewisser Weise ist es seltsam, dass wir das überhaupt bewundern. Sollte das nicht die Regel sein? Ist das nicht unsere grundlegende Pflicht als Mensch?

Die Wahrheit zu kennen und sie nicht auszusprechen – das ist Verrat an der Wahrheit.

Man mag sich vordergründig der Schuld entziehen, indem man schweigt, aber das ist keine echte Entschuldigung. Sie sind trotzdem schuldig. Sie sind ein Feigling. Es mag sein, dass niemand die Wahrheit hören will, und die Leute mögen tatsächlich Angst haben, sie zu hören, aber Sie dürfen keine Angst haben, sie zu sagen.

Im Jahr 1934 wohnte Dietrich Bonhoeffer, der deutsche Pfarrer und Theologe, einer Aufführung des Märchens »Des Kaisers neue Kleider« bei. Nachdem er zuvor beobachtet hatte, wie seine Mitchristen begannen, sich über Hitler etwas vorzumachen, nachdem er den Beginn von Hitlers abscheulichen Lügen miterlebt hatte, traf ihn die Moral dieser Geschichte wie die Faust aufs Auge. »Alles, was uns heute fehlt«, schrieb er in einem Brief an seinen Bruder, »ist das Kind, das am Ende die Stimme erhebt.«

Wenn der Junge in dieser Geschichte sich ganz instinktiv und wie selbstverständlich einem König widersetzen kann, was ist dann Ihre Ausrede?

In Ordnung, Sie haben mehr als genug davon: Es würde Ihnen beruflich schaden. Sie würden sich dadurch Feinde machen. Es würde ohnehin nicht viel bewirken. Ihre Arbeit würde beeinträchtigt. Niemand will es hören. Sie wollen nicht auf eine schwarze Liste kommen.

In Ordnung, Stiefellecker.

Sehen Sie, es ist eine Sache, eingeschüchtert zu sein. Es ist eine andere, sich selbst zu erniedrigen.

Das ist es, was de Gaulle in Bezug auf Hitler erkannte. Dass dessen Macht vollständig abhing von der »Feigheit der anderen«. Keiner war bereit, den Tyrannen einen Tyrannen zu nennen. Niemand war bereit zu sehen, dass der Kaiser keine Kleider trug und in Wirklichkeit ein gefährlicher Irrer war. Vor allem wollte keiner dies aussprechen. Weil niemand etwas sagte, tat auch niemand etwas – mit der Ausnahme, Hitler das zu sagen, was er hören wollte. Und so wurden alle zu seinen Komplizen.

Dennoch muss festgehalten werden, dass die Verpflichtung, die Wahrheit zu sagen, kein Freibrief dafür ist, grausam zu sein. Sokrates wollte den Menschen dabei helfen, das Wesentliche im Leben zu erkennen. Er wollte niemanden verletzen, sondern seine Zeitgenossen nur etwas lehren. Und was war damit, dass er manche Menschen kränkte, dass er sich so manchen Feind machte? Das hielt ihn weder von seinem Streben nach Weisheit ab noch entband es ihn davon, seine Pflicht zu erfüllen.

Ohne diese Art Charakter kann eine Gesellschaft nicht funktionieren. Es ist nicht immer so ernst, wie Cäsar in die Augen zu blicken und ihm zu sagen, was man von ihm hält. Es kann auch ein Komiker wie Dave Chappelle sein, der sich über unsere Heucheleien und Absurditäten lustig macht. Oder jemand wie der Essayist Nassim Taleb, der unsere Überheblichkeiten und kulturellen Vorurteile kritisiert. Oder Diogenes, der unsere grundlegenden Annahmen infrage stellt.

Wir brauchen Menschen, die den Status quo nicht als gegeben hinnehmen. Wir brauchen Künstler, die für sie persönlich wichtige Themen untersuchen … und die öffentlich Kritik üben. Wir brauchen Politiker, die ihr Mandat mit Ehrlichkeit ausüben, und diese brauchen kompetente Berater, die sich nicht scheuen, ihnen gegenüber auch unangenehme Tatsachen zu erwähnen. Wir brauchen eine Bevölkerung, die Propaganda, rechtfertigende Rationalisierungen und Vertuschungen nicht duldet. Menschen auf allen Ebenen der Gesellschaft, die bereit sind, ihre Stimme zu erheben und zu sagen: »Das ist nicht richtig. Ich mache da nicht mit.«

Wir brauchen *Sie*, um das auszusprechen.

Seien Sie der Entscheider

Im Gedächtnis des späteren Außenministers Dean Acheson hatte sich die Tatsache eingeprägt, dass General George Marshall meisterlich zu führen verstand. Die Diplomaten und Spitzenpolitiker wollten häufig ewig weiterdiskutieren. Darüber, was zu tun sei. Darüber, wer schuld war. Darüber, was man sagen sollte. Darüber, was man zu Mittag essen sollte.

Marshall pflegte sie dann immer mit einem Befehl zu unterbrechen: »Meine Herren, kämpfen Sie nicht gegen das Problem! Entscheiden Sie es!«

Denn während die Furcht möchte, dass Sie den Tag mit Grübeln verbringen, weiß der Mut, dass das nicht sinnvoll sein wird.

Die seltenste aller Gaben der Götter, erkannte Acheson, war *die Fähigkeit, Entscheidungen zu treffen.* Um im Leben, in der Außenpolitik, in einer komplizierten und chaotischen Welt erfolgreich zu sein, muss eine Führungspersönlichkeit lernen, wie man mit Mut und Klarheit Entscheidungen trifft. Ohne Ausflüchte und Wankelmut.

Marshall besaß diese Gabe. Truman ebenso. Auf diese Weise konnten sie das Europa der Nachkriegszeit vor dem Verhungern und dem Bankrott retten, und Berlin rasch helfen, nachdem es durch die sowjetische Blockadepolitik von den westlichen Besatzungszonen abgeschnitten worden war. Sie waren dazu bereit, sich jeder Herausforderung zu stellen und Entscheidungen zu treffen.

»Die Aufgabe des Präsidenten ist es, zu entscheiden«, schrieb Acheson. »Mr. Truman *traf Entscheidungen.*«

Allein in den ersten dreißig Tagen seiner Präsidentschaft musste Truman Entscheidungen treffen über:

- die sowjetische Einmischung in Polen,
- die erste Sitzung der Vereinten Nationen,
- die erste Lieferung von Uran,
- den Eintritt der Sowjetunion in den Krieg gegen Japan.

Innerhalb der darauffolgenden Wochen und Monate musste er auch entscheiden, ob die Atombombe abgeworfen werden sollte, ob er Europa mit dem Marshallplan retten sollte, ob er die Doktrin der Eindämmung der sowjetischen Aggression umsetzen sollte, ob er mit der Berliner Luftbrücke fortfahren sollte, und so weiter und so fort.

Man könnte meinen, dass dies angesichts dessen, was auf dem Spiel stand, und angesichts der differierenden Einschätzungen der Experten lauter qualvolle, schwierige Entscheidungen waren. Das waren sie auch.

Aber das war noch nicht alles. Truman und Marshall wussten, dass man sie kritisieren würde. Sie wussten, dass jede Entscheidung mit Risiken behaftet war. Sie wussten, dass die Verantwortung bei ihnen lag, dass man ihre Namen mit ihren Entscheidungen in Verbindung setzen würde, so wie dies dann buchstäblich der Fall war bei der Truman-Doktrin und dem Marshall-Plan.

Dennoch entschieden sie nicht nur, sondern sie konzentrierten sich anschließend auf eines der furchterregendsten Dinge, die es in diesem Leben gibt: diese Entscheidungen mit aller Konsequenz umzusetzen.

Der Arzt im Operationssaal kann nicht zögern, er muss seine Entscheidungen schnell treffen, anschließend dementsprechend handeln und den Mut haben, sich den potenziell lebensgefährlichen Folgen seiner Aktion zu stellen. Der Kämpfer, der Händler, der Künstler, der Geschäftsführer eines Unternehmens, das sich im Umbruch befindet – jede Führungskraft steht ebenso unter Druck. Es gibt eine gewisse Härte in diesen Berufen, in denen Konsequenzen auf dem Spiel stehen. Entweder muss körperliche Gewalt angewandt werden oder Leute müssen entlassen werden oder Schecks müssen ausgestellt werden. Diese Brutalität hat etwas Schreckliches an sich, aber niemand hat etwas davon – am wenigsten die verletzlichen Menschen, um die es geht –, wenn man zögert oder ängstlich ist.

Wir behaupten, zu diskutieren, um die richtige Entscheidung treffen zu können, und dass wir dafür noch mehr Informationen bräuchten. In Wirklichkeit schieben wir den Entschluss nur hinaus. Wir wollen den bequemen Status quo nicht verlassen. Wir wollen nicht die Konsequenzen tragen müssen.

Wir debattieren darüber, ob wir unseren Job aufgeben sollen, ob wir diese oder jene Investition tätigen sollen, ob wir mit dem, was wir wissen, an die Öffentlichkeit gehen sollen oder ob wir dies einem anderen überlassen wollen … Wir schieben die Entscheidung auf, immer und immer wieder, vermeiden den zentralen Punkt, was wir tun müssten, und denken stattdessen über unzählige Formen von Was-wäre-wenn nach oder versuchen andere Ablenkungsmanöver.

Als Decimus nach seiner mutigen Konfrontation mit Cäsar die Bühne verließ, verspottete er auch noch Cicero und nannte ihn den Mann, der »auf zwei Stühlen sitzt«, eine Anspielung auf Ciceros Weigerung, sich im Bürgerkrieg für eine Seite zu entscheiden. Wenig später würden Ciceros Feinde ihm diese Entscheidung abnehmen.

Es gibt eine treffende Redensart: Was man nicht ändert, das *wählt* man. Später werden Sie sich wünschen, Sie hätten etwas getan. Ob es das Verlassen einer toxischen Beziehung oder die Gründung eines Unternehmens ist: Kämpfen Sie nicht mit sich, sondern *treffen Sie eine Entscheidung*. Jetzt.

Die kostbaren Sekunden, die Sie mit Diskussionen verbracht haben, hätten Sie weiter vom Hurrikan wegbringen können. Die Zeit, die Sie damit verbracht haben, zu zögern, ob Sie sich äußern sollen, hätten Sie nutzen können, um die negativen Konsequenzen zu mindern. Der beste Zeitpunkt, ein schwieriges Problem anzugehen, ist bereits lange vorbei; der zweitbeste Zeitpunkt ist jetzt.

»Die Lage sieht düster aus«, schrieb Truman 1948 an seine Tochter, als die Sowjets in der Tschechoslowakei die Macht übernahmen. »Es wird nötig sein, eine Entscheidung zu treffen, und ich werde sie treffen.«

Man kann ein Problem nicht bewältigen, indem man darüber debattiert, sondern nur, indem man einen Entschluss fasst, was man dagegen tun will, und *dies dann tatsächlich tut.* Natürlich nicht nur eine Entscheidung um der Entscheidung willen, sondern die richtige Maßnahme, *jetzt sofort.* Und wenn Ihre Entscheidung dann doch falsch sein sollte oder Sie einen Fehler machen, dann entscheiden Sie sich erneut, mit der gleichen Art von Mut und Klarheit.

Es ist gut, »schwierig« zu sein

Während sie nach einer Reihe von Bewerbungsgesprächen ihrem potenziellen Arbeitgeber am Tisch gegenüber saß, konnte die auf Forschung spezialisierte Chemikerin die Beurteilung, die sie betraf, und die oben auf dem Blatt stand, gerade noch erkennen. Mühevoll die entgegen ihrer Blickrichtung niedergeschriebenen Buchstaben entziffernd, las Margaret Thatcher, was man von ihr hielt:

»Diese junge Frau hat eine viel zu starke Persönlichkeit, um hier zu arbeiten.«

Es gab zwei Möglichkeiten, das zu verstehen: als Vorwurf oder als große Anerkennung.

Der Feigling wählt die erste Interpretation und hört auf das, was man ihm sagt. Mit hinreichend Selbstvertrauen kann man es auch elegant ignorieren. Man braucht Mut, um derartige Urteile nicht zu beachten, um sich nicht von ihnen beeinflussen zu lassen.

Wie werden Sie sich verhalten?

Denken Sie daran, wie über Serpico geredet wurde.

Was man über de Gaulle sagte.

Was Nightingale vorgeworfen wurde.

Sie sind schwierig.

Natürlich waren sie das. Die Wohlerzogenen machen selten Geschichte. Wären diese Männer und Frauen ein bisschen nachgiebiger gewesen, mehr dazu bereit, die von ihnen erwartete Rolle zu spielen, hätten sie sich mehr Sorgen gemacht, was andere Leute von ihnen dachten, hätten sie sich leichter aufhalten lassen, dann hätten sie auch gar nicht erst eine eigenständige Haltung eingenommen.

Und während die jeweiligen Machthaber dazu neigten, diese Menschen als schwierig zu bezeichnen, verwendet die Geschichtsschreibung heute einen anderen Ausdruck für sie: *Bilderstürmer*.

Manche von uns haben Angst, anders zu sein. Fast niemand möchte als *schwierig* gelten. Aber in diesen »schwierigen« Charakterzügen (manche würden sagen: Fehlern) ist die Freiheit enthalten. Die Freiheit, entschieden und wiederholt für das zu kämpfen, woran wir glauben. Die Freiheit, auf hohen Ansprüchen zu beharren. Die Freiheit, keine Kompromisse einzugehen. Die Freiheit, nicht zu akzeptieren, dass eine Angelegenheit als »abgeschlossen« gelten soll.

Um das zu tun, braucht es Mut. Besonders in einer Welt, die nicht gestört werden will; die von allen verlangt, dass sie normkonform bleiben; die nicht will, dass jemand die Dinge *hinterfragt*.

August Landmesser dachte nicht daran, in die Geschichte einzugehen, als er sich bei der Einweihung eines neuen deutschen Marineschiffs weigerte, den vorgeschriebenen Nazi-Gruß zu entbieten. Er wusste nur, dass er sich nicht an Regeln und Konventionen halten wollte, die gegen seine Überzeugungen verstießen. Deshalb heiratete er 1935 eine Jüdin, obwohl es gegen das Gesetz war. Er wusste nicht, dass er fotografiert wurde, dass er in den Geschichtsbüchern erwähnt werden würde als einer der wenigen Deutschen, die sich weigerten, die Diktatur zu akzeptieren – ein Einzelner, der sich dem Druck der Masse widersetzte.

Er war schwierig. Er musste es teuer bezahlen. Aber für ihn war nur dieser eine Weg der richtige.

Man wird versuchen, Sie zu bestrafen. Deshalb müssen Sie der jeweiligen Autorität jeden Tag aufs Neue trotzen. Sie müssen kämpferisch sein. Sie müssen entschlossen sein. Sie müssen Selbstvertrauen zeigen. Dabei können Sie in etwa das Folgende sagen: *Nein*, so wird das nicht laufen. *Nein*, was Sie vorschlagen, ist nicht »das Beste für alle«. *Nein*, ich werde meinen Mund nicht halten. *Nein*, das hier ist noch nicht erledigt. *Nein*, ich werde mich nicht »beruhigen«.

Es genügt nicht, dass wir keine Angst haben, wir selbst zu sein. Wir müssen hartnäckig *darauf beharren*.

Egal, was der Preis ist. Trotz der Hindernisse. Trotz der Furcht. Es wird nicht einfach sein, aber es wird sich lohnen.

Denn die als schwierig geltenden Menschen kennen das Vergnügen, ein moralisch nicht zu rechtfertigendes Verbot zu übertreten, so wie der grinsende Bürgerrechtler John Lewis aus dem Bundesstaat Mississippi auf einem Polizeifoto von 1961. Das Vergnügen, *sinnvollen Ärger* zu machen. Auf der ethisch richtigen Seite zu stehen. Das Vergnügen der Störenfriede und vielleicht am Ende sogar das Vergnügen, das Gute über das Böse triumphieren zu sehen.

Margaret Thatcher war zweifellos schwierig, wahrscheinlich zu schwierig für die Arbeit in jener unbedeutenden Chemiefabrik. Aber es waren ihre Hartnäckigkeit und ihre Schärfe – erworben durch Konflikte mit Menschen, die sich ihr in den Weg gestellt hatten –, die sie schließlich dazu befähigten, Großbritannien durch eine komplizierte Phase seiner neueren Geschichte zu führen. Man wird nicht die erste weibliche Premierministerin von England, indem man sich anpasst.

Sie wurde Eiserne Lady genannt. Genauso wie Serpico und de Gaulle und Lewis und Nightingale hätte sie nichts anderes sein können. All diese Personen waren dazu berufen, gemäß ihrem Charakter zu leben, und sie hatten den Mut, dieser Bestimmung gerecht zu werden.

Haben Sie den Mut dazu?

Nur ein paar Sekunden Mut

Am 19. Oktober 1960 wurde Martin Luther King Jr. verhaftet, als er versuchte, zum Essen in ein Restaurant im Kaufhaus Rich in Atlanta zu gehen. Während ihr Feind im Polizeigewahrsam war, nutzten die Behörden der Südstaaten die Gelegenheit, King außer Gefecht zu setzen, solange das für sie noch möglich war. Sie hielten ihn wegen anderer Anschuldigungen fest und verweigerten ihm die Freilassung auf Kaution; dann ließen sie ihn in das Staatsgefängnis in Reidsville bringen, wo er zu vier Monaten Zwangsarbeit verurteilt werden sollte. Es bestand Grund zur Befürchtung, dass King dabei verprügelt oder gelyncht werden würde, weshalb sich Coretta Scott King, hochschwanger mit ihrem dritten Kind, an die Wahlkampfteams von Nixon und Kennedy wandte, die angesichts des ungewissen Ausgangs der Präsidentschaftswahl beide dringend die Stimmen der Schwarzen benötigten.

Nixon war nicht nur mit King befreundet, sondern hatte persönlich die Bürgerrechtsreformen der Eisenhower-Regierung beaufsichtigt. Seine Berater drängten ihn, etwas für King zu tun, aber Nixon zögerte – mit ähnlichen Überlegungen wie Theodore Roosevelt ein halbes Jahrhundert zuvor. Er wollte den Süden nicht gegen sich aufbringen. Er wollte nicht in eine Kontroverse verwickelt werden. Er war besorgt, dass es nach Stimmenfang aussehen würde. Und so verriet er King und überließ John F. Kennedy die Initiative, der sowohl den Gouverneur von Georgia als auch Coretta anrief, wobei er Letztere von einem Flughafen aus tröstete und beruhigte. Währenddessen rief sein Bruder Robert Kennedy den Richter in Alabama an und drängte ihn, King freizulassen.

King verkündete sofort in der Öffentlichkeit, wer für ihn da gewesen war, als er Hilfe brauchte – und das, obwohl er vorgehabt hatte, für Nixon zu stimmen. »Ich kannte Nixon schon länger«, erinnerte er sich, »und er rief mich häufig an, um Dinge zu besprechen und meinen Rat einzuholen. Als es aber darauf ankam, war es auf einmal so, als hätte er meinen Namen noch nie gehört. Damals hatte ich wirklich den Eindruck, dass er in moralischer Hinsicht ein Feigling ist, jemand, der nicht bereit ist, einen mutigen Schritt zu tun und ein Risiko einzugehen.«

Kennedy gewann die Wahl zwei Wochen später mit weniger als einem halben Prozentpunkt Vorsprung – mit nur 35 000 Stimmen, die in zwei Schlüsselstaaten den Ausschlag gaben. Zwei Telefonanrufe hatten ihm die Präsidentschaft verschafft. Ein paar Sekunden Feigheit, die nicht aufgewandte Zeit, um mit der Frau eines ehrenwerten Mannes zu sprechen, der zu Unrecht inhaftiert worden war, kosteten Nixon das Amt.

Es spielt keine Rolle, wer Sie sind oder was Sie in der Vergangenheit getan haben. Was zählt, ist nur dieser Augenblick – der extrem kurz sein kann. Drücken Sie den Abzug? Oder sind Sie zu ängstlich?

Es dauert nur ein paar Sekunden …

… auf »Senden« zu klicken und die E-Mail zu verschicken

… diese ersten Worte auszusprechen

… den Arm zu heben und sich freiwillig zu melden

… aufzuspringen und in Richtung einer Maschinengewehrstellung zu rennen

… bei der Abstimmung statt dem Ja ein Nein zu wählen oder umgekehrt

… zum Telefon zu greifen, so wie Kennedy dies tat – nicht einmal, um Kings Leben zu retten, sondern nur um dessen Frau zu trösten.

Wenn das Geschehen erst einmal im Gange ist, kommt alles andere von selbst. Indem Sie Ihre Aufgaben erfüllen. Oder einfach einen Schritt nach dem anderen tun. Beispielsweise, wenn Sie sich nach dem Abbruch des Studiums in Ihre neue Karriere stürzen. Oder wenn Sie nach dem Einreichen der Scheidungspapiere beginnen, Ihr Leben neu aufzubauen. Oder Sie gehen ins Büro der Börsenaufsichtsbehörde, um eine Beschwerde einzureichen. Sie werden zu beschäftigt sein, um Angst zu haben. Die entstandene Dynamik beginnt für Sie zu arbeiten – nicht gegen Sie.

Es gibt eine beeindruckende Dialogzeile in einem Drehbuch, das Cameron Crowe und Matt Damon für den Film »We Bought a Zoo« verfassten. Der Film beruht auf der wahren Geschichte eines britischen Schriftstellers, der genau das tat (nämlich einen Zoo kaufte). »Weißt du«, sagt Matt Damons Filmcharakter zu seinem kleinen Sohn, »manchmal braucht man nur zwanzig Sekunden wahnsinnigen Mut. Nur buchstäblich zwanzig Sekunden umwerfende Tapferkeit. Ich verspreche dir, dass etwas Großartiges daraus entstehen wird.«

Kann man wirklich ein solches Versprechen geben? Nein, das Leben ist nicht das Kino. Man kann nie sicher sein, dass bestimmte Ergebnisse eintreten. Sie haben vielleicht keinen Erfolg, aber Sie müssen es wenigstens versuchen. Denn wenn man versäumt zu handeln, bekommt man mit Sicherheit das negative Ergebnis. Diese wenigen Sekunden haften an uns wie ein Schandmal. »Ich hatte Angst« ist keine tragfähige Ausrede.

Wenn wir den Mut von anderen Menschen bewundern oder uns von ihm einschüchtern lassen, übersehen wir, dass es oft keine im Voraus aufwändig geplante Aktion war. Es begann mit einer einfachen Entscheidung. Es begann mit einem Sprung.

»Er *wusste* nicht, dass es sich für ihn politisch auszahlen würde«, reflektierte King über Kennedys Entscheidung. Aber das Gleiche gilt für King selbst – er wusste nicht, dass sein erster Busboykott in Montgomery den Rest seines Lebens und sogar die ganze Welt verändern würde.

Mut zeigt sich im entscheidenden Augenblick. In weniger als einem Wimpernschlag. Wenn wir uns entscheiden, entweder zurückzuweichen oder uns der Herausforderung zu stellen.

Eine Person ist nicht allgemein und ständig tapfer. Wir sind nur in spezifischen Situationen tapfer.

Für ein paar Sekunden. Mit ein paar Sekunden umwerfender Tapferkeit können wir wahre Größe erreichen.

Und das ist genug.

Machen Sie sich Mut zur Gewohnheit

1920 war Harry Burn ein völlig unauffälliger Politiker in Tennessee. Er war nicht durch kühne Standpunkte oder mutiges Abstimmungsverhalten aufgefallen. Er organisierte keine politischen Kreuzzüge und war alles andere als ein Starpolitiker. Er war erst 25 Jahre alt und saß erst seit zwei Jahren im Parlament des Bundesstaates.

»Ich werde niemals gegen Sie abstimmen«, versicherte er seinen politischen Bossen, die strikt gegen die Ratifizierung des Neunzehnten Verfassungszusatzes waren, der Frauen das Wahlrecht einräumen würde. Sie glaubten ihm, und er verhielt sich dementsprechend, indem er zweimal dafür stimmte, die Diskussion über die Ratifizierung zu vertagen. Er trug sogar eine rote Rose in seinem Revers, das Symbol, das die sogenannten Anti-Suffragetten benutzten, um ihre Einstellung nach außen zu zeigen.

Sie können sich also die Überraschung am 18. August jenes Jahres vorstellen, als sein »Aye« nicht nur den Zusatzartikel in Tennessee ratifizierte, sondern gleichzeitig dessen landesweite Verabschiedung auslöste und damit zwanzig Millionen Frauen in den USA das Wahlrecht schenkte. Daneben können wir uns aber auch vorstellen, wie erschreckend die Situation für ihn gewesen sein muss. Harry war ein Muttersöhnchen, der sehr an seiner verwitweten Mutter hing, die ihn um dieses »Ja« gebeten hatte. Als Folge dessen drohte ihm die Gewalt eines wütenden Mobs. Seine Kandidatur zur Wiederwahl war gefährdet. Die Mehrheit seiner Wählerschaft war nicht erfreut.

Er tat es trotzdem.[12] Es war wahrscheinlich der furchterregendste Augenblick seines Lebens.

Wir könnten die qualvolle Tapferkeit von Harry Burn mit einem ähnlichen Moment im Leben des Politikers John McCain vergleichen. Fast genau 100 Jahre nach Burns Gewissenskrise fand im US-Senat eine Abstimmung zur Aufhebung des Affordable Care Act statt. McCain war ein langjähriger Kritiker dieses Gesetzes zur Krankenversicherung, das im Volksmund »Obamacare« genannt wurde – er hatte sich sogar dafür eingesetzt, es abzuschaffen. Aber in einer dramatischen Abstimmung am späten Abend gab McCain die entscheidende Stimme ab – er hob seinen gesunden Arm hoch und drehte dann seinen Daumen scharf nach unten, um ein *Nein* zu signalisieren –, gegen die Bemühungen der Republikaner, den ACA stark zu beschneiden.

McCain hatte im Jahr 2010 die Demokraten für ihre Taktik bei der Verabschiedung des Gesetzes kritisiert, und er weigerte sich, seine eigene Partei dabei zu unterstützen, auf dieselbe Weise vorzugehen, jetzt, wo sie die Mehrheit der Stimmen hatte. Aber warum er es tat, ist hier für uns weniger wichtig, als wie er sich dabei fühlte.

Auch wenn die Abstimmung in beiden Fällen nur »ein paar Sekunden Mut« erforderte, steht fest, dass McCain weit weniger Beklommenheit verspürte als Harry Burn. Er befand sich in keinem Zwiespalt. Er zögerte nicht, war auch nicht unsicher. Denn er hatte in seiner politischen Laufbahn schon häufig die Menschen überrascht. Er war es gewohnt, der Typ zu sein, auf den alle wütend waren; er pflegte an seinen Prinzipien festzuhalten, auch wenn es ihm persönlich schaden konnte. Burn hingegen machte die Augen zu und sprang ins Ungewisse, mit der Befürchtung, dadurch seiner politischen Karriere den Todesstoß zu versetzen. Er hatte so etwas noch nie getan; er hatte keine Erfahrung mit diesem flauen Gefühl im Magen. Sein Ausmaß an Mut war eher bescheiden. Hätte er nicht kurz zuvor eine Nachricht von seiner Mutter erhalten, wäre er wahrscheinlich nicht in der Lage gewesen, sich diesem Augenblick der Furcht und des Zweifels zu stellen. »Bravo, stimme für das Frauenwahlrecht und lass dessen Verfechterinnen nicht an der Verabschiedung zweifeln«, hatte sie an ihn geschrieben. »Ich habe bemerkt, dass Chandlers Rede sehr bitter war. Ich habe versucht herauszufinden, wie du dich positioniert hast, aber ich habe noch nichts erfahren. Vergiss nicht ein braver Junge zu sein und Mrs. ›Thomas Catt‹ mit ihren ›Ratten‹ zu helfen.[13] Ob wohl daher der Ausdruck ›Ratifizieren‹ stammt? Haha. So viel für heute von deiner Mutter. Liebe Grüße, Mama.«

McCains Mutter – die zum Zeitpunkt der ACA-Abstimmung noch lebte und 105 Jahre alt war – musste ihren Sohn nicht daran erinnern, was das richtige Verhalten war. Denn sie hatte ihn von Geburt an dazu erzogen, den schwierigeren Weg zu wählen. McCain würde später schreiben, dass er von ihr gelernt hatte, Schwierigkeiten als »Elemente eines interessanten Lebens« willkommen zu heißen. Er hatte sich Mut zur Gewohnheit gemacht, und das sollten wir auch tun. Man konnte nach der Stimmabgabe in seinen Augen sehen, dass es ihm Spaß gemacht hatte, diese Entscheidung zu treffen. Es hatte ihm Vergnügen bereitet, seiner eigenen Parteiführung diesen Schlag zu versetzen. Es war der krönende Abschluss seines Lebens und seiner Karriere.

Wir können nicht einfach hoffen, tapfer zu sein, wenn es darauf ankommt. Wir müssen diese Einstellung bereits zuvor kultivieren. Kein Sportler erwartet von sich, ohne Vorbereitung den entscheidenden Wurf zu machen – er übt ihn zuvor Tausende von Malen. Er wiederholt diesen Wurf im Training, bei Vorbereitungsspielen und auch im Kopf, wenn er beim Warten allein in der Turnhalle sitzt.

Es gibt diesen etwas klischeehaften Ratschlag: Tun Sie jeden Tag etwas, das Ihnen Angst macht.

Das ist gar keine schlechte Idee. Wie können Sie erwarten, die wichtigen Dinge zu tun, die Ihnen Angst machen – die auch anderen Angst machen –, wenn Sie sie nicht zuvor geübt haben? Wie können Sie darauf vertrauen, dass Sie die Herausforderung annehmen, wenn viel auf dem Spiel steht, wenn Sie das gewohnheitsmäßig nicht tun, selbst wenn wenig auf dem Spiel steht?

Also müssen wir uns selbst erproben. Indem wir uns *Mut zur Gewohnheit machen.*

»Tu *immer* das, wovor du Angst hast«, sagte Ralph Waldo Emerson. Oder wie William James schrieb, sollten wir »unser Nervensystem zu unserem Verbündeten, statt zu unserem Feind machen«. Wenn wir etwas automatisch machen, dann gibt es für uns weniger, worüber wir nachdenken müssen – weniger Spielraum, das Falsche zu tun. Er bemerkte, dass es keine armseligeren Menschen gebe als diejenigen, »bei denen nichts zur Gewohnheit geworden ist als die Unentschlossenheit«. Aber es gibt noch Schlimmeres: Das sind diejenigen, die Ausweichmanöver und Feigheit zu ihrer bevorzugten Vorgehensweise gemacht haben.

Nicht nur der Alltag dieser Personen wird dadurch unerträglich, sondern sie lassen sich selbst und die anderen in den entscheidenden Momenten im Stich.

Das Beste, was man tun kann, ist also, mit Kleinigkeiten anzufangen. Wir können das Wasser in der Dusche kälter einstellen. Wir können uns freiwillig melden, um vor die aufgebrachte Zuhörerschaft zu treten. Wir können das alberne Kostüm anziehen, um unseren Kindern eine Freude zu machen, und uns nicht darum kümmern, was die Leute denken. Wir können es zugeben, wenn wir etwas nicht wissen, auch auf die Gefahr hin, mit Augenrollen und Herablassung bestraft zu werden. Wir können uns bereit erklären, etwas auszuprobieren, was wir noch nie zuvor versucht haben.

Wenn es dann darauf ankommt, wissen wir, was zu tun ist. Wir wissen, was wir tun *werden*.

Das mutige Verhalten. Das richtige Verhalten. Das prinzipientreue Verhalten. Was auch immer deren Konsequenzen sein mögen.

Gehen Sie in die Offensive

»Was hält Sie nachts wach?«, wurde General James Mattis einmal von einem Fernsehreporter gefragt.

Bevor der Journalist noch ganz ausgesprochen hatte, antwortete Mattis ihm bereits.

»Ich bin derjenige, der die Leute nachts wachhält.«

Es war eine Antwort, welche die Lebenseinstellung dieses Kriegers – und jedes Kriegers vor und nach ihm – auf den Punkt brachte: Eine Philosophie der *Offensive*. Der Initiative.

Das bedeutet, den Feind einzuschüchtern, statt sich von ihm einschüchtern zu lassen, den anderen *Furcht einzuflößen* – jawohl –, statt sich selbst Angst machen zu lassen. Deshalb wurden seine Soldaten angewiesen, nachts in V-förmig angeordneten Lagern zu schlafen – ein V, das in Richtung des Feindes zeigte. Es ist der Grund, weshalb er in einer aufsehenerregenden Episode während des Golfkriegs einen ansonsten ausgezeichneten Offizier seines Postens enthob, weil dieser zu langsam war. Mattis besitzt jene Eigenschaft, die laut dem britischen General Douglas Haig alle guten Soldaten aufweisen müssen: »Ein aufrichtiger Wunsch, den Feind anzugreifen.« Nichts Geringeres erwartet er von seinen eigenen Streitkräften.

Wollen Sie darauf warten, bis Ihr Gegner vorbereitet ist?

Wollen Sie ihm einen Vorteil verschaffen?

Auf keinen Fall!

Im Zivilleben nennen wir das Initiative. Im Sport nennen wir es Siegeswillen. Und in Anlehnung an die brutale Welt des Krieges gibt es auch noch einen anderen Ausdruck dafür: *Killerinstinkt.*

Ohne Mut ist es unmöglich, einen Killerinstinkt zu haben. Das eine setzt das andere voraus. Und niemand erreicht Großes – im Krieg, im Geschäft, im Sport, im Leben –, ohne beides zu besitzen.

Die Spartaner fragten nie danach, wie viele Feinde ihnen gegenüberstanden, sondern nur, wo diese sich befanden. Denn sie würden sie in jedem Fall angreifen. Sie hatten eine Siegermentalität.

Auf demselben Feldzug, bei dem Grant die schwere Aufgabe angenommen hatte, Petersburg einzunehmen – wovor alle anderen zurückgeschreckt waren –, wurde er wiederholt von seinen ängstlichen Untergebenen enttäuscht, von Männern, denen jahrelang Robert E. Lee und die Konföderierten zugesetzt hatten, während Grant im Westen seine Schlachten gewann. Bei jeder Gelegenheit plädierten sie für eine vorsichtige Vorgehensweise, wollten keinen Druck auf den Gegner ausüben, noch in die Offensive gehen und warnten Grant, wie gefährlich Lee sei.

Grant, der auf den Ebenen von Texas etwas über eingebildete Ängste und die Überschätzung des Feindes gelernt hatte, hatte schließlich genug. »Ach, ich bin es von Herzen leid, erzählt zu bekommen, was Lee tun wird«, sagte er zu einem General, der wieder einmal mit schlimmen Vorhersagen zu ihm gekommen war. »Manche von Ihnen scheinen immer zu glauben, dass er plötzlich einen doppelten Salto machen und gleichzeitig in unserem Rücken und auf unseren beiden Flanken landen wird. Gehen Sie zurück zu Ihrem Kommando und versuchen Sie zu planen, was wir selbst tun können, statt auf das zu warten, was Lee tun wird.«

Dann erteilte er den Befehl: »Wohin auch immer Lee sich mit seinen Truppen bewegt, werden Sie ihm mit Ihren Soldaten folgen.« Ab sofort würde Druck ausgeübt, sie würden nicht mehr in die Defensive gehen.

Die Folge war, dass Lee fast genau ein Jahr später *vor Grant* kapitulieren würde.

Dies war der entscheidende Moment des Bürgerkriegs – als der Norden in die Offensive ging. Grant beschloss, sich nicht mehr malträtieren zu lassen, sondern fortan den Gegner zu ärgern. Solange Lee die Initiative hatte, war der Süden stark. Aber ab dem Augenblick, als er sie abgeben musste, war es nur noch eine Frage der Zeit, bis er besiegt wurde.

Das gilt auch für den unangenehmsten Gegner. Er wird auf uns einprügeln, solange wir ihn auf uns einprügeln lassen. Aber sobald wir den Kampf zu ihm tragen, sobald wir anfangen, selbst den Ort der Auseinandersetzung zu wählen und uns auf die *Schwachstellen des Gegners* zu konzentrieren, haben wir wenigstens eine Chance.

Worum auch immer es geht, was auch immer Sie tun, Sie müssen ihr Ziel aggressiv verfolgen. Wenn Sie ängstlich agieren, wenn Sie auf dem Weg dorthin kehrt machen, dann haben Sie keine Chance. Auf diese Weise kann man keine Führungsposition einnehmen. Um erfolgreich zu sein, müssen Sie in die Offensive gehen.

Selbst wenn Sie vorsichtig sind, müssen Sie daran denken, ständig Fortschritte zu erzielen, sich unaufhörlich in Richtung Ihres Ziels zu bewegen. Sie müssen die Kontrolle über das Tempo ergreifen, ja, das Tempo *selbst bestimmen* – auf dem Schlachtfeld, im Sitzungssaal, sowohl in großen als auch kleinen Angelegenheiten. Denn Sie wollen doch, dass die anderen sich vor dem fürchten, was Sie tun werden, und nicht umgekehrt.

Werden Sie aufrecht dastehen oder sich wegducken? Aktiv sein oder passiv? Wie werden Sie sich verhalten?

Geben Sie nicht nach

Es war an einem Montagmorgen, als der junge Frederick Douglass beschloss, dass er genug hatte.

Ein notorisch gewalttätiger Sklavenaufseher namens Edward Covey kam, um ihn zu bestrafen, aber Douglass packte ihn an der Kehle. Der Widerstand verblüffte den Aufseher, der so etwas noch nie erlebt hatte. Jeder Sklave wusste, dass es den Tod bedeutete, Hand an einen Weißen zu legen – doch hier stand Douglass, erst 17 Jahre alt, und schlug einen Weißen zusammen.

Covey rief um Hilfe, aber die Verstärkung wurde schnell wieder verscheucht, als Douglass den ersten der Männer heftig in die Brust trat. Zwei Stunden lang – zwei Stunden! – kämpften Douglass und Covey dort in jenem Hof. Douglass kämpfte verbissen um sein Leben, um seine Würde als Mensch; Covey war überrascht und gedemütigt, weil er es nicht gewohnt war, sich zu verteidigen. Am Ende, faktisch besiegt, erschöpft und verängstigt, ließ Covey Douglass gehen und redete sich ein, er habe dem Sklaven eine Lektion erteilt.

»Es gibt immer einen Zeitpunkt, an dem die Menschen genug davon haben, von den eisernen Füßen der Unterdrückung zertrampelt zu werden«, würde Martin Luther King Jr. später sagen. An jenem Morgen in Maryland entschied Douglass, dass er genug hatte. Für ihn änderte sich dadurch alles.

»Ich fühlte mich, wie ich mich nie zuvor gefühlt hatte«, schrieb er. »Es war eine glorreiche Auferstehung aus dem Grab der Sklaverei in den Himmel der Freiheit. Mein lange niedergedrückter Geist erhob sich, die

Feigheit wich, kühner Trotz nahm ihren Platz ein; und ich beschloss, dass, wie lange ich auch formal ein Sklave bleiben mochte, die Zeit für immer vorbei war, in der ich mich wie ein Sklave verhielt.«

Um zu verstehen, woher diese Stimme kam, die ihm die innere Kraft verlieh, müssen wir in die Zeit zurückgehen, als Douglass acht Jahre alt war und Zeuge wurde, wie eine Sklavin namens Nelly brutal ausgepeitscht wurde. Der Aufseher, ein grausamer und selbstbewusst auftretender Mann, erhielt von Nelly, einer Mutter von fünf Kindern, eine andere Antwort, als er erwartet hatte. Indem sie sich mit Fingernägeln und Fäusten wehrte, machte Nelly es ihm sehr schwer, sie festzuhalten. Sie kreischte und schrie, krallte sich am Boden fest und griff nach allem, was sie mit den Händen fassen konnte, als er sie zum Peitschenpfahl schleppte. Eines ihrer Kinder biss ihn sogar ins Bein. »Sie schien entschlossen, den Mann ihre Auspeitschung so teuer wie möglich bezahlen zu lassen«, erinnerte sich Douglass.

Als der Aufseher endlich dazu kam, die Züchtigung zu vollziehen, verriet sein blutiges Gesicht Nellys erfolgreichen Widerstand. Sogar während er sie auspeitschte, ließ sie sich nicht unterkriegen. Sie überschüttete ihn mit Flüchen, prangerte das Übel der Sklaverei und deren Schergen an. Ihre Haut riss, aber ihr Geist blieb ungebrochen.

Diese Szene brannte sich dem Jungen ins Gedächtnis ein und ließ in Frederick Douglass einen Mut aufkeimen, der an jenem Tag plötzlich und schlagartig gegenüber seinem Sklaventreiber hervorbrach. Derselbe Mut bewirkte auch, dass Douglass danach noch 57 Jahre lang öffentlich heldenhaft für die Gerechtigkeit eintrat.

Wie hätte danach jemals wieder jemand Douglass einschüchtern können? Wie hätten ihn irgendwelche Hindernisse je wieder schrecken können? Mit welchen Drohungen hätten seine Feinde ihm noch Angst machen können? Er hatte dem sicheren Tod ins Auge geblickt und sich als hilfloser Sklave gegen die übermächtige Unterdrückung gewehrt. Wenn man erst einmal Mut und Freiheit kennengelernt hat und dafür eingetreten ist, ist Unterwerfung viel schwerer zu ertragen. Das gilt genauso für das junge Paar afroamerikanischer Bürgerrechtler, das 1956 einen Imbissstand besuchte, der den Weißen vorbehalten war, ebenso wie für den sanftmütigen Jungen, der sich eines Tages gegen den Klassentyrannen wehrte.

»Die alte Doktrin, dass Unterwerfung das beste Rezept gegen Schmähungen und Unrecht ist, gilt auf der Sklavenplantage nicht«, schrieb Douglass. »Denn der, der sich am bereitwilligsten auspeitschen lässt, wird am häufigsten ausgepeitscht, und der Sklave, der den Mut hat, sich gegen den Aufseher zu erheben, wird – wenngleich er anfangs viele harte Schläge einstecken muss – am Ende seinem Wesen nach ein freier Mann, auch wenn er formal gesehen weiter ein Sklave sein sollte.«

Sie können mich töten, aber nicht auspeitschen, wurde zu Douglass' Leitspruch. In der Tat sollte er nicht mehr ausgepeitscht werden, da er – wie er selbst es ausdrückte – ab dem Zeitpunkt, als er sich wehrte, halb frei wurde. Wenig später forderte er die andere Hälfte seines Rechts ein, indem er in die Freiheit floh und dort den Sklavenfängern trotzte.

Um noch einen anderen Satz von Martin Luther King Jr. zu zitieren: »Wenn wir den Rücken gerade halten, kann man vielleicht auf uns einschlagen – aber man kann nicht auf uns reiten.« Für Douglass bedeutete der Widerstand den körperlichen Kampf. King und die ihn unterstützenden Bürgerrechtler wehrten sich auf andere Art, indem sie immer wieder die Konfrontation mit den Hunden, den Feuerwehrschläuchen und den Schrotflinten ihrer Unterdrücker suchten, bis die Gefängnisse voll waren und das System zusammenbrach.

Wir dürfen Missstände, Zwänge und Ungerechtigkeiten nicht tolerieren. Wir dürfen uns nicht vor unseren Problemen verstecken. Wir müssen uns ihnen stellen. Unterwerfung ist keine Lösung. Wir können auch nicht erwarten, dass die schlechte Behandlung von Menschen wie durch Zauberkraft von allein verschwindet. Wir müssen eine Grenze ziehen, irgendwo – wenn nicht jetzt, dann sehr bald. Wir müssen unsere Selbstbestimmung einfordern. Bestehen Sie darauf.

Jeder von uns hat mehr Macht, als wir ahnen.

Und indem wir auf unseren Rechten beharren – indem wir uns gegen Unterdrückung, Missbrauch oder schlechte Behandlung wehren – sind wir nicht nur tapfer, sondern helfen jedem, der nach uns kommt, so wie Douglass dies getan hatte.

Mut ist ansteckend

Wenn ein anderes Land Sparta um militärische Hilfe bat, schickten die Spartaner nicht ihre ganze Armee. Sie schickten nur einen ihrer Kommandanten. Mehr war nicht nötig.

Wie die Furcht ist auch der Mut ansteckend. Eine einzige Person, die weiß, was zu tun ist, die keine Angst hat, die einen Plan hat, reicht aus, um eine zahlenmäßig unterlegene Armee zu verstärken, um ein kaputtes System wieder in Schwung zu bringen, um das Chaos zu beseitigen, wo es sich zuvor ausgebreitet hat. Und so war ein einziger Spartaner alles, was die Verbündeten des Stadtstaates brauchten.

Dasselbe Muster erkennen wir in einem Vorfall mit dem Texas Ranger Bill McDonald, der zu Beginn des 20. Jahrhunderts von den Behörden in Dallas zu Hilfe gerufen wurde, um einen illegalen Preiskampf zu beenden. Als er vor Ort ankam, war der Bürgermeister fassungslos. »Man hat uns nur einen einzigen Ranger geschickt?!«, fragte er. »Sie haben doch nur einen Aufruhr, oder?«, entgegnete ihm McDonald.

Hier bewahrheitet sich die Redensart, die von uns bereits weiter oben erwähnt wurde: *Ein Mann mit Mut macht eine Mehrheit aus.*

Dabei ist »macht « die entscheidende Formulierung: Der Mutige gibt nicht nur den Anstoß – er entscheidet die Sache.

Man muss jedoch kein spartanischer General oder Texas Ranger sein, um etwas zu bewirken. Der Gefechtshistoriker und Offizier der US-Armee S. L. A. Marshall pflegte zu sagen, dass »jeder Mann, der sich selbst unter Kontrolle hat, dazu beiträgt, dass andere sich unter Kontrolle haben. Furcht ist ansteckend, aber für den Mut gilt das ebenso«.

Sie müssen nicht der klügste Kerl im Regiment sein. Oder der größte. Oder der beste Schütze. Sie müssen nicht auf alles eine Antwort haben. Sie müssen sich nur selbst im Griff haben. Wenn es darauf ankommt, müssen Sie Ihre Pflicht tun und sich dabei davon leiten lassen, was Sie eingeübt haben. Tun Sie einfach immer das Richtige, das, was unmittelbar ansteht, tapfer, ruhig und klar.

Das gilt auch außerhalb des Militärs: Wer auch immer Sie sind. Was auch immer Sie tun.

Das gilt für den Bürger, der sich nicht durch manipulative Propaganda davon abbringen lässt, die Regierung zur Rechenschaft zu ziehen; für die Person, die nicht zur Bank rennt, um ihr Guthaben abzuheben, wenn der Markt einbricht, was dazu beiträgt, die Wirtschaft am Laufen zu halten; für die Eltern, die ihre Befürchtungen für sich behalten, um ihr Kind beim Kampf gegen den Krebs zu unterstützen. Auf die gleiche Weise hilft der einfache Soldat seinen Kameraden und schadet dem Feind, indem er seinen Helm aufsetzt, die Zähne zusammenbeißt und sich weigert, einen Rückzug in Betracht zu ziehen. Wie Marshall sagte: »Der Mut jedes einzelnen Mannes beeinflusst den Mut aller anderen Männer, die sich in seinem Blickfeld befinden.«

Wenn Sie tapfer sind, bewirkt das etwas. Weil Sie dadurch auch andere tapfer machen.

Wie ein Virus verbreitet sich die innere Ruhe durch menschlichen Kontakt. Sie verbreitet sich durch die Luft. Wir *strahlen sie aus*, geben unsere überschüssige Kraft an andere ab, infizieren sie, während sie wiederum andere infizieren – nicht mit einem schädlichen und zerstörerischen Erreger, sondern einem, der Stärke und Zielstrebigkeit verleiht.

Wenn alles mit Furcht aufgeladen ist, kann ein Funke eine Panik entfachen. Er kann für Demoralisierung und dann für eine Niederlage sorgen. Aber genauso leicht kann eine Person diesen gefährlichen elektrischen Strom ableiten. Eine einzige Person kann die Lage grundlegend verändern.

Die Frage an Sie lautet also: Sind Sie diese Person? Sind Sie Teil des Problems oder können Sie zu seiner Lösung beitragen? Sind Sie derjenige, den man anruft, um Hilfe zu holen? Oder sind Sie derjenige, der beruhigt werden muss?

Übernehmen Sie Verantwortung

Es ist seltsam, wie häufig das passiert: Ein ansonsten außerordentlich mutiger Mensch erweist sich als ängstlich gegenüber der normalsten Sache der Welt – Verantwortung.

Lord Lucan befahl 1854 den Angriff der Leichten Brigade, Lord Cardigan kommandierte sie. Gemeinsam schickten sie etwa sechshundert britische Kavalleristen gegen russische Truppen. Es war einer der tapfersten, aber verrücktesten und sinnlosesten Angriffe der Militärgeschichte.

Und hier sind ihre Kommentare dazu:

»Männer, es ist eine hirnrissige Vorgehensweise, aber nicht meine Schuld.«

»Ich habe nicht die Absicht, auch nur den geringsten Teil der Verantwortung für den Ausgang zu übernehmen. Ich habe den Befehl zum Angriff gegeben, weil ich diesen für eine zwingende Notwendigkeit hielt, und ich werde mir dafür nicht die Schuld geben lassen.«

Sie waren dazu in der Lage, sich den erbarmungslosen Kugeln des Feindes zu stellen. Sie konnten unter Beschuss im Gleichschritt marschieren. Aber Kritik ertragen? Vorwürfe akzeptieren? Davor liefen sie weg, wie alle schwachen Anführer. Sie konnten nicht einmal genug Mut aufbringen, um die offensichtlich sinnlosen Befehle, die zu der Tragödie führten, infrage zu stellen, sondern gaben sie einfach an ihre Männer weiter und nahmen lieber den sicheren Tod der Männer in Kauf, als die Verantwortung zu übernehmen.

Die Regel lautet: *Sie* haben entschieden, dass es *losgehen* sollte.

Jetzt müssen Sie für die Folgen geradestehen.

Keine Ausreden. Keine Ausnahmen.

Es wird von Ihnen in dieser Welt nur verlangt, dass Sie Ihr eigenes Gewicht tragen. Dass Sie zu Ihren eigenen Handlungen stehen. Vor allem, wenn Sie eine Führungskraft sind.

Die Verantwortung liegt bei Ihnen. Immer.

Sätze wie »Es ist nicht meine Schuld«, »Das ist nicht mein Problem«, »Das können Sie nicht mir anhängen« sollten in Ihrem Wortschatz nicht existieren.

Nicht wenn Sie nach wahrer Größe streben. Außer wenn Sie ein Feigling sind. »Die Bereitschaft, Verantwortung für das eigene Leben zu übernehmen«, bemerkte Joan Didion, »ist die Quelle, aus der die Selbstachtung entspringt.«

Die Vorzüge einer Führungsposition haben ihren Preis. Für Mut ist eine hohe Steuer fällig. Man wird Sie unter Druck setzen.

Das gefällt Ihnen nicht? Dann werden Sie vielleicht glücklicher sein, wenn Sie einfach nichts tun, nichts sagen und nichts sind.

Dennoch scheinen wir immer zu glauben, dass wir damit durchkommen, dass wir uns absichern können.

Hier noch eine kuriose Randnotiz zum Untergang der Leichten Brigade. Alfred Lord Tennyson, der damals berühmte *Poeta laureatus* des britischen Empires, schrieb ein eindringliches und stimmungsvolles Gedicht über das tragische Heldentum der einfachen Soldaten dieser Brigade, dessen dritte Strophe in der Nachdichtung von Theodor Fontane folgendermaßen lautet:

»Vorwärts! Kanonen rechts und links,
Kanonen in Front, gewärtig des Winks,
Selbst die Feinde sehen's verwundert.
Schrapnell und Kartätschenschuß,
Todesgruß und Todeskuß,
Falle, was da fallen muß,
In den Höllenrachen, ins Todestal,
Noch voll in Zahl,
Reiten die Sechshundert.«

Und wissen Sie, wie er es veröffentlicht hat? Unter einem Pseudonym, weil er besorgt war, das Gedicht könne für jemanden in seiner Position die Regeln des »Anstands« verletzen.

Wir sagten zuvor, dass Mut ansteckend ist; allerdings muss man bereit sein, sich davon anstecken zu lassen. In seinem Gedicht feierte Tennyson die Tapferkeit dieser einfachen Soldaten, persönlich folgte er aber dem Beispiel ihrer feigen Offiziere.

Wenn Sie sich äußern wollen, dann stehen Sie mit Ihrem Namen dazu. Unterzeichnen Sie mit Ihrem Namen alles, was Sie tun. Das ist das Zeichen von Tapferkeit – nein, es ist einfach eine grundlegende Verhaltensregel.

Wenn Sie etwas kaputt machen, müssen Sie es bezahlen. Wenn Sie etwas getan haben, müssen Sie es zugeben. Wenn Sie einen Befehl erteilt haben, dann nehmen Sie die Schuld für die Folgen auf sich.

Das ist die Grundlage für die Selbstachtung und den Charakter von Führungskräften.

Sie können immer Widerstand leisten

Fregattenkapitän Jeremiah Denton wurde für eine Propagandasendung ausgewählt.

Er befand sich seit zehn Monaten in einem nordvietnamesischen Gefangenenlager. Es waren für ihn viele lange Tage mit grausamen Verhören gewesen.

Als er auf seinem Stuhl vor den Kameras saß, erschöpft, hungrig und mit Schmerzen am ganzen Körper, überlegte er, welche Möglichkeiten ihm blieben, insbesondere angesichts der Schläge, die man ihm angedroht hatte. Er konnte einfach nichts sagen. Er konnte versuchen, auf die Fragen so banal wie möglich zu antworten. Er würde dabei einen Weg finden, ein paar liebevolle Worte an seine Familie zu richten, an seine Frau und seine sieben Kinder, die er so sehr vermisste. Er konnte all das sagen, was seine Gefangenenwärter von ihm hören wollten, und sich dadurch eine Hafterleichterung verdienen, vielleicht sogar eine Sonderbehandlung im »Hanoi Hilton« (dem berüchtigten Hỏa-Lò-Gefängnis, *Anm. d. Red.*) für die restliche Zeit seiner Kriegsgefangenschaft.

Wofür er sich stattdessen entschied, war eine unglaubliche Geste des Widerstands: Während er die oberflächlichen Fragen seiner Verhörer beantwortete, begann Denton langsam zu blinzeln, als ob er vom grellen Licht bei der Aufnahme geblendet wäre.

Ein langes Blinzeln.

Drei lange Blinzler.

Ein kurzes Blinzeln, ein langes Blinzeln und ein kurzes Blinzeln.

Ein langes Blinzeln.

Zwei kurze Blinzler, dann ein langes Blinzeln.

Ein kurzes Blinzeln, ein langes Blinzeln und ein kurzes Blinzeln.

Ein kurzes Blinzeln.

Bis er T-O-R-T-U-R-E (F-O-L-T-E-R) im Morsecode buchstabiert hatte, was überall dort zu sehen war, wo diese Aufnahmen weltweit gezeigt wurden.

Seine Gefangenenwächter dachten, sie hätten ihn gebrochen. Stattdessen hatte er sie besiegt, indem er die Vorgehensweise seiner Peiniger gegen diese einsetzte und sie vor der internationalen Öffentlichkeit an den Pranger stellte.

Jemand hat einmal bemerkt, ein Stoiker sei jemand, der »Fuck you« zum Schicksal sage. Das stimmt.

Stoiker leisten Widerstand. Sie wehren sich.

Sie lassen sich nicht dazu bringen, das Falsche zu tun. Vor allem nicht unter Druck.

Der Firmenanwalt, der vorbeikommt, um Sie an Ihre Geheimhaltungsvereinbarung zu erinnern, nachdem Sie gerade entnervt gekündigt haben. Der etablierte Konkurrent, der Ihnen sagt, dass er Ihr kleines Unternehmen in den Konkurs treiben wird, wenn Sie sein Angebot nicht annehmen. Der aufdringliche Straßenkünstler, der Geld verlangt, damit er verschwindet. Der Tyrann am Arbeitsplatz, der Ihre Unterwerfung erwartet. Der Beamte, der verlangt, dass Sie Ihren Antrag zurückziehen.

Es kann eine explizite Drohung sein. Oder eine subtile Andeutung. Bezüglich einer großen Sache oder einer kleinen, die nur für Sie wichtig ist. Die Botschaft ist immer dieselbe: *Sonst* ….

Erinnern wir uns an die Geschichte von der spartanischen Garnison, die von König Philipp, dem brutalen Vater von Alexander dem Großen, belagert wurde. »Wenn ich diese Mauern überwunden habe«, sagte er zu ihnen, »werdet ihr nichts zu lachen haben. Wenn ich siegreich bin, werde ich jeden Einzelnen von euch töten.«

Die Spartaner antworteten mit einem einzigen Wort: »*Wenn.*«

Im Sinne von: Wir werden nicht einfach aufgeben. Im Sinne von: Das müsst ihr erst einmal in die Tat umsetzen. *Zuerst müsst ihr uns besiegen. Ihr könnt mich töten, aber ich lasse mich nicht auspeitschen.*

Unbeugsamer Widerstand. Sein Wert wird häufig unterschätzt. Dabei kann er sehr weit führen. Und wenn Frederick Douglass und Nelly ihn leisten konnten, sogar inmitten der schlimmsten Sklaverei, warum sollten Sie das nicht können?

Zu Beginn dieses Buches wurde erwähnt, dass John Adams den Herkules auf das Siegel der Vereinigten Staaten setzen wollte. Ben Franklin schlug ein Motto für die neue Republik vor, das in eine ähnliche Richtung ging: »Rebellion gegenüber Tyrannen ist Gehorsam gegenüber Gott.«

Das gilt nicht nur gegenüber Tyrannen, sondern auch gegenüber Mobbern, Lügnern, Schikanierern, Arschlöchern, Heuchlern, Demagogen, Betrügern und schlechten Schauspielern.

»Wenn sie dir liniertes Papier geben«, riet der spanische Dichter Juan Ramón Jiménez einmal, »dann *schreibe quer darüber.*«

Der Mut sagt: *Nur über meine Leiche.* Der Mut sagt: *Nicht, wenn ich es verhindern kann.* Der Mut sagt: *Ich mache die Dinge auf meine Weise, nach meinem eigenen Gesetz, unabhängig davon, was andere sagen.*

Man kann Sie verletzen. Man kann Sie anschreien. Man kann Ihnen furchtbare Dinge antun.

Aber Sie sind nicht machtlos. In Wirklichkeit haben Sie mehr Macht, als Ihnen bewusst ist. »Ich bin zu arm, um mich zu beugen«, sagte de Gaulle zu seinen britischen Verbündeten. Er hatte nicht vor, unterwürfig zu sein. Er würde nicht sanft vorgehen – gegenüber niemandem, weder Feinden noch Freunden. Er war ein Kämpfer, und entsprechend würde er sich auch verhalten.

Sie haben Handlungsfähigkeit. Sie haben Kraft. Sie können Ihre Gegner dazu bringen, es zu bereuen, dass sie sich jemals mit Ihnen angelegt haben.

Akzeptieren Sie niemals einen angeblich feststehenden Ausgang. Nur ein Versager hört auf, seinen Gegner zu bekämpfen, bevor die Partie zu Ende ist. Kämpfen Sie um jeden Meter. Kämpfen Sie für *sich*.

Niemand kann einen Menschen zwingen, etwas Falsches zu tun. Wir alle haben die Macht, uns zu wehren. Die Frage ist nur, in welchem Maße wir sie ausüben.

»Wenn man dich zu etwas zwingen kann«, lässt Seneca Herkules in einem seiner Stücke sagen, »dann hast du vergessen, wie man stirbt.«

Merken Sie sich das.

Das Glück ist mit den Mutigen

Es ist eines der ältesten und verbreitetsten Sprichwörter der Antike: *Audentis fortuna iuvat* in Vergils *Aeneis*; *fortis Fortuna adiuvat* in einem der Stücke des Terenz; τοῖς τολμῶσιν ἡ τύχη ξύμφορος bei Thukydides. Für Plinius, den römischen Admiral und Autor, lautet es: Fortes fortuna iuvat.

Das Glück ist mit den Mutigen. Das Glück ist mit den Tapferen. Es ist aufseiten der großen Pläne. Es ist aufseiten der Risikobereitschaft.

Die Entscheidung, den Angriff anzuführen. Die Entscheidung, aus der Reihe zu tanzen. Die Entscheidung, etwas Neues auszuprobieren. Die Entscheidung, die verrückte Herausforderung anzunehmen. Den Heiratsantrag zu machen, die Reise zu unternehmen, die Hand zu heben, den langen Ball zu werfen, weil das Spiel auf der Kippe steht und man sich keine Gedanken mehr machen kann, ob dieser abgefangen wird. Obwohl die Wahrscheinlichkeit, mit diesen Entscheidungen Erfolg zu haben, häufig gering ist, sollten Sie sich bewusst sein, dass die geschichtliche Dynamik insgeheim auf Ihrer Seite steht. Das Publikum unterstützt Sie und ist bereit zu jubeln, wenn Sie gewinnen. Je mehr Sie sich ins Zeug legen, desto mehr Glück scheinen Sie dabei zu haben.

Der Architekt Daniel Burnham soll seinen Studenten geraten haben, keine kleinen Pläne zu machen. Er sagte ihnen, sie sollten groß denken.

Große Probleme anpacken. Nicht am Kleinkram des Lebens hängen bleiben, sondern versuchen, hohe Ziele zu erreichen. Etwas so Neues und Andersartiges tun, dass es anfangs erschreckend wirken kann.

Alle großen Feldherren und Unternehmer in der Geschichte der Menschheit waren erfolgreich, weil sie Risiken eingegangen sind. Zwar hatten sie bisweilen bestimmte Befürchtungen, aber sie hatten keine Angst. Weil sie Großes wagten. Sie betraten die Arena. Sie setzten etwas aufs Spiel. Sie hatten Mumm.

Und meistens hatten sie Glück. Hätten sie das nicht gehabt, würden wir hier nicht über sie sprechen.

»Es ist meine Erfahrung, dass kühne Entscheidungen die besten Aussichten auf Erfolg haben«, schrieb General Erwin Rommel in einem seiner Briefe. »Aber man muss unterscheiden zwischen strategischer oder taktischer Kühnheit und einem militärischen Glücksspiel. Eine kühne Operation ist eine, bei der der Erfolg nicht garantiert ist, bei der man aber im Falle des Scheiterns noch genügend Truppen zur Verfügung hat, um mit jeder Situation fertigzuwerden, die sich ergeben könnte. Ein Glücksspiel hingegen ist eine Operation, die entweder zum Sieg oder zur völligen Vernichtung der eigenen Kräfte führen kann. Es können Situationen eintreten, in denen ein derartiges Wagnis gerechtfertigt ist, wenn beispielsweise bei normalem Verlauf der Dinge die Niederlage nur noch eine Frage der Zeit ist, wenn also jeder Zeitgewinn sinnlos ist und die einzige Chance in einer Operation mit großem Risiko liegt.«

Es lag an Rommels taktischer und strategischer Kühnheit auf dem Schlachtfeld, dass er zu Beginn des Zweiten Weltkriegs in Nordafrika zu einem derart unberechenbaren Gegner wurde. Dennoch kommen wir nicht umhin, seinen Mangel an Entschlossenheit gegenüber Hitler zu verurteilen, bevor der Krieg ausbrach.

In der Tat fehlte es an Mut bei fast allen deutschen Generälen, von denen viele Hitler für größenwahnsinnig hielten und abstoßend fanden, sich aber nicht dazu durchringen konnten, das militärische Protokoll zu missachten und seine Führerschaft infrage zu stellen, als er ihr Land an sich riss. Unter ihnen waren einige der tapfersten Männer der Welt, Männer, die schon oft dem Geschützfeuer und dem Tod ins Auge geblickt hatten, doch bei Besprechungen hielten sie sich angsterfüllt zurück, in der Hoffnung, dass andere etwas gegen Hitler unternehmen würden. Durch diese abwartende Haltung, bei der sie sich wegduckten, wurden sie zu Komplizen abscheulicher Verbrechen. Ihr inneres Ringen bleibt uns verborgen, aber ihre Untätigkeit wurde ihnen zum Verhängnis.

Nachdem Rommel den Moment verpasst hatte, in dem ein wenig Kühnheit viel bewirkt hätte, blieb ihm am Ende nur noch das Glücksspiel übrig. Aber im Jahr 1944 schien das Glücksspiel stärker gerechtfertigt als je zuvor. Die Niederlage war nur eine Frage der Zeit; warum sollte er es also nicht versuchen? Somit schritt er zur Tat. Das Glück war den Verschwörern leider nicht hold, als sie versuchten, Hitler zu entmachten, und am 20. Juli einen Anschlag auf ihn verübten. Aber ihr ehrenwerter Versuch ist zumindest in die Geschichtsbücher eingegangen.

Ein wenig Kühnheit sofort ist viel mehr wert als todesmutige Tapferkeit später. Der Erfolg von ein wenig Kühnheit hängt weniger vom Glück ab.

Jeff Bezos, der Gründer von Amazon, hat darüber gesprochen, dass er keine »Firmenwetten« eingeht. Er ist auch nicht dazu gezwungen, denn große Risiken einzugehen ist der letzte Ausweg für Firmen, die zuvor lange nichts verändert haben. Wenn ein Unternehmen jahrelang die Trends ignoriert hat, muss es sich an einem bestimmten Punkt radikal ändern oder untergehen. Wenn es darum geht, möglichst schnell frühere Versäumnisse gutzumachen, muss man alles auf eine Karte setzen.

Er sagt, es sei besser, kontinuierlich jeden Tag kalkulierte Risiken einzugehen. Kühl kalkuliert statt leichtsinnig riskiert. Schrittweise statt schlagartig und gefährlich.

Tun Sie die schwierigen Dinge sofort.

Seien Sie bereits heute standhaft und mutig bei allem, was zählt.

Sie müssen darauf vertrauen, dass die Angelegenheit nicht so riskant ist, wie Sie glauben. Dass Sie nicht so allein sind, wie Sie vielleicht glauben.

Etwas stärkt Ihnen den Rücken, auch wenn Sie nicht diesen Eindruck haben. Das Schicksal ist zur Stelle und lächelt Ihnen zu. Aber es wird schnell müde und wird es Ihnen übelnehmen, wenn Sie es warten lassen.

Es ist besser, sofort etwas zu riskieren, als später auf ein Glücksspiel angewiesen zu sein. In jedem Fall sollten Sie kühn agieren.

Der Mut, an etwas zu glauben

»Die Geschichte von Theodore Roosevelt«, schrieb dessen Biograph Hermann Hagedorn, »ist die Geschichte eines kleinen Jungen, der von großen Männern las und beschloss, dass er so sein wollte wie sie.« Das ist ein wenig spöttisch formuliert, nicht wahr?

Roosevelt *glaubte an etwas*. An sich selbst. An Geschichten. An etwas, das größer war als er selbst. Damals wie heute finden das viele Leute absurd, sogar gefährlich. Es steht sogar in der Bibel, im ersten Korintherbrief: *Als ich ein Mann wurde, legte ich diese kindischen Gedanken ab.*

De Gaulle wurde auf ähnliche Weise verspottet. Er glaubte ehrlich und aufrichtig an die *Grandeur* Frankreichs. Er dachte, es gäbe so etwas wie die Bestimmung einer Nation. »Frankreich ist eine Großmacht«, sagte er immer und immer wieder. Damals, als seine Heimat am Boden lag, einerseits auf die Gnade der Alliierten angewiesen, andererseits in passiver Kollaboration mit den Nazis, schien dies eine absurde Behauptung.

Einige seiner Aussagen wirken heute auf uns befremdlich. Unser Zynismus hat kein Verständnis für de Gaulles Pathos. Wir wollen, dass die Leute erwachsen werden. Dass sie anfangen, realistisch zu denken. Dass sie die Märchen ihrer Kindheit hinter sich lassen.

Aber wo wären wir heute ohne diesen Glauben, ohne den Mut, trotz der herablassenden Bemerkungen, der Kritik, der scheinbaren Sinnlosigkeit des Unterfangens weiterzumachen? Wenn de Gaulle Frankreich weniger ernst genommen hätte, hätte er weniger riskiert, um es zu retten. Es war sein tief empfundener, fast schon peinlich fester Glaube an die Vorsehung, der ihn dazu trieb, Geschichte zu schreiben. Er versetzte sich in die Rolle eines großen Mannes und machte dadurch aus Frankreich wieder eine große Nation. Für Roosevelt war die soziale Fürsorge eine Quelle des Mutes. Sie motivierte ihn, Booker T. Washington trotz anfänglichen Zögerns ins Weiße Haus einzuladen. Deshalb stürmte er die Hügel hinauf, um sich dem Feind zu stellen, deshalb weigerte er sich, unter dem Druck der Unternehmensinteressen einzuknicken, und deshalb lehnte er das hochmütige Überlegenheitsgefühl und die soziale Gleichgültigkeit seiner eigenen Gesellschaftsklasse ab.

Wie General Mattis sagte: Zynismus ist Feigheit. Es braucht Mut, an etwas zu glauben. Nur die Mutigen glauben an sich, vor allem dann, wenn alle anderen voller Zweifel sind.

Man wird Sie auslachen. Die Verlierer haben sich schon immer in kleinen Gruppen zusammengefunden und über die Gewinner gelästert. Die Hoffnungslosen haben sich seit jeher über die Hoffnungsvollen lustig gemacht. Die Furchtsamen tun ihr Bestes, um die Tapferen davon zu überzeugen, dass es keinen Sinn hat, es zu versuchen. Seit der Zeit der Sophisten haben akademisch gebildete Menschen, aus was für kleinkarierten Gründen auch immer, ihren beachtlichen Verstand dazu benutzt, das Wasser zu trüben, anstatt es zu klären.

Dies ist der Nebel, den die Mutigen durchdringen müssen. Der steinige Weg, den wir gehen, ist nicht von Cheerleadern gesäumt, sondern von Verführerinnen, die uns in die Irre führen oder uns zum Aufgeben überreden wollen. Es ist viel wahrscheinlicher, dass jemand versucht, Sie davon zu überzeugen, dass es *auf Ihr Vorhaben nicht ankommt*, dass es *auch nichts verändern wird*, als dass er auf die Idee kommt, Sie durch Drohungen oder Einschüchterung davon abzubringen. Es kostet Kraft, die eigenen Ideale zu verteidigen, weiter an sie zu glauben und diesbezüglich offen und aufrichtig zu sein, da dies in gebildeten Kreisen als naiv zu gelten scheint.

Deswegen reden wir nicht gerne über Mut, geschweige denn über Tugend. Es wirkt altmodisch, irgendwie peinlich. Es ist so cool wie ein Motivationsposter, das über Ihrem Bett hängt. Deshalb tun wir so, als hätten wir das nicht nötig, um keinen schlechten Eindruck zu erwecken.

Aber hat schon einmal jemand besondere Leistungen in einem Bereich erzielt, der ihm egal war? Hat irgendjemand auf ironische Weise das Richtige getan? Niemand hat Großes erreicht, ohne daran zu glauben, dass sein Vorhaben die Mühe wert war. Niemand kann tapfer sein, ohne zuvor den Zynismus und die Gleichgültigkeit überwunden zu haben.

»Fürchte dich nicht vor Größe«, sagte Shakespeare. Lassen Sie sich von Ihrem Ziel geistig und körperlich durchdringen. Kämpfen Sie dafür.

Was kümmert es Sie, wenn die anderen Sie nicht verstehen? Diejenigen, die darüber lachen, dass Sie den Berg hinaufstürmen, sind dieselben, die sich nicht vorstellen können, den Fuß auf unsicheren Boden zu setzen. Sie werden ihnen beweisen, dass sie sich getäuscht haben. Und selbst wenn Sie keinen Erfolg haben, waren Sie zumindest tapfer genug, es zu versuchen.

Nihilismus ist etwas für Verlierer.

Wir begegnen dem Schicksal

Wir wählen nicht den Ruf, den wir erhalten, aber wir entscheiden, ob wir ihm folgen.

»Größte Ehre gebührt jenen, die ihren Blick nicht senken angesichts des Schicksals«, sagte einst der französische Staatsmann Georges Clemenceau.

Aber genau das ist es, was die meisten von uns tun.

Weil wir uns fürchten. Weil es schwer ist. Weil uns alle anderen sagen, wir sollen es nicht tun.

De Gaulle war nicht der ranghöchste General Frankreichs. Er hatte keine offizielle Befugnis, das zu tun, was er tat. Nein, er schlüpfte einfach in diese Rolle und nahm diese Identität an, weil niemand sonst dazu bereit schien. Er reagierte auf den »stummen und gebieterischen Schrei« seiner Heimat, wie er selbst dies ausdrückte.

Er stellte sich seinem Schicksal.

Hätte er sich diese Situation für sich gewünscht?

Natürlich nicht.

Niemand wünscht sich, gequält zu werden. Der Weg zu unserer Bestimmung ist in der Regel kein glamouröser Weg. Er kann schwer sein. Er verlangt Opferbereitschaft. Er schmerzt uns. Er macht uns angreifbar. Er zwingt uns, mit dem zu rechnen, worauf wir wahrscheinlich lieber verzichten würden.

Aber es wäre nicht unsere Bestimmung, wenn sie leicht zu erreichen wäre. Wem viel gegeben wird, von dem wird auch viel erwartet.

»Es ist ein Unglück, dass dies geschehen ist«, notierte Mark Aurel während einem der vielen Krisenmomente seiner langen Herrschaft als römischer Kaiser. Doch mehr schrieb er nicht dazu, weil er nicht zu viel klagen wollte, um nicht in Selbstmitleid zu verfallen.

»Nein«, korrigierte er sich. »Es ist ein *Glück*, dass das passiert ist und ich davon verschont geblieben bin – nicht erschüttert von der Gegenwart noch verängstigt durch die Zukunft. Es hätte jedem zustoßen können. Aber nicht jeder wäre dabei unversehrt geblieben.« Genau das ist eine mutige Haltung. Wenn wir bei Herausforderungen sagen: *Das könnte ich tun.* Oder: *Wenn ich es nicht tue, wer dann?* Oder: *Diese Situation ist für mich bestimmt, und ich ergreife die Gelegenheit.*

Wir sind dann bereit, zu leiden. Wir sind bereit, durchzuhalten. Wir sind bereit, Opfer zu bringen, weil wir wissen, dass wir es schaffen können. Weil wir wissen, dass sich andere Menschen auf uns verlassen. Weil wir wissen, dass viel von unseren Entscheidungen und Handlungen in diesem Leben abhängt.

Xenophon war gerade erst 26 oder 27 Jahre alt, als er mit seinen Soldaten in Persien festsaß. Es gab keine Führung, und Verzweiflung breitete sich aus. Dies war sein persönlicher Schicksalsmoment. Es bestand Gefahr, aber es gab auch die Chance auf Ruhm. Seine Männer brauchten einen Helden – jemanden, der das Kommando übernehmen und sie aus der Notlage herausführen würde. Das war der Ruf des Schicksals.

»Von welcher Stadt erhoffe ich mir, dass sie den General hervorbringt, der hier die richtigen Schritte unternimmt?«, fragte er mit lauter Stimme. »Oder soll ich warten, bis ich ein wenig älter bin? Ich werde überhaupt nie älter werden, wenn ich mich jetzt dem Feind ausliefere.«

Andere hatten die Verantwortung gescheut. Also trat er vor. Er begegnete seinem Schicksal und rettete nicht nur sich selbst, sondern – was noch wichtiger war – auch seine Kameraden.

Erkennen Sie, dass Sie sich am selben Punkt befinden? Das Leben hat etwas für Sie ausgewählt – diese Situation, diesen Augenblick, diese

Reihe von Augenblicken. Es wartet großer und verheißungsvoller Lohn auf Sie, wenn Sie nur mutig genug sind, nach vorne zu treten und um sie zu kämpfen.

Sie können diesen Ruf ignorieren. Sie können sich verstecken. Sie können den Blick abwenden. Sie können hoffen, dass sich ein anderer an Ihrer Stelle darum kümmert.

Oder Sie können dem Ruf in die Augen sehen und ihn annehmen.

Wofür werden Sie sich entscheiden?

Liebe deinen Nächsten

Es ist ein Prüfstein für Gleichgültigkeit und Gefühllosigkeit. Eine Geschichte, die beweist, dass mit unserer modernen Welt etwas Schwerwiegendes nicht in Ordnung ist.

Um drei Uhr morgens am 13. März 1964 wurde eine junge Frau namens Kitty Genovese vor ihrem Wohnhaus in New York brutal vergewaltigt und erstochen. Als sie um Hilfe rief, kam ihr niemand zu Hilfe. Während sie ermordet wurde und die Geräusche davon durch die Nachbarschaft hallten, stellten mehr als drei Dutzend Menschen den Fernseher lauter, drehten sich im Bett um oder beschlossen ganz einfach, dass es sie nichts anging.

Warum? Aus Furcht. Aus Egoismus. Aufgrund von Entfremdung. Vielleicht dachten sie, ein anderer würde etwas tun. Vielleicht glaubten sie nicht, etwas tun zu *können*. Die Feigheit und Gleichgültigkeit der Anwohner bot dem Täter – einem Serienvergewaltiger und -mörder – so viel Sicherheit, dass er nochmals zurückkehrte, um fünfzig Dollar aus dem Portemonnaie des Opfers zu stehlen.

Was hätten wir getan, wenn wir in jener Nacht in unserer Wohnung gewesen wären? Hätten die jedes Jahr in New York verübten 636 Morde und unser eigener geschäftiger Alltag uns gegenüber den Schreien einer sterbenden Frau abgestumpft?

Obwohl die Geschichte mittlerweile für alle Übel der zeitgenössischen Gesellschaft steht, hielt in Wirklichkeit einer von Kittys Nachbarn nicht so viel Distanz wie die anderen. Genau genommen sogar mehr als einer. Eine Nachbarin, die die Geräusche gehört hatte, rief Sophia Farrar an, eine im selben Gebäude wohnende junge Frau, um ihr zu sagen, dass sie glaube, Kitty sei in Schwierigkeiten.

Ohne an ihre eigene Sicherheit zu denken, zog sich die 36-jährige Sophia, die ein Baby zu versorgen hatte, rasch an und eilte dorthin, wo die Schreie zu hören gewesen waren. Kitty lag vor dem Hintereingang des Gebäudes und blockierte diesen dadurch. Als Sophia die Tür vorsichtig aufdrückte, fand sie Kitty bereits dem Tode nah, getränkt in ihrem eigenen Blut, das aus den Stichen durch Brust und Lunge stammte. Kitty mit leiser Stimme gut zuredend, versuchte Sophia verzweifelt, ihr Leben zu retten. Sie rief um Hilfe, bis jemand die Sanitäter verständigte. Sie bat ihre Nachbarin, durchzuhalten, und versprach ihr, dass bald jemand kommen würde. Sie gab der sterbenden Frau das Gefühl, geliebt zu werden und nicht allein zu sein.

Es war zu spät. Kitty verblutete in der Ambulanz auf dem Weg ins Krankenhaus.

»Ich hoffe nur, dass sie mich noch erkannt hat«, sagte Sophia, »und dass sie wusste, dass jemand für sie da war.«

Ja, die Geschichte von Kitty Genovese ist eine Geschichte von Feigheit und Gefühllosigkeit, aber es ist auch die Geschichte einer Freundin, die sie in den letzten Momenten ihres Lebens in den Arm nahm – eine Geschichte von Trost und Liebenswürdigkeit, die auch in einer Welt, die zu viele Menschen bereits aufgegeben haben, noch möglich sind.

Welche Sorte Freund und Nachbar sind Sie?

Kitty Genovese war eine Lesbierin, die gerade anfing, offen mit ihrer Partnerin zu leben, was im Jahr 1964 keineswegs allgemein akzeptiert wurde. Dennoch waren sie und Sophia Freundinnen, die mehr Kontakt miteinander hatten, als sich nur im Hausflur zu grüßen. Kitty fuhr manchmal Sophias Sohn zur Schule, und Sophia passte auf den Pudel des Frauenpaares auf, wenn diese nicht in der Stadt waren. Sie waren füreinander da, wie es Nachbarn sein müssen. Sie halfen sich gegenseitig, wie es Nachbarn tun müssen. Als es darauf ankam, als Kitty etwas zustieß, war Sophia zur Stelle.

»Die Menschen verherrlichen alle Arten von Tapferkeit, außer der Tapferkeit, die sie für ihre nächsten Nachbarn zeigen könnten«, bemerkte George Eliot in *Middlemarch*. Sophia Farrar war keine Person, die im Mittelpunkt zu stehen pflegte. Sie wurde in dem berühmten Artikel der *New York Times*, der die Umstände des Mordfalls einem Millionenpublikum bekannt machte, nicht einmal erwähnt. Sie gab nie Interviews, erhielt nie Aufmerksamkeit und verteidigte sich nicht einmal gegen die Unterstellung, sie sei eine jener gedankenlosen und feigen Nachbarn gewesen.

Dass ihr ihre Tat nie zugutegehalten wurde – weil sie es nicht geschafft hatte, Kitty zu retten –, schmälert nicht ihren Mut. Was zählt, ist, dass Sophia versucht hat, etwas zu tun. Sie eilte zum Tatort, ohne einen Gedanken an ihre eigene Sicherheit zu verschwenden. Sie rief um Hilfe. Sie tröstete die tödlich Verletzte und *kümmerte sich* um sie. Das ist es, was Helden tun.

Wir werden nicht immer Erfolg haben, aber wir müssen es wenigstens versuchen. Wir dürfen unser Herz nicht verhärten oder den Fernseher lauter stellen. Dabei müssen wir gar nicht auf so außergewöhnliche Zwischenfälle warten. Es geht darum, was wir jeden Tag tun – für uns selbst, für andere Menschen.

»Ich bin stolz darauf, gleich am Anfang beschlossen zu haben«, erklärte Warlam Schalamow über die Prüfung, die er in jenem Gulag erlebte, »dass ich niemals Vorarbeiter sein wollte, wenn meine Freiheit zum Tod eines anderen Menschen würde führen können, wenn meine Freiheit den Bossen dazu dienen würde, andere Menschen, Gefangene wie mich, zu unterdrücken. Sowohl meine körperliche als auch meine geistige Stärke erwiesen sich bei dieser schweren Prüfung als größer, als ich gedacht hatte, und ich bin stolz darauf, dass ich nie jemanden verraten habe, nie jemanden in den Tod geschickt oder zu einer anderen Strafe verurteilt habe, und nie jemanden denunziert habe.«

Die Freiheit der modernen Welt, die Freiheit Ihres Erfolgs – das ist nicht die Freiheit, sich nicht um andere zu kümmern. Es ist nicht die Erlaubnis, gleichgültig zu sein. Ja, ich weiß, dass Sie viel zu tun haben. Ja, es stimmt, die meisten Missstände auf dieser Welt sind nicht Ihre Schuld. Trotzdem dürfen Sie die Ohren nicht vor den Schreien eines unschuldigen Menschen vor Ihrer Haustür verschließen.

Anne Franks Nachbarin, eine junge Frau namens Miep Gies, etwa im gleichen Alter wie Sophia, hatte sich monatelang in Gefahr begeben, um die jüdische Familie zu schützen und zu versorgen, während diese sich im Hinterhaus versteckte. Wir kennen auch das tragische Ende dieser Geschichte – eine Nachbarin verriet sie –, aber wir müssen uns auf die Menschen konzentrieren, die sich tapfer bemühten, das zu verhindern. Wie Gies erklärte, müssen wir den Mut haben, zu helfen, auch wenn es ein aussichtsloser Kampf ist. »Jeder Versuch zu handeln ist besser als Untätigkeit«, reflektierte sie Jahre später. »Ein Versuch kann schiefgehen, aber Untätigkeit führt unweigerlich zum Scheitern.«

Wir müssen es *versuchen*. Denn wenn wir es nicht tun, wer dann?

Wir können die Dunkelheit dieser Welt, in der wir leben, nicht einfach nur beklagen. Wir müssen nach dem Licht suchen. Wir müssen das Licht *sein*.

Für unsere Nächsten. Füreinander.

Kühn bedeutet nicht leichtsinnig

Ein mutiger Mann macht eine Mehrheit aus.

Das ist inspirierend. Aber es ist auch gefährlich.

Was ist, wenn dieser Mann unrecht hat? Oder ein Egomane ist? Was ist, wenn seine Sache ungerecht ist? So entstehen Despoten und werden mörderische Regimes aufgebaut. So wird aus einer religiösen Sekte ein Weltuntergangskult.

Ein solcher Mann kann sich selbst – und die Mehrheit – auch mühelos ins Verderben stürzen.

Deshalb ist es wichtig, zu verstehen, dass die Tugend des Mutes gegen die ebenso wichtige Tugend der Mäßigung abgewogen werden muss. Schon Aristoteles benutzte den Mut, um das Konzept des Maßhaltens zu veranschaulichen. Mut, sagte er, ist die genaue Mitte zwischen zwei Lastern – Feigheit ist das bekannteste, aber Leichtsinn ist ebenso gefährlich.

Über den Angriff der Leichten Brigade wurde gesagt, dass Lord Lucan, der den Befehl gab, ein übermäßig vorsichtiger Dummkopf war, während Lord Cardigan, der den selbstmörderischen Vorstoß ohne Bedenken anführte, ein leichtsinniger Idiot war.[14] Beide haben falsch gehandelt, aber wir neigen dazu, den Ersteren stärker zu verurteilen als den Letzteren.

Dies ist ein Fehler. Furcht kann einen Menschen zumindest schützen. Völlige Furchtlosigkeit ist ein Garant für den Untergang.

Das ist es, was Mark Aurel anstrebte: »weder übereilt noch zögernd, weder verwirrt noch ratlos … nicht unterwürfig, aber auch nicht aggressiv oder paranoid«. Anführer, die ständig nur Streit suchen – und das gilt genauso für Jungen im Teenageralter –, werden irgendwann auf einen Stärkeren stoßen und ihm unterlegen sein – wodurch sie möglicherweise mehr verlieren als nur ihren Stolz. Schlimmer noch, wer weiß, wer außerdem mit hineingezogen wird und für die Überheblichkeit eines Einzelnen bezahlen muss?

Es gibt eine Geschichte über einen spartanischen Soldaten, der für seine fast übermenschliche Tapferkeit in einem Krieg gegen Theben gefeiert wurde. Doch nach der Schlacht wurde er von den Herrschern der Stadt mit einer Geldstrafe belegt, weil er ohne seine Rüstung gekämpft hatte: Er hatte dadurch unnötigerweise ein spartanisches Gut in Gefahr gebracht … sich selbst.

Mut ist kein Wettbewerb maskuliner Potenz. Auch keine unsinnige Prahlerei. Mut bedeutet nicht, auf einen Motorradhelm zu verzichten, weil man sich für unbesiegbar hält. Mut hat mit Risiko zu tun, aber nur mit notwendigem Risiko. Nur mit sorgfältig durchdachtem Risiko.

Deshalb sind die wirklich Tapferen oft eher still. Sie haben keine Zeit und kein Interesse für Angeberei. Außerdem wissen sie, dass sie sich durch Prahlen angreifbar machen, und was wäre damit gewonnen? Das heißt aber nicht, dass sie schüchtern oder zurückhaltend wären. Wiederum Aristoteles verdanken wir die Erläuterung, *Geradlinigkeit* sei der Mittelweg zwischen Übertreibung und Verharmlosung. Wenn man etwas weiß, dann *weiß* man es.

Sobald Sie in dieser Welt auf echten Mut treffen, werden Sie seine Intensität spüren, bevor Sie ihn sehen. Man findet ihn nicht in den Witzfiguren, die den Kick suchen oder Unglaubliches wagen. Wie bereits erwähnt, rennen die Mutigen nicht mit der Waffe im Anschlag herum. Sie sind nicht dumm und suchen daher von sich aus keinen Streit. Trotz ihrer Kühnheit treten sie eher zurückhaltend auf, es sei denn, Sie begegnen ihnen in einem der seltenen entscheidenden Momente, in denen ihr

Mut konkret gebraucht wird. Auch wenn sie in Aktion treten, werden sie stets überlegt und ruhig, methodisch und maßvoll vorgehen.

Eine konkrete Verkörperung dieser Art von Mut findet sich in Stefan Zweigs Beschreibung des Entdeckungsreisenden Magellan, der bei seiner Weltumsegelung diese Charaktereigenschaft unbestreitbar benötigte:

> *»Aber – man muß es immer von neuem betonen und wiederholen – der Begriff Kühnheit hat bei Magellan eine besondere Färbung. Kühn handeln meint bei ihm keineswegs, heiß zugreifen, impulsiv vorstoßen, sondern im Gegenteil: etwas unerhört Gefährliches mit dem Maximum von Vorsicht und Berechnung unternehmen; Magellans verwegenste Pläne sind immer wie ein guter Stahl zwar im Feuer der Leidenschaft geschmiedet, aber dann im Eis nüchternster Überlegung gehärtet.«*[15]

Unser Vorbild ist nicht der Hitzkopf, sondern der Kaltblütige. Vorbildliches Verhalten unter Druck bedeutet nicht umsonst, unter Druck einen kühlen Kopf zu bewahren. Vorsicht und Sorgfalt sind keine Gegensätze von Mut, sondern seine Ergänzungen.

Achten Sie darauf, dass Ihr Verhalten alle drei Eigenschaften aufweist.

Leichtsinnige Verwegenheit müssen wir oftmals bereuen.

Aber Tapferkeit?

Niemals.

Handlungsfähigkeit bekommt man nicht geschenkt, man muss sie sich nehmen

Erst im April 2011, fast vier Jahre, nachdem er angegriffen worden war, vier Jahre, während derer man ihm ständig gesagt hatte, dass man nichts dagegen tun könne, änderte Peter Thiel seine Meinung.

Oder besser gesagt, jemand half ihm dabei, seinen Horizont zu erweitern.

Bei einem Abendessen in Berlin mit einem jungen Mann, der nur als Herr A. bekannt ist, hatte Thiel mit diesem über die Website Gawker und den Ärger, den er mit dieser gehabt hatte, gesprochen. Er klagte über die negativen Auswirkungen dieses Blogs auf die Gesellschaft, weil er unbehelligt das Privatleben von Prominenten vor der Öffentlichkeit ausbreite, und dies mit grausamer Schadenfreude. Herr A., dem es nicht an Tapferkeit mangelte, sagte dem Milliardär ins Gesicht, er solle doch seine mittlerweile enormen finanziellen Ressourcen dazu nutzen, etwas dagegen zu tun. Nein, entgegnete Peter und wiederholte mechanisch, was ihm selbst so oft gesagt worden war: *Das ist einfach nicht möglich.*

Was er daraufhin zu hören bekam, sollten wir alle beherzigen: »Wie würde die Welt wohl aussehen, wenn jeder so denken würde?«

Obwohl die Handlungsfähigkeit allen Menschen in die Wiege gelegt wird, entscheiden sich nur wenige von uns dafür, sie zu nutzen. Wir akzeptieren die Einschränkungen, die andere Menschen uns auferlegen. Wir hören darauf, wenn sie uns sagen, was machbar sei oder nicht. Nachdem wir die Wahrscheinlichkeit geprüft haben, machen wir daraus eine wirkmächtige Wahrheit.

Die Furcht raubt Ihnen Ihre Kraft, indem sie Ihnen einredet, Sie hätten keine. Wenn Sie nicht daran glauben, dass Sie etwas Bestimmtes tun können, dann ist es nicht nur unwahrscheinlich, dass Sie es tun können, sondern es steht fest, dass Sie es nicht einmal versuchen werden. Deshalb benötigen wir mehr Menschen, die sich von dieser Mentalität befreien.

Der Wendepunkt im Leben von Florence Nightingale war die Erkenntnis, dass man ihr nie das geben würde, von dem sie wusste, dass sie es brauchte. Wie sie in ihrem Tagebuch schrieb, entdeckte sie, dass sie es sich nehmen musste. Sie musste das Leben, das sie für sich wollte, selbst einfordern.

Als Napoleon darüber nachdachte, die Alpen zu überqueren, um in Italien einzumarschieren, wurde ihm gesagt, dass dieser Plan nicht zu verwirklichen sei. »Unmöglich, Sire!« – »Dieses Wort kenne ich nicht. Es gehört nicht zur französischen Sprache, streichen Sie es aus Ihrem Wörterbuch.« Und dann ging er hin und tat genau das, von dem ihm gesagt worden war, dass es nicht getan werden könne – für sich, für Frankreich.

»Es beginnt«, schrieb Peter Thiel, »mit der Ablehnung der ungerechten Tyrannei der Wahrscheinlichkeit.« Er wusste, dass er nur daran glauben musste.

Vergessen Sie den Fatalismus. Nehmen Sie Ihr Leben selbst in die Hand, so wie Nightingale es tat. Verwerfen Sie die pessimistische Ansicht, dass wir Kräften ausgeliefert sind, die wir nicht kontrollieren können. Doch, Sie *können* etwas tun. Sie *müssen* es sogar.

Wenn niemand mehr an die Theorie vom großen Mann der Weltgeschichte glaubt, wie soll dann Geschichte gemacht werden? Wer wird sie machen?

Sicherlich nicht Sie. Sicherlich nicht die Helden, die wir brauchen.

Jeder von uns hat es selbst in der Hand, seine Gefangenschaft zu beenden. Jeder von uns hat die Mittel, seine Handlungsfähigkeit zu entfalten. Sie beginnt mit einer Entscheidung, wird aber erst durch konkrete Aktionen verwirklicht. Leonardo da Vinci bemerkte, dass es nur wenigen Menschen gelungen sei, etwas zu erreichen, indem ihnen etwas zugestoßen sei. Nein, sagte er, sie selbst *waren* das Ereignis.

Was also werden Sie sein? Ein unbewegliches Objekt oder eine unaufhaltsame Kraft? Ein Anführer oder ein Mitläufer? Entscheiden Sie sich für passive Hinnahme oder aktiven Widerstand?

Sie müssen daran glauben, dass Sie etwas bewirken können. Sie müssen *versuchen*, das zu schaffen. Denn auch das ist eine wirkmächtige Wahrheit. Der unvernünftige Mensch ist derjenige, der die Welt verändert. Wer glaubt, dass er den Ausgang bestimmen kann, hat zumindest die Chance, etwas Geschichte zu schreiben.

Nach jenem Treffen in Berlin finanzierte und organisierte Thiel eine Verschwörung, welche die ganze Welt schockierte. Die Website Gawker wurde durch einen Strafbefehl in Höhe von 140 Millionen Dollar für ihr ungeheuerliches Verhalten in einem völlig anderen Fall in den Ruin getrieben, ein Urteil, das Thiel langsam, geduldig und unauffällig vorangetrieben hatte.[16]

Man muss mit Thiels Vorgehensweise nicht unbedingt einverstanden sein. Es ist durchaus nachvollziehbar, wenn jemand schockiert ist über die geheimen Klagen, die er erhoben hatte, und die das Medienunternehmen in den Bankrott trieben, sodass die Website am Ende fast vollständig ihm gehörte. Man *sollte* das sogar hinterfragen. Denn Handlungsfähigkeit um ihrer selbst willen ist nicht viel wert – was zählt, sind die Ziele, für die wir unseren Willen und unsere Macht demonstrieren.

Aber man kann nicht bestreiten, dass das, was er geschafft hat, etwas war, was nur wenige hätten erreichen können und wovor alle Angst hatten, es zu versuchen. Er tat etwas, was niemand für möglich hielt. Er fand Handlungsfähigkeit, wo andere nur Unmöglichkeit sahen. Anstatt jemand zu sein, dem die Ereignisse zustießen, produzierte er selbst die Ereignisse. Er tat, was er wollte, was *er* für notwendig hielt, was *seiner Meinung* nach die Welt zu einem freieren, sichereren Ort machte.

Und wäre die Welt nicht besser, wenn bessere Menschen ähnlich handeln würden? Oder denken Sie nicht zumindest, dass Sie sich selbst genug zutrauen sollten, um etwas von Ihrer eigenen Handlungsfähigkeit zu nutzen, um aus Ihrer Welt die Welt zu machen, in der Sie leben wollen?

Wenn Gewalt die einzig mögliche Antwort ist

Kurz nach seiner Aussage im Prozess gegen korrupte Beamte in der New Yorker Polizei wurde Frank Serpico dem Revier Manhattan Nord zugewiesen. Als er erstmals dort zur Arbeit erschien, spürte er, dass etwas nicht stimmte. Obwohl ihn niemand ansah, war die ganze Energie des Raumes auf ihn gerichtet.

Es war eine archaische Szene, nicht unähnlich jenen, die sich seit Menschengedenken in der Savanne und auf dem Schulhof abspielen. Ein Polizeibeamter, der zweifellos von den anderen für diese Aufgabe ausgewählt worden war, trat rasch auf Serpico zu. Als er dicht neben ihm stand, zog er ein Springmesser aus seiner Tasche und hielt es in der offenen Hand. »Wir wissen, wie man mit Typen wie dir umgeht«, sagte er, während die Klinge hervorblitzte. »Ich sollte dir die Zunge herausschneiden.«

Aber dieser Polizist wusste nicht, dass Serpico, genauso wie vor ihm Frederick Douglass, bestimmte Dinge leid war. Er hatte genug davon. Blitzschnell packte Serpico den Mann am Handgelenk und verdrehte dieses, bis er zu Boden fiel. Er drückte ihm sein Knie auf den Rücken und hielt ihn damit am Boden fest; dann platzierte er die Mündung seiner halbautomatischen 9-mm-Pistole auf dem Schädel des Mannes. »Wenn du dich bewegst, du Hurensohn«, sagte Serpico, »dann puste ich dir das Hirn weg.«

Es waren vierzehn Patronen in seiner Pistole. Genug für jede einzelne Person im Raum. Genug für Serpicos Botschaft: Er würde sich nicht einschüchtern lassen. Er würde sich nicht anrühren lassen. Er gab nicht klein bei.

Sind diese Momente heftiger Gewalt cool oder beeindruckend? Nein, es wäre besser, wenn sie nie nötig wären. Kein anständiger Mensch sollte jemals eine Waffe gegen einen Bösewicht richten müssen. Niemand sollte sich jemals mit Gewalt verteidigen müssen, weil er das Richtige getan hat.

Aber der Welt ist dieses »sollte« egal. Wäre es Ihnen lieber gewesen, wenn Serpico der Korruption zugestimmt hätte, statt sich zu wehren? Sogar Gandhi, ein Mann von unglaublicher Sanftmut und Zurückhaltung, wusste, dass es eine Grenze gibt, die manchmal überschritten werden muss. »Wo es nur die Wahl zwischen Feigheit und Gewalt gibt«, sagte er, »würde ich zur Gewalt raten.«

Seine Kollegen wollten Serpico zwingen, nichts von ihren illegalen Machenschaften zu verraten. Sie wollten ihn dazu bringen, auf sein moralisches Anliegen zu verzichten, um sein Leben zu retten. Stattdessen drehte er den Spieß um.

Niemand sollte sich freiwillig in solche Situationen begeben, aber es ist gut, wenn Sie wissen, dass Ihnen das passieren kann. Und dann werden Sie verstehen, wie zutreffend der Spruch ist, der bei Selbstverteidigungstrainern so beliebt ist: Gewalt ist selten die richtige Antwort – aber wenn sie es ist, dann *ist sie die einzig mögliche Antwort.*

Ein spartanischer General argumentierte gegenüber einigen ängstlichen Landsleuten auf dieselbe Weise. Nachdem er beobachtet hatte, wie eine Maus, die von einem Jungen gefangen worden war, sich umdrehte und ihren Fänger biss, sagte der General: »Wenn sich ein derart kleines Lebewesen so gegen Angreifer verteidigt, was sollten dann eurer Meinung nach die Menschen tun?«

Diese Maus kann als Beleg dafür dienen, dass keine Spezies lange überlebt, wenn sie nicht den Willen hat, sich zu schützen. Ohne Tapferkeit, ohne das Ethos des Kriegers, ist das Überleben für niemanden langfristig gesichert, auch nicht für Nationen. Es gibt viele tapfere Pazifisten auf der Welt, aber sogar sie verstehen bis zu einem gewissen Grad, dass ihr Idealismus nur möglich ist, weil andere bereit sind, sich stattdessen pragmatisch zu verhalten.

Manchmal ist körperlicher Mut erforderlich, um moralischen Mut zu schützen. Es wird Situationen geben, in denen wir in Gefahr sind – oder jemand, den wir lieben, in Gefahr ist. Freundliche Worte werden nicht ausreichen. Gelassenheit wird uns nicht retten. Was dann gefragt ist, sind Heftigkeit und Aggressivität, eine Machtdemonstration. In solchen Momenten dürfen wir nicht kneifen. Wir dürfen nicht zurückweichen.

Wir dürfen uns nicht einschüchtern lassen. Wir dürfen nicht passiv bleiben.

In derartigen Situationen müssen wir zurückschlagen, und zwar hart.

Wir müssen unsere Fäuste erheben. Wir müssen uns zur Wehr setzen. Damit wir nicht niederknien müssen.

Aufbrechen zu neuen Ufern

Im Folgenden gebe ich eine kurze Zusammenfassung der Reise nach Amerika von Maria Giovanna, der Mutter von Frank Serpico. Sie und ihr Mann hatten vorgehabt, gemeinsam aus Italien auszuwandern, in der Hoffnung auf bessere Zukunftschancen in der Neuen Welt. Sie sollte als Erste die Überfahrt auf dem Seeweg antreten, und das tat sie auch, gerade mal 27 Jahre alt und im siebten Monat schwanger. Auf dem Schiff setzten bei ihr die Wehen ein, und sie gebar auf dem Atlantik ein Frühchen. Sie kam in dem fremden Land mitten im Winter an, aufgrund der Geburt unter Blutverlust leidend und ohne Englischkenntnisse. Der Verwandte, der sie am Hafen abholen sollte, tauchte nicht auf. Da es in jener Epoche für die Mütter noch keine Hilfe bei der Versorgung der Neugeborenen gab, verlor sie ihr geliebtes Baby und landete in einem Krankenhaus der Wohlfahrt. Völlig auf sich gestellt.

Eine Woche später wurde sie von entfernten Familienmitgliedern gerettet, bei denen sie ein Jahr lang in Brooklyn wohnte und sich dabei mit körperlich strapaziöser Fabrikarbeit den Lebensunterhalt verdiente – stets leise und stoisch –, während sie auf ihren Mann wartete, der aus Italien zu ihr stoßen sollte.

Als Serpicos Vater endlich ankam, konnte er keine andere Arbeit finden, als Schuhe zu putzen. Es sollte fast ein Jahrzehnt dauern, bis er seinen eigenen Schusterladen eröffnen konnte, was von Anfang an sein Traum gewesen war. Aber zwischenzeitlich zog er drei Kinder auf, von denen eines die New Yorker Polizei fast im Alleingang in ihren Grundfesten erschütterte, was zu deren Reformierung führen sollte.

Was bedeutet es, die Heimat zu verlassen, alles zu verlassen, was man kennt, alles zu riskieren für die Hoffnung auf ein besseres Leben – in der Regel eine naive, am Ende enttäuschte Hoffnung? Was bedeutet es, Ozeane und Wüsten zu durchqueren, Gewalt, Vorurteilen, Mauern und Unsicherheit zu begegnen und trotzdem durchzuhalten? Es ist vielleicht das Mutigste, was ein Mensch tun kann.

Es ist ein wunderbares, inspirierendes Unterfangen.

Goebbels pflegte die Flüchtlinge und Emigranten aus Europa als »Leichen auf Urlaub« zu bezeichnen. Für ihn waren sie nichts anderes als für den Tod bestimmte Problemfälle, die nun in anderen Ländern sterben würden. *Sicher nicht der beste Teil ihrer Heimatländer.*

Und was ist mit ihrer Kühnheit, ihrem Willen, etwas zu riskieren, ihrer schieren Hartnäckigkeit und Entschlossenheit? Sie sind vielleicht nicht die Gebildetsten, sie sind vielleicht nicht die Wohlhabendsten, einige von ihnen werden vielleicht Fehler und Misserfolge hinter sich lassen, aber Einwanderer besitzen stets eine charakterliche Tugend, die wir alle bewundern. Sie sind weder müde noch schwach, sondern unermüdliche Kämpfer. Sie sind die Nachkommen von Pionieren und Entdeckern. Wo wären wir ohne diese Art von Mut?

Welche Gesellschaft hätte *nicht* gerne solche Neuzugänge in ihrer Wirtschaft und Kultur? Welche Person, die ein vergleichsweise weitaus bequemeres und sichereres Leben führt, könnte nicht etwas von ihnen lernen?

Natürlich ist Auswanderung nicht die einzige Form, aufzustehen und wegzugehen. Manchmal ist es der Mut, einen Job zu kündigen, der zu einer Sackgasse geworden ist. Manchmal ist es der Abbruch eines Projekts, in das man sein ganzes Leben und seine Ersparnisse gesteckt hat. Oder es ist der Austritt aus einer politischen Partei. Es ist die Entscheidung, sich nach vielen unglücklichen gemeinsamen Jahren scheiden zu lassen.

Wir haben unser Bestes getan. Wir haben uns bemüht. Wir haben gekämpft, tapfer und mit höchstem Einsatz. Leider hat es nicht funktioniert.

Manche Menschen benutzen die Tatsache, dass die Lage schlecht ist, als Ausrede. Manche Menschen benutzen ihre Umgebung als Anlass zur Verzweiflung. Manche Menschen denken, ein Mangel an Chancen sei ein Problem, das sich von selbst löst. Andere Menschen stehen auf und tun etwas dagegen.

Welcher Menschentyp sind Sie?

In seinem Dialog mit Laches fragt Sokrates nach einer Definition von Mut. Die Antwort, die er bekommt, ist vorzüglich: »Mut ist eine Art Durchhaltevermögen der Seele.« Aber bei dieser Definition kann Sokrates es selbstverständlich nicht belassen, denn das Ausharren auf einer falschen Position, das Festhalten an und Weitermachen in einem tollkühnen oder unmöglichen Unterfangen kann kaum als weise bezeichnet werden.

Weggehen ist beängstigend. Das Ende von etwas kann sich wie eine Art Tod anfühlen. Ein neuer Ort oder ein neues Projekt bedeuten Unsicherheit. Es ist riskant. Es ist schmerzhaft. Keiner kann Ihnen versprechen, dass es am anderen Ort, beim anderen Versuch für Sie besser laufen wird. Aber es ist ziemlich sicher, dass es nicht nur Irrsinn, sondern letzten Endes auch eine Form von Feigheit ist, immer wieder nur das Gleiche auf die gleiche Art und Weise am gleichen Ort zu tun.

Dabei spielt es keine Rolle, ob jemand aus Mexiko oder Syrien oder Sri Lanka emigriert ist oder ob er aus den Trümmern eines gescheiterten Unternehmens kommt oder von einer vorübergehend erfolgreichen Geschäftsidee, die nichts mehr einbringt. Es spielt keine Rolle, ob diese Neuanfänger immer jeden Buchstaben des Gesetzes befolgt haben, ob sie blütenweiße Lebensläufe haben – was zählt, ist, dass sie etwas tun. Sie kontrollieren, was mit ihnen geschieht, nicht umgekehrt. Sie gehen ein großes Risiko ein. Eines, das echte *cojones* erfordert.

Da wir wissen, wie schwierig es für uns ist, den Absprung zu schaffen, sollten wir es bewundern, wenn wir sehen, dass andere ihn gewagt haben. Wir sollten uns auch davon inspirieren lassen – keine Situation ist hoffnungslos, uns fehlt nie die Handlungsfähigkeit. Wir können immer unser vorheriges Leben aufgeben und aufbrechen zu neuen Ufern.

In der Tat könnte genau dies der Ruck sein, der durch unser Leben gehen muss.

Wie man sich mutig zurückzieht

Churchill war einer der wenigen Politiker seines Landes, die sich in den 1930er-Jahren gegen die Appeasement-Politik in Bezug auf Hitler wandten. Später rief er die britische Bevölkerung dazu auf, unter der Bombardierung durch die Nazis und angesichts einer möglichen Invasion ihrer Insel durchzuhalten, bis Amerika in den Krieg eintreten würde. Sein persönliches Motto war KBO – *Keep Buggering On.*[17]

Vielleicht haben Sie sogar schon einmal den ersten Teil seiner berühmten Rede gehört, die er vor den Jungen der Harrow School hielt, die er selbst als Kind besucht hatte: »Gebt niemals auf. Nie, nie, nie, nie – in keiner Sache, ob groß oder klein, wichtig oder unbedeutend.«

Weniger bekannt ist der zweite Teil des Zitats. Churchill hat nicht gesagt, dass man unter allen Umständen ewig durchhalten soll. Hier ist die ganze Passage in voller Länge:

> *»Gebt niemals auf. Nie, nie, nie, nie – in keiner Sache, ob groß oder klein, wichtig oder unbedeutend. Gebt nie nach, außer um eurer Überzeugung von Ehre oder Vernunft zu folgen.«*

Es war vernünftig, gegen Deutschland standzuhalten. Es war auch vernünftig, den geordneten – manche sagen: wundersamen – Rückzug aus Dünkirchen zu organisieren, der etwa 300 000 englische und französische Soldaten vor dem sicheren Tod oder der Gefangennahme bewahrte.

Manchmal müssen wir losstürmen.

Manchmal müssen wir uns zurückhalten.

Andere Male müssen wir in die Gegenrichtung gehen.

Aber wie? Wie zieht man sich am besten zurück?

Mit Mut und Disziplin.

Bei der Schlacht von Delion befand sich Sokrates in einer solchen Situation. Wir sind es nicht gewohnt, Sokrates als Soldat zu sehen, aber er war einer – und zwar ein guter. Die Linien Athens waren durchbrochen worden, und die Truppen waren zur Flucht gezwungen. Doch auch während er floh, behielt Sokrates seine Selbstdisziplin bei und ließ weder Waffen noch Schild fallen. Es wird berichtet, er habe sogar noch beim Verlassen des Schlachtfeldes weitergekämpft. Alkibiades, ein Schüler des Sokrates, dem er die Rettung seines Lebens verdankte, war vom Anblick des Philosophen, der kämpfend bis zu einem sicheren Rückzugsort gelangte, zutiefst beeindruckt. »Das ist die Art von Mann, die im Krieg nie vom Feind verletzt wird«, sagte er später, »es werden nur die verfolgt, die überstürzt davonlaufen.«

Als Sokrates über den Mut sprach, den Kampf zu beenden, und das Wissen um den richtigen Zeitpunkt für den Rückzug, sprach er also aus eigener Erfahrung. Es wäre wunderbar, wenn die Guten keine Schlachten verlieren würden, wenn Furchtlosigkeit immer ausreichen würde, aber das entspricht nicht der Realität. Manchmal muss man einfach überleben, um an einem anderen Tag weiterkämpfen zu können. Manchmal ist das Dümmste, was man tun kann, die Stellung zu halten und dabei getötet zu werden.

Eine Person, die niemals einen Rückzieher macht, die keinen Fluchtplan hat, ist nicht mutig, sondern leichtsinnig. Man kann nicht immer in jeder Situation gewinnen, weder im Krieg noch im Leben noch im Geschäft. Eine Person, die nicht weiß, wie sie sich zurückziehen, ihre Verluste begrenzen oder sich aus einer misslichen Lage befreien kann, macht ihr unvermeidliches Scheitern nur noch schmerzhafter – und potenziell sogar tödlich.

Für die Griechen war der Rückzug keine Schande. Es kam nur darauf an, ob dieser auf die richtige Weise erfolgte. Das schlimmste Vergehen war die *rhipsaspia* – den Schild bei einer ungeordneten Flucht zu verlieren –, denn das gefährdete die ganze Phalanx der Kameraden. Ein Spartaner konnte aus einer verlorenen Schlacht zurückkehren, aber keiner wagte es, die anderen im Stich zu lassen. *Kehre lebendig mit deinem Schild zurück*, sagte man, *oder tot auf ihm.*

Es sind jedoch Mut und Selbstbeherrschung erforderlich, um dies tun zu können – das eigene Ego zurückzustellen und die Niederlage zu akzeptieren. Einen kühlen Kopf zu behalten, weiterzukämpfen und das eigene Volk zu beschützen, selbst unter den gefährlichen Bedingungen eines Rückzugs oder einer Niederlage, wie es Sokrates tat.

Ein geordneter Rückzug stellt eine außerordentliche Leistung dar. Dies planvoll und furchtlos zu tun erfordert viel Mut.

Anschließend, wenn man sich nach dem Rückschlag wieder sammelt und erneut angreift, muss man ein weiteres Mal mutig sein. Nachdem er seine Landsleute für die Rettung der Truppen aus Dünkirchen gelobt hatte, erinnerte Churchill sie daran, dass »Kriege nicht durch Evakuierungen gewonnen werden«. Nun, da sie in Sicherheit waren, mussten die britischen Soldaten sich für das stählen, was kommen würde. Sie hatten die Aufgabe, sich und ihre Insel zu verteidigen, koste es, was es wolle. Sie mussten sich darauf vorbereiten, den Invasoren an den Stränden und auf den Landeplätzen, auf den Straßen und in den Hügeln entgegenzutreten. Sie würden niemals kapitulieren, sagte er, sie würden diesen Kampf fortsetzen, solange es nötig sei, bis zur Befreiung der Welt von der Tyrannei.

Wir sollten daran denken, dass ein Rückzug immer nur vorübergehend ist. Er verschafft uns Zeit, bis wir wieder in die Offensive gehen und mutig angreifen können – bis hin zum Sieg.

Tun Sie Ihre Pflicht

Um viertel vor zwölf am 21. Oktober 1805 befahl Horatio Nelson seinem Flaggenführer, der Flotte das Signal zur Eröffnung der Schlacht von Trafalgar zu geben: »England erwartet, dass jeder Mann seine Pflicht tut.«

Er verlangte von ihnen, zu kämpfen. Wenn nötig, aus nächster Nähe. Die Aufgaben zu erfüllen, für die sie ausgebildet worden waren.

Die Furcht liefert uns zahllose Gründe, warum wir bestimmte Dinge nicht tun können: Es ist zu schwer. Es ist zu gefährlich. Die Wahrscheinlichkeit eines Misserfolgs ist zu groß. Die Befehle erscheinen unvernünftig. Der Kommandant hätte mir die Verantwortung übertragen sollen.

Mut sorgt für einen klaren Kopf. Er erinnert Sie daran, was in der jeweiligen Situation erforderlich ist. Er erinnert Sie daran, wozu Sie sich verpflichtet haben.

Wir alle haben verschiedene Pflichten. Es gibt die Pflicht eines Arztes oder eines Gerichtsvollziehers. Es gibt die Pflicht eines Soldaten. Es gibt die Pflicht eines Elternteils gegenüber einem Kind, einer Ehefrau oder eines Ehemanns gegenüber dem jeweiligen Partner. Es gibt auch die Pflicht eines jeden Menschen mit Potenzial, die Pflicht eines jeden Bürgers mit Gewissen. Die Pflicht zu erfüllen, bedeutet nicht nur, das zu tun, was man in einem Eid geschworen hat, oder nicht das zu tun, was das Gesetz verbietet, sondern es ist auch das, was von anständigen Menschen erwartet wird. Unsere Pflicht ist es, das Richtige zu tun – hier und jetzt.

Nicht halbherzig, sondern mit der ganzen Ernsthaftigkeit und dem ganzen Engagement, zu denen wir fähig sind. In der Überzeugung, dass wir etwas bewirken können. Dass wir es müssen.

Es wird schwer sein. Ihr Amtseid kann Sie in eine unmögliche Situation bringen. Sie können sich wie Helvidius fühlen, dem der Kaiser befahl, sich aus dem Senat zurückzuziehen, dem jedoch die Pflicht und die Selbstachtung untersagten, zu gehorchen. Es wird Interessenkonflikte geben. Man wird Sie kritisieren, und Sie werden Risiken eingehen müssen.

Na und?

Wissen Sie, was passiert, wenn wir die schwierigen Dinge vermeiden? Wenn wir uns einreden, dass es nicht so wichtig ist? Wenn jemand seinen Job dann nicht erledigt, wenn es darauf ankommt, oder eine unangenehme Entscheidung vor sich herschiebt? Es zwingt jemand anderen, es später zu tun, und der Preis ist dann noch höher. Die Situationen, in denen man in der Geschichte abwiegelte oder Dinge aufschob, zeigen uns: Die Rechnung muss irgendwann beglichen werden, und zwar mit Zinsen.

Mit der Pflicht ist es so bestellt, dass wir natürlich die Wahl haben, sie nicht zu tun, dass wir aber gleichzeitig wissen, dass wir eigentlich keine Wahl haben. Genauer gesagt ist nur *eine* Entscheidung möglich.

Fünfeinhalb Stunden lang kämpfte die britische Flotte in der Schlacht von Trafalgar gegen die französische und die spanische. Es ging darum, Napoleons Plan, ganz Europa zu erobern, Einhalt zu gebieten. Es war eine der am härtesten umkämpften Seeschlachten der Geschichte.

Nelson hätte sie von einem sicheren Ort aus beobachten können, und nachdem er in einer früheren Schlacht bereits einen Arm verloren hatte, wäre das vielleicht das Vernünftigste gewesen. Aber es stand zu viel auf dem Spiel, um die Anweisungen aus der Ferne zu erteilen. Außerdem muss ein Kommandant die gleichen Risiken eingehen, die er seinen Soldaten zumutet. So schritt er auf dem Deck seines Schiffes umher, unbeeindruckt von den Gefahren, diktierte Befehle und nahm taktische Anpassungen vor. Er warf dem Feind alles entgegen, was er hatte, gab auch persönlich alles in diesem Moment.

Dann durchbohrte eine Kugel Nelsons Wirbelsäule.

Als er unter Deck getragen wurde, sprach er seine letzten Worte: »Gott sei Dank habe ich meine Pflicht getan.«

Wir sollten alle stolz sein, mit einem solchen Gedanken den Schauplatz zu verlassen. »Jeder gefährliche Ort ist haltbar, wenn tapfere Männer ihn dazu machen«, sagte John F. Kennedy.

Dafür sorgen diejenigen, die ihre Aufgabe erfüllen. Die dem Ruf folgen. Serpico, der seinen Kollegen energisch entgegentrat. Nightingale, die die Bürokratie und Apathie ihrer Zeit herausforderte. Roosevelt, der mit der Einladung an Booker T. Washington in ein Wespennest stach.

Churchill, der dem deutschen Angriff standhielt, der Verbündete gewann und sich weigerte, zu kapitulieren, alles mit dem Ziel der Rettung Großbritanniens. Wie Nelson glaubte er, dass »es etwas in Raum und Zeit gibt und auch jenseits von Raum und Zeit, das, ob es uns gefällt oder nicht, Pflicht heißt«.

Die Pflicht rief ihn. Er antwortete. Auch viele andere haben das getan. Werden Sie es tun?

Sie können es schaffen – entgegen allen Prognosen

Er hatte sich selbst in diese Zwangslage gebracht, aber deswegen war es nicht weniger schlimm.

Die nordkoreanischen Truppen waren in den Süden des Landes vorgedrungen und hatten dabei die gegnerischen Streitkräfte schnell überrannt. General Douglas MacArthur, der für diese Zone zuständige amerikanische Befehlshaber, war in Japan überrumpelt worden. Mit Billigung der UNO überschwemmte er Südkorea mit US-Truppen, aber es reichte kaum aus, um die Stellung zu halten.

Die Hauptstadt Seoul fiel. Die Schlinge zog sich zu. Die amerikanischen Soldaten, die im sogenannten Busan-Perimeter eingekesselt waren, erhielten den Befehl, Widerstand zu leisten bis zur letzten Patrone.

Die Hoffnung auf einen Sieg war äußerst gering; äußerst gering bei allen außer MacArthur.

Er hatte eine Idee: einen amphibischen Angriff im Hafen von Incheon, etwa 240 Kilometer weiter nördlich an der südkoreanischen Küste, zu wagen und dadurch *im Rücken* der Invasoren zu landen. Er war überzeugt, durch das Überrumpeln des Feindes eine Wende des Kriegsverlaufs herbeiführen zu können.

Aber die Küstenlage von Incheon war Teil des Problems. Wenn man einen Hafen entwerfen wollte, um eine Invasion unmöglich zu machen, wäre es schwer, etwas Besseres als den der tristen Industriestadt Incheon zu finden. Es wies jede geografische Erschwernis auf, die man sich vorstellen konnte. Wattenmeer. Felsige Ufer. Umgeben von Betonmauern und -dämmen, bot dieser strandlose Hafen bei Ebbe freie Schussbahn für die Verteidiger, während bei Flut eine tückische Kabbelung die Angreifer in einen nassen Tod reißen konnte. Er war überhaupt *nur an zwei Tagen* im Monat zugänglich. Und selbst dann nur für ein paar Stunden … wenn er nicht schon durch Minen blockiert war.

Alle hatten Vorbehalte.

Außer MacArthur, der zur Tafel schritt und auf »Französisch« schrieb: »De Qui Objet?« – Was wohl so viel heißen sollte wie: Was ist das Ziel? Es war, den Feind zu überraschen. Ihn unter Druck zu setzen. Er kreiste den Hafen auf der Karte ein. »Dort sollten wir landen, vor Incheon, und den Nordkoreanern an die Gurgel gehen.« Seine Männer sollten nicht »auf ihre Ängste hören«, sagte er – es war eine Frage von Willenskraft und Mut.

Seine Vorgesetzten überprüften das Vorhaben. Sie waren davon nicht überzeugt. »Die Unternehmung ist nicht unmöglich«, sagte der Vizeadmiral der Marine zu MacArthur, »aber ich empfehle sie nicht.«

Eine derartige Reaktion hätte MacArthur eigentlich entmutigen müssen. Stattdessen begeisterte sie ihn. Man sagte ihm damit, dass eine Chance auf Erfolg bestehe, denn nichts anderes bedeutete »nicht unmöglich«. Ihm war egal, ob es eine Chance von einem Prozent oder von 0,0001 Prozent war; ein mutiger Mensch ist damit zufrieden, wenn er zu hören bekommt, es sei prinzipiell möglich.

Und wenn es schwierig ist? Wenn ein Erfolg unwahrscheinlich ist? Das spielt keine Rolle.

Bei MacArthur war es gerade die hohe Unwahrscheinlichkeit des Gelingens, die ihn an seinen Plan glauben ließ. »Die Nordkoreaner halten eine Landung auf Incheon für unmöglich«, sagte er. »Ich könnte sie dort überraschen.« Hohe, aber nicht unüberwindliche Hürden sind die perfekte Gelegenheit für die Mutigen, atemberaubende Siege zu erringen.

Kein Komitee, das ihn aus dem sicheren Washington heraus auf die angeblichen »Realitäten« der Situation vor Ort hinwies, konnte MacArthur überzeugen. Er hatte die Worte seines Vaters verinnerlicht: »Doug, Kriegsräte bringen Ängstlichkeit und Defätismus hervor.« Seine eigene Einschätzung der Chancen lag bei eins zu fünftausend.

Das war für ihn genug. »Ich kann fast das Ticken des Sekundenzeigers des Schicksals hören«, sagte er. »Wir müssen jetzt handeln oder wir werden sterben … Die Landung vor Incheon wird gelingen. Und sie wird 100 000 Leben retten.« Am 15. September 1950 ertönten die ersten Schüsse der Invasion.

In einem sehr engen Zeitfenster landeten etwa 13 000 Marines. Als MacArthur an Land kam, musste er sich zunächst einmal übergeben. Aber er hatte sein Ziel erreicht. Er hatte es gegen alle Prognosen geschafft. Das Glück war aufseiten der Mutigen.[18]

Wo wären wir ohne Menschen, die tapfer genug sind, Wahrscheinlichkeitsrechnungen nicht zu beachten? In was für einer Welt würden wir leben, wenn alle Unternehmer, Aktivisten und Generäle auf die Vorhersagen hören würden? Wenn jeder Onkologe den düsteren Prognosen seiner eigenen Diagnosen glauben würde, würde kein Patient jemals gerettet werden. Wenn jede Football-Mannschaft, die im letzten Viertel des Spiels zurückliegt, glauben würde, dass sie bereits verloren hat, würde es nie ein Aufholen ganz am Ende geben. Wenn alle Piloten der britischen Luftwaffe 1940 nur auf die Zahlen geschaut hätten – statistisch gesehen musste jeder Zehnte von ihnen beim Einsatz sterben –, hätte Großbritannien dann durchhalten können?

Wenn wir nur das täten, wovon wir sicher sind, dass es gut ausgeht, wenn wir nur dann handeln würden, wenn die Umstände günstig sind, dann würde niemals Geschichte geschrieben werden. Wichtige Dinge, die in der Vergangenheit passiert sind, entsprachen noch nie dem Durchschnitt – deshalb wird dieser ja Mittelwert genannt.

Wir dürfen nicht vergessen, dass alle Umfragen, alle Schätzungen und alle statistischen Modelle völlig statisch sind. Was sie nicht vorhersagen können, was sie nicht berücksichtigen können, ist das Individuum mit seiner Handlungsfähigkeit, das menschliche Wesen, das Ereignisse vorantreibt, anstatt sich einfach zurückzulehnen und darauf zu warten, dass etwas mit ihm geschieht.

Es erfordert Mut, auf die Durchschnittswerte zu schauen und zu sagen: »Ich bin nicht durchschnittlich.« Zu sagen: »Jemand wird die Ausnahme sein, und das kann genauso gut ich sein.«

Das ist es, was Mut ausmacht. Es gibt keinen Mut ohne schlechte Aussichten, ohne dass man bereit ist, das Risiko einzugehen, zu verlieren – den Job, ein Spiel, ein Geschäft, das Leben. Wenn etwas völlig abgesichert wäre, was wäre daran noch mutig?

Sie müssen sich bewusst sein, dass Sie nicht durchschnittlich sind. Das waren Sie noch nie. Sie sind einzigartig. Sie hatten schon immer das Zeug dazu, den Prognosen zu trotzen.

Wenn Sie das nicht glauben, sollten Sie sich vielleicht vor Augen führen, dass *allein schon mit Ihrer Existenz* ein völlig unwahrscheinliches Ereignis eingetreten ist. Die Wahrscheinlichkeit, dass Sie geboren wurden, lag nach den Schätzungen einiger Wissenschaftler bei etwa eins zu vierhundert Billionen – aber in Wirklichkeit ist das eine Untertreibung. Bedenken Sie, was alles passieren musste, damit sich Ihre Eltern kennenlernen konnten, damit Sie überleben konnten, damit Sie sich in diesem Moment hier befinden und darüber nachdenken, was Sie vielleicht noch vor sich haben. Sie sind mehr als ein einfaches Wunder, Sie stammen aus dem Spektrum der unwahrscheinlichen Wunder. Und doch sind Sie hier.

Sie lassen sich von der Tatsache abschrecken, dass uneingeschränkter Erfolg selten ist? Sie lassen sich von *böswilligen Menschen* sagen, was Sie tun können und was nicht? Sie lassen sich von ihnen zermürben und überzeugen, auf Nummer sicher zu gehen? Oder gar nicht erst zu beginnen? Diese Einstellung führt nicht zu einem selbstbestimmten Leben, auch nicht zu Größe oder *Güte*.

Natürlich können Sie Gefahren nicht einfach ignorieren, nur weil sie Ihnen unangenehm sind – vor allem dann nicht, wenn andere Menschen sich auf Sie verlassen. Wie schon gesagt, wird der Unternehmer, der ständig »Firmenwetten« eingeht, irgendwann pleitegehen. Er wird vielleicht den Absprung schaffen, um bei einer anderen Gelegenheit erneut zu spekulieren, aber seine Mitarbeiter werden unter dem Konkurs zu leiden haben.

Trotzdem gibt es kein Entrinnen: Manchmal müssen wir tapfer sein und den Prognosen trotzen, aber wir tun dies nur, wenn es eine *echte Chance* auf Erfolg gibt. Und wir tun es selten, ausschließlich dann, wenn wir keine andere Wahl haben.

Machen Sie jemanden stolz

Das letzte Wort von Marcus Porcius Cato, als er dem Tod auf dem Schlachtfeld tapfer entgegensah, war der Name seines Vaters.

Und wie lauteten die letzten Worte der Porcia, Catos Tochter, als sie aufgrund ihrer Rolle in der Verschwörung gegen Cäsar sterben musste? »Ich bin Catos Tochter.«

Der Vater war für beide ein Vorbild. Sie wollten seinem Anspruch gerecht werden und kämpfend untergehen.

Obwohl nur wenige von uns Nachkommen so berühmter Ahnen sind wie die Kinder des entschlossen auftretenden und unbestechlichen Cato des Jüngeren, so sind wir doch die Fortsetzer einer langen und illustren Tradition. Auch wir sind indirekt die Erben Catos und aller Helden, die je gelebt haben, denn ohne sie wären wir heute nicht hier.

Wie könnten wir es also rechtfertigen, sie zu enttäuschen? Bereits Longfellow schrieb:

»Großer Männer Vorbild mahne,
Schön sei Leben, doch Thät'gem nur,
Und im Sand der Zeiten bahne
Uns den Weg noch ihre Spur.«[19]

Wenn wir heutzutage mit Schwierigkeiten zu kämpfen haben – seien sie persönlicher, beruflicher oder politischer Natur –, können wir Kraft schöpfen aus Vorbildern der Vergangenheit. Große Taten und inspirierende Worte können unsere Entschlossenheit und unser Engagement bestärken.

Als Apple sich von seinen innovativen und rebellischen Ursprüngen entfernt hatte, benutzte Steve Jobs diese Taktik, um das Unternehmen wieder auf Kurs zu bringen. »Ein Weg, sich daran zu erinnern, wer du bist«, sagte er, »ist, sich daran zu erinnern, wer deine Helden sind.«

Vielleicht ist Ihr Held Jesus, der sich weigerte zu fliehen und sich tapfer ans Kreuz nageln ließ. Vielleicht ist es Audie Murphy, der während des Zweiten Weltkriegs in einen brennenden Jagdpanzer kletterte und über eine Stunde lang dessen Kaliber-50-Maschinengewehr einsetzte, um den Feind in Schach zu halten, sogar nachdem er verwundet worden war; der sich weigerte, auch nur einen Zentimeter Boden preiszugeben und der im Wald ausharrte, bis Verstärkung kam. Vielleicht ist es der Boxer Muhammad Ali, der persönlich viel riskierte, um gegen den Krieg in Vietnam zu protestieren. Vielleicht ist es Florence Nightingale, die sich über ihre Eltern und die Zwänge ihrer Zeit hinwegsetzte, um eine neue Welt zu erschaffen.

Harry Burn wollte seine politische Karriere nicht ruinieren, da seine verwitwete Mutter auf seine finanzielle Unterstützung angewiesen war. Doch im Grunde war seine Mutter für ihn keine Belastung, sondern eine Inspiration. Er tat ihr zuliebe das Richtige, auch wenn es für sie ein gewisses Risiko bedeutete. Und das Gleiche muss für unsere eigene Haltung gegenüber unserer Familie gelten. Wir treten vor und meistern Herausforderungen, weil wir sie stolz machen wollen. Weil wir sie nicht enttäuschen wollen.

Die meisten unserer tapferen Ahnen und Vorgänger sind jetzt tot, aber ist ihr Vorbild nicht lebendig? Schwebt über uns nicht die Erinnerung an sie, auf die wir bei Bedarf zugreifen können?

In unseren schwersten Momenten müssen wir uns an sie wenden. Bei ihnen finden wir den angewandten Mut, aus dem wir schöpfen können, wann immer wir uns unsicher fühlen. Denken Sie an alle diejenigen, die vor Ihnen bereits tapfer gelebt haben, denken Sie an Ihre Verbundenheit mit ihnen.

»Du hattest einen tapferen Mann zum Großvater«, schrieb Senecas Vater in der Hoffnung, seine eigenen Kinder und deren Kinder damit zu inspirieren. »Sieh zu, dass du noch tapferer wirst.«

Stellen Sie sich vor, dass Ihre eigenen Vorfahren – sowohl Ihre Blutsverwandten als auch Ihre ideellen Vorbilder der Tapferkeit – neben Ihnen stehen, Sie beobachten und beschützen. Stellen Sie sich vor, *was sie an Ihrer Stelle jetzt tun würden*. Sie dürfen sie nicht enttäuschen.

Seien Sie also tapferer. Gleich jetzt und hier, in diesem entscheidenden Augenblick.

Wenn wir über uns hinauswachsen …

»Der Mensch wird von Trieben angeschoben.
Aber er wird von Werten weitergezogen.«
VIKTOR FRANKL

Wenn sich Mut durch eine gewisse Unvernunft auszeichnet, dann gibt es etwas, das noch schwieriger zu erklären ist: Altruismus. Uneigennützigkeit. In der Tat haben sich Evolutionspsychologen, Biologen und Dramatiker seit vielen Jahren darum bemüht, diese Charaktereigenschaft zu erklären.

»Menschliche Torheit«, bemerkte der Historiker T. R. Fehrenbach, »ist leichter erklärbar als menschlicher Wagemut.«

Für Mut erhält man eindeutige Belohnungen. Man geht ein Risiko ein, weil man auf eine Belohnung hofft – ein Ziel, nach dem andere nicht zu greifen wagen. Aber was ist mit der Selbstaufopferung? Oder ein großes Opfer für etwas zu bringen? Neben dem Mut gibt es auch noch das *Heldentum*, die höchste Form des Mutes. Helden sind bereit, für andere *alles* zu geben.

Es gab einmal einen besonders feigen Spitzenpolitiker, der auf einem Soldatenfriedhof stand und den Blick über die Gräber derer schweifen ließ, die im Laufe der Jahrhunderte in den Kriegen seiner Nation gefallen waren. »Ich verstehe das nicht«, sagte er. »Was hatten sie davon?« Die meisten Menschen stellen diese Frage mit einer Art von Demut und Ehrfurcht, aus dem Wunsch heraus, ein unglaubliches Phänomen zu verstehen. Aber bei Menschen, die immer nur ihren eigenen Vorteil suchen, bei Feiglingen und Egoisten, ist die Verblüffung echt. Warum sollte jemand sein Leben für jemand anderen hergeben? Was ist das für ein Geschäft?

Die Logik der Selbsterhaltung ist sehr mächtig. Besonders bei denjenigen von uns, die eine pragmatische Lebenseinstellung besitzen. Um diese Logik überwinden zu können, benötigt man einen starken Charakter. Ein merkwürdiges Paradox: Diejenigen, die kein ausgeprägtes Selbstbewusstsein ihr Eigen nennen, werden sich kaum tapfer zeigen, doch die höchste Form der Tapferkeit erfordert eine Art von Selbstlosigkeit, die in manchen Fällen sogar selbstmörderisch ist. Wie kann das funktionieren? Vielleicht lässt es sich nicht in Worte fassen. Vielleicht ist dieses Verhalten außerhalb des Moments, in dem es auftritt, für uns nicht verständlich – wie jene Demonstrationen übermenschlicher Körperkraft, bei denen Mütter in höchster Not Autos von eingeklemmten Kindern heben.

Und doch wissen wir, wie wichtig das Heldentum für unser Überleben als Spezies ist, ganz zu schweigen von den Menschen, die sich in den Dienst einer guten Sache stellen wollen. Nicht ohne Grund wird der Heroismus in den größten Kunstwerken gefeiert und deshalb sind die Namen der Helden noch Jahrhunderte nach ihren Taten unvergessen.

Mut ist selten genug, aber Heldentum ist die noch seltenere Form von Mut, diejenige, die so stark ist, dass es uns schwerfällt, ihr direkt in die Augen zu blicken. Wie Helden denken, hört man in den Reden von Soldaten, die mit der militärischen Ehrenmedaille ausgezeichnet wurden, oder in Interviews mit Helden, die gerade vor einen Zug gesprungen sind, um jemanden zu retten: »Ich habe nur getan, was jeder getan hätte.« Wenn das tatsächlich so wäre, würden wir nicht ein derart großes Aufhebens darum machen.

Wahres Heldentum beschämt uns. Es demütigt uns. Es berührt uns jenseits der Vernunft – weil es aus einer Sphäre jenseits der Vernunft kommt. Deshalb verehren wir es auch so.

Es liegt auf der Hand, warum die Überlebensrate derer, die zu dieser Größe gelangen, nicht sehr hoch ist. Aber das ist ja auch das Schöne daran – einige von ihnen sind gestorben, damit wir leben konnten. Wir versagen ihnen gegenüber und auch uns selbst gegenüber, wenn wir nicht versuchen, die Bedeutung dessen, was sie getan haben, zu ergründen.

TEIL III

HELDENTUM

»Laß, wenn sie die Trommel rühren,
Auf des Lebens Lagerfeld
Dich nicht stumm zur Schlachtbank führen,
Sei im Streite du ein Held!«[20]

HENRY WADSWORTH LONGFELLOW

Wenn moralischer und physischer Mut darin besteht, die eigene Existenz aufs Spiel zu setzen, dann ist die Definition von Heldentum sehr einfach: Es bedeutet, das eigene Leben *für andere* zu riskieren. Es bedeutet, sich nicht nur für sich selbst in die Schusslinie zu bringen, sondern für eine andere Person oder Sache, für ein höheres Ideal. Ist das nicht eine der edelsten Fähigkeiten der menschlichen Spezies? In Situationen, in denen echte Gefahr lauert, in denen kaum noch Hoffnung besteht, braucht niemand einen Helfer mit konventionellen Kenntnissen. Niemand benötigt dann die kühle Vernunft eines Logikers. Gebraucht wird ein Mensch der Tat, ein Held – jemand, der die anderen rettet, der die Herausforderung meistert und tut, was wir selbst nicht tun können. Und indem er diesem Ruf folgt, gelangt der Held, für wie kurz auch immer, auf eine höhere Ebene des Seins. Er berührt das Antlitz der Götter. *Megalopsuchia*. Die Stoiker nannten es »Größe der Seele«. Premium-Mut, könnten wir es mit einem modernen Ausdruck nennen. De Gaulle wurde einmal gefragt, was es für ihn bedeutete, wenn er von der »Grandeur« Frankreichs sprach. Er antwortete: »Der Weg, den man geht, um über sich hinauszuwachsen.« Das ist die höchste Form von Tapferkeit. Weil sie so selten ist und besonders tiefgründig, etwas, das wir nur selten und kurz zu sehen bekommen. Um sie zu erreichen, müssen wir über die Furcht triumphieren, wir müssen den Mut im Alltag kultivieren, und wir müssen bereit sein, die besonderen Gelegenheiten zu ergreifen, die das Leben uns bietet – egal wie groß oder klein. Die Menschheit braucht viele Helden. Werden Sie einer davon sein?

Der Mut, das letzte Opfer zu bringen

Die Griechen waren nicht perfekt. Die Spartaner am allerwenigsten.

Aber sie waren keine Stiefellecker, und sie waren besser als der tyrannische, bei seinen Eroberungen unersättliche König, der 480 v. Chr. über sie herfiel.

Xerxes, der Herrscher des riesigen persischen Reiches, wollte sie unterjochen und Rache an ihnen nehmen. Die Griechen hatten ihn beleidigt – sie hatten seine Abgesandten hochmütig weggeschickt und ein Jahrzehnt zuvor die Invasion seines Vaters vereitelt – und nun fiel er mit einer riesigen Armee in Griechenland ein, um das Land in seine Gewalt zu bringen.

Einige griechische Stadtstaaten kapitulierten angesichts der düsteren Aussichten sofort. Andere ließen sich mit hohen Bestechungsgeldern zum Seitenwechsel bewegen. Die bereits wackelige Konföderation griechischer Nationen – Sparta, Athen, Theben, Argos und Korinth – stand am Abgrund und mit ihr die gesamte Zukunft der westlichen Zivilisation, wenngleich ihnen das damals nicht bewusst sein konnte. Würde Xerxes den Westen erobern? Würde ein allmächtiger König, der wie ein Gott verehrt wurde, die Glut der Freiheit und Gleichheit ersticken und damit eine Lebensweise auslöschen, die wir heute glücklicherweise genießen dürfen?

Während die Verbündeten bemüht waren, sich zu vereinen und sich vorzubereiten, wurde beschlossen, dass eine kleine Streitmacht, an der

Spitze dreihundert Spartaner und ihr Anführer Leonidas, sich möglichst rasch zu den Thermopylen, den »Heißen Toren«, begeben sollte, um dort die Perser so lange wie möglich aufzuhalten. Wenn sie vorbildlichen Widerstand leisten würde, würde dies vielleicht ganz Griechenland zum Weiterkämpfen inspirieren.

»Es wird berichtet, der Barbar sei bereits nahe gekommen und rücke weiter vor, während wir dabei sind, Zeit zu verlieren«, sagte Leonidas zu seinen Soldaten. »Die Wahrheit ist, dass wir in Kürze entweder die Barbaren töten müssen oder selbst getötet werden.« Und so marschierten sie los, dreihundert von Spartas besten Kämpfern – jeder von ihnen der Vater mindestens eines lebenden Sohnes –, und legten etwa 400 Kilometer zurück, um in das Gefecht mit den vielleicht schlechtesten Aussichten der gesamten Militärgeschichte zu ziehen. Zwar konnten sie auf dem Weg dorthin etwas Verstärkung aus einigen Nachbarstaaten sammeln, aber man geht davon aus, dass am Ende nicht mehr als 5000 bis 7000 Griechen einem persischen Heer gegenüberstanden, das laut mehreren antiken Historikern *eine Million* Soldaten umfasste.

Ihr einziger Vorteil? Die Thermopylen, ein schmaler Küstenstreifen in der Nähe der Ägäis, der Xerxes' Übermacht neutralisieren würde. Außerdem kämpften die Spartaner im Gegensatz zur Invasionsarmee *für* ein Ziel: Sie waren bereit, ihr Leben zu riskieren – und dieses, wenn nötig, zu opfern –, damit andere frei bleiben konnten.

»Wenn du etwas von den edlen Dingen des Lebens verstehen würdest«, sagte Leonidas zu Xerxes, »würdest du darauf verzichten, den Besitz anderer zu begehren; aber für mich ist es besser, für Griechenland zu sterben, als der Alleinherrscher über mein Volk zu sein.«

Natürlich haben ruchlose Eroberer seit jeher kein Verständnis für moralische Werte. Xerxes versuchte zunächst, die Spartaner zu bestechen. Das hatte bei einigen der schwächeren Stadtstaaten funktioniert, und Xerxes selbst hätte sicherlich einer derartigen Versuchung nachgegeben, wenn er sich in der Situation der Spartaner befunden hätte.

Bei Leonidas funktionierte das nicht. Nicht bei einem Nachfahren des Herkules. Den bequemsten Weg wählen? Andere für den eigenen Vorteil im Stich lassen? Die eigene Position durch Verrat verbessern? »Die Griechen haben von ihren Vätern gelernt, Länder nicht durch Feigheit, sondern durch Tapferkeit zu erobern«, antwortete Leonidas.

Er wählte die Tugend. Er wählte den Mut.

Diese Vorstellung von Tapferkeit – nicht nur einfacher Mut, sondern ein Engagement für ein höheres Ideal – war es, was die Griechen davon überzeugte, dass diese Mission zumindest einen Versuch wert war. »Wie konntest du es bloß riskieren, mit so wenigen Männern gegen so viele anzutreten?«, fragte ein Verbündeter den Leonidas. »Wenn ihr denkt, dass ich mich auf Zahlen verlassen sollte«, antwortete er, »dann würde ganz Griechenland nicht ausreichen, denn seine Bevölkerung ist nur ein kleiner Bruchteil der Anzahl unserer Gegner; wenn es aber auf die Tapferkeit unserer Männer ankommt, dann wird diese Zahl genügen.« Und als Xerxes die Spartaner aufforderte, ihre Waffen niederzulegen, lautete die lakonische Antwort: »Komm doch, und nimm sie uns.«

Vier Tage lang hielt die Furcht, sich mit den Spartanern anzulegen, die Perser in Schach. Doch am 18. August entschlossen sie sich dann doch zum Angriff. Eine Schlachtreihe nach der anderen von persischen Soldaten wurde gegen die Phalanx der Griechen geworfen. Zwischen den Felsen prallten die feindlichen Heere aufeinander, wobei die Spartaner im Gleichschritt kämpften, nicht nur für ihr Land, sondern jeder auch für den Mann neben ihm, wie es wahre Helden zu tun pflegen.

Gegen Ende des ersten Tages befahl Xerxes seinen gefährlichsten Soldaten, den Zehntausend Unsterblichen, in die Bresche zu stoßen. Als ein Spartaner besorgt gegenüber dem Leonidas bemerkte, die Unsterblichen seien nun nahe bei ihnen, beruhigte ihn dieser: »Ja, und wir sind ihnen auch nahe.« Zum Entsetzen von Xerxes, der sich dreimal in wütender Ohnmacht erhob, mussten auch diese Truppen unter großen Verlusten zurückweichen.

Während der erste Tag in den zweiten überging, ließ sich Leonidas von den Siegen, die er bis dahin errungen hatte, nicht täuschen. Trotz der Hoffnung auf mögliche Verstärkungen war ihm von Anfang an klar gewesen, dass dies eine selbstmörderische Mission war. Aber er hatte sie trotzdem angetreten. Er kämpfte, um Zeit zu gewinnen. Er wollte damit auch etwas beweisen: Sein Akt der *devotio* sollte an den Mut der Griechen appellieren, die zögerten, ob sie sich ergeben oder Widerstand leisten sollten. Deshalb kämpfte er weiter, wobei der zweite Tag genauso brutal war wie der erste.

Am dritten Tag stellte sich heraus, dass die Perser einen Weg gefunden hatten, von hinten anzugreifen. Es kam eine Warnung über die Stärke des Feindes: Xerxes' Bogenschützen würden genug Pfeile abfeuern, um die Sonne zu verdunkeln. »Dann werden wir im Schatten kämpfen«, sagte Leonidas. Anschließend befahl er seinen Männern, gut zu speisen, da sie höchstwahrscheinlich das nächste Mal erst im Jenseits wieder etwas zu essen bekommen würden. Er versuchte, drei verletzte Männer auszuwählen, die mit Nachrichten nach Sparta zurückkehren sollten, in der heimlichen Hoffnung, ihnen dadurch auch das Leben zu retten. Sie lehnten jedoch alle diesen Freifahrtschein ab: »Ich bin nicht in die Armee eingetreten, um Nachrichten zu überbringen, sondern um zu kämpfen«, antwortete der erste. Der zweite sagte: »Ich wäre ein besserer Mensch, wenn ich hierbliebe.« Und der dritte: »Ich will nicht hinter meinen Kameraden zurückbleiben, sondern als Erster in die Schlacht ziehen.«

Nachdem alles gesagt war, standen die Spartaner schweigend da. Wer von ihnen hatte beim Kampf des Vortages keine Wunden davongetragen? Wer war nicht erschöpft? Wer dachte nicht an seine Kinder? An die Heimat, die sie zurückgelassen hatten?

Um neun Uhr stand die Sonne schon weit oben am Himmel, und es war heiß geworden. Sie schwitzten in ihren Rüstungen. Durch ihre Körper flossen die letzten Vorräte an Adrenalin und Patriotismus. Sie würden Sparta und ihre Familien nie wiedersehen.

Leonidas gab den Befehl zum *Vorrücken*. Sie traten aus dem Schutz der Felsentore heraus, um dem Feind im offenen Feld zu begegnen, und fügten ihm zusätzlichen Schaden zu, während sie ihre letzte Stellung einnahmen. Die persischen Truppen, auf die von hinten Sklaventreiber einpeitschten, versetzten ihnen wütende Hiebe. Bei den Persern standen so viele Soldaten bereit, dass sie es sich leisten konnten, verwundete oder gefallene Kameraden zu zertrampeln, während endlose Wellen von Männern aufeinanderfolgten.

Die Spartaner töteten sie mit methodischer Geschicklichkeit, so unerschrocken wie zuvor, wobei sie manchmal sogar vorgaben, ihre Reihen seien durchbrochen worden, um die Perser vorwärtsstürmen zu lassen, sie dann einzuschließen und niederzumetzeln. Bei jedem erledigten Gegner ertönte ein Jubelschrei. Während dieser Schlacht war außergewöhnliche Tapferkeit bei den Spartanern eine gewöhnliche Tugend. Die Männer wuchsen über sich hinaus, sie kämpften mit fast überirdischen Fähigkeiten. Aber die Spartaner *wussten*, was ihnen bevorstand. Ihr Ende war gekommen.

Sie würden nicht alt werden. Sie würden ausnahmslos alle fallen. Und zwar bald.

Leonidas wurde gegen Mittag des letzten Tages der Schlacht getötet. Damit erfüllte sich eine Prophezeiung, an die er seit Langem geglaubt hatte, nämlich dass ein spartanischer König sterben musste, damit Griechenland nicht durch eine Invasion vernichtet würde. Seine Männer eilten hinzu und unternahmen mehrere Versuche, seinen Leichnam zu bergen. Erst beim vierten Versuch gelang es ihnen. Dann stürzten sie sich wieder in den Kampf.

Ihre abgenutzten Speere brachen nach und nach. Die erhoffte Verstärkung traf nicht ein. Nun riefen sie einander zu, dass es Zeit war, sich zu den Felstoren zurückzuziehen. Hier kämpften sie mit ihren Schwertern weiter, und als sie auch diese verloren hatten, benutzten sie Hände und Zähne.

Am Ende wurden sie überwältigt, es war nicht zu verhindern. Die Schlacht hatte drei Tage gedauert, und vier Tage lang hatten sie davor die Perser in Schach gehalten. Dadurch hatten sie ihrer Heimat eine Woche Aufschub verschafft. Das Gefecht bei den Thermopylen kostete Xerxes unzählige Soldaten, aber vor allem Zeit, die er nicht hatte. Mehr noch, es erschütterte sein Selbstvertrauen. »Wie viele Männer wie diese Spartaner gibt es noch in Griechenland?«, fragte er einen seiner Berater. »Kämpfen sie alle auf diese Weise?« – »Es gibt Tausende mehr von dieser Art«, lautete die Antwort, »keiner ist den hier gefallenen Männern ebenbürtig, aber zu kämpfen verstehen sie alle.« Durch das Opfer der Spartaner verstanden auch die übrigen Griechen nun, was auf dem Spiel stand. Niemand konnte den Ruf überhören, seine Pflicht zu tun.

Viele Jahrhunderte später bemerkte Churchill zur unglaublichen Verteidigung Großbritanniens durch die Royal Air Force während der Luftschlacht gegen die Deutschen: »Nie zuvor hatten so viele so wenigen so viel zu verdanken.« Das war nicht ganz richtig, denn der Widerstand der britischen Piloten wurde erst möglich durch das Heldentum der dreihundert Spartaner. Es ist nicht übertrieben, zu behaupten, dass alle Errungenschaften der westlichen Zivilisation, von der Renaissance bis zur amerikanischen Revolution, ohne das Opfer an den Thermopylen nicht zustande gekommen wären.

Und so wuchsen diese dreihundert Soldaten, die sich aufopferten – wie es die Soldaten in Gettysburg taten, wie es die britische Luftwaffe tat –, über den Status gewöhnlicher Menschen hinaus. Sie wurden fast zu Göttern.

Es wirkt heutzutage fast schon klischeehaft, wenn man sagt: »Die Freiheit gibt es nicht umsonst.« Und doch ist es wahr. Erkauft wurde sie mit der glorreichen Niederlage bei den Thermopylen sowie mit den Siegen, die die Griechen bei Salamis und Plataiai erringen konnten. Die englische

Magna Carta, die amerikanische Unabhängigkeitserklärung, die Vereinten Nationen – all das hat seinen Ursprung im Kampf an den »Heißen Toren«.

Und die Freiheit, die jeder liebt, die aber von so vielen missbraucht wird? Auch sie wurde dort errungen, von jenen spartanischen Vätern, die Seite an Seite kämpften, wohl wissend, dass sie die Früchte ihrer Mühen nicht mehr würden ernten können – so wie der Baum, unter dem Sie sitzen, vor langer Zeit von einem Mann oder einer Frau gepflanzt wurde, die etwas für zukünftige Generationen tun wollten.

Sie fragten nicht nach dem Warum. Sie beschieden sich damit, zu kämpfen und zu sterben. Wie die antike Inschrift auf dem Schlachtfeld lautet: »Wanderer, kommst du nach Sparta, verkündige dorten, du habest uns hier liegen gesehn, wie das Gesetz es befahl.«[21] Ihr Mut und ihre Selbstlosigkeit werden ewig ein Vorbild bleiben. Keiner von ihnen überlebte, und doch haben sie im Gegensatz zu den persischen Soldaten, die sie töteten, Unsterblichkeit erlangt.

Gates of Fire, der monumentale historische Roman von Steven Pressfield über diese Schlacht, in dem sie als großes Vorbild gewürdigt wird, wird heute unter amerikanischen Soldaten, aber auch Zivilisten mit Begeisterung weitergereicht. Die zentrale Frage dieses Buches war: *Was ist das Gegenteil von Furcht?* Es reicht nicht aus, die Furcht einfach zu besiegen oder zum Erlöschen zu bringen. Als er das Buch schrieb, wollte Pressfield herausfinden, was die Spartaner bereits wussten, nämlich was jenseits davon liegt. Wenn die Furcht das Laster ist, was ist dann die dazugehörige Tugend? Es ist nicht der einfache Mut, weil man auch aus egoistischen Gründen mutig sein kann. Sie müssen die Furcht überwinden, um aus einem Flugzeug zu springen, das stimmt, aber wenn Sie es nur zum Spaß tun, ist es dann wirklich so sinnvoll?

Es waren nicht nur die Männer und ihre Waffen, die die Heldentaten an den Thermopylen möglich machten. Es waren auch die Ehefrauen, die nicht nur ihre Männer ziehen ließen, sondern deren Mut und eiserne Selbstdisziplin das Rückgrat des Landes bildeten. Die Zähigkeit und

Selbstlosigkeit der spartanischen Frauen sind legendär. Als ein spartanischer König in einem brutalen Putsch getötet wurde, eilte seine Mutter zu seiner Leiche, und als die Mörder ihr anboten, sie zu verschonen, wenn sie schweigen würde, hielt sie stand und widersetzte sich ihnen. Ihre letzten Worte, während sie ihren Hals zu ihrer Ermordung darbot, waren: »Möge dies wenigstens für Sparta von Nutzen sein.«

Es wäre ein Irrtum, in den Spartanern nur Krieger zu sehen, nur mutige Kämpfer. Pressfield kam zu dem Schluss, dass das Gegenteil von Furcht – die wahre Tugend, die diesem Laster gegenübersteht – nicht Furchtlosigkeit ist. *Das Gegenteil von Furcht ist Liebe.* Liebe unter den Menschen. Liebe zu Ideen. Liebe zum eigenen Land. Liebe für die Verwundbaren und Schwachen. Liebe für die nächste Generation. Liebe für alle. Ist es nicht diese Liebe, die uns in die Magengrube trifft, wenn wir Leonidas' letzte, tränenreiche Worte an seine Frau hören, bevor er sie verlässt? »Heirate einen guten Mann, der dich gut behandelt, gebäre ihm Kinder und führe ein gutes Leben.«

Und es ist diese tiefe, bis ins Mark gehende Liebe, die es einem ermöglicht, sich über die Logik der Selbsterhaltung zu erheben und wahre Größe zu erreichen, sei es, dass man einen anderen vor einer Kugel schützt oder seinen Job riskiert, um sich für das Gemeinwohl einzusetzen, oder einen aussichtslosen Kampf für eine gute Sache führt.

Florence Nightingale kümmerte sich hingebungsvoll um die Leiden der Kranken in ihrem Land. De Gaulle kämpfte verbissen für den Erhalt Frankreichs. Die Spartaner an den Heißen Toren haben noch etwas mehr getan, waren wahrhaft selbstlos: Ein größeres Maß an Opferbereitschaft ist nicht denkbar. Selbstlosigkeit erfordert nicht immer die Bereitschaft, für etwas zu sterben, aber es gibt keine Selbstlosigkeit ohne persönliches Opfer. Das Opfer, das die Spartaner erbrachten, war unglaublich – umso mehr, als sie es nicht für sich selbst oder ihren eigenen Stadtstaat auf sich nahmen. Leonidas hätte überleben können, wenn er gewollt hätte. Er und die Spartaner hätten über ganz Griechenland herrschen können. Trotzdem entschied er sich, in den Tod zu gehen, damit alle Griechen frei sein konnten. Damit auch wir noch frei sein können.

Wenn Mut schon selten ist, dann müsste man diese Art von Heldentum als vom Aussterben bedrohte Spezies bezeichnen. Wenn Mut an sich schon unvernünftig ist, dann ist die Liebe in dieser noch edleren Form – der echten Selbstlosigkeit – der reine Irrsinn. Sie ist unfassbar in ihrer Erhabenheit. Sie bedeutet wahre menschliche Größe. Wenn wir uns so verhalten, überwinden wir die kalte Logik, den Eigennutz und Millionen von Jahren unserer biologischen Entwicklung, um, sei es auch nur für kurze Zeit, in eine höhere Sphäre aufzusteigen.

Die Spartaner sind die Helden, in denen wir die beste Verkörperung dieser Idee erkennen, aber wir sollten nicht vergessen, dass sie nur die Spitze eines Eisbergs darstellen. Sie stehen stellvertretend für den anonymen Mut zahlloser Widerständler aller Zeiten, für Menschen, die in Prozessen aussagten und dafür Repressalien ausgesetzt waren, für Menschen, die sich als Wähler registrieren ließen und dafür geschlagen wurden, für Gewerkschaftsfunktionäre, die sich gegen ausbeuterische Unternehmer wehrten, für Pioniere, die Rettungstrupps aufstellten, für Sportler, die trotz Verletzungen, die das Ende ihrer Karriere bedeuten konnten, weiterspielten, um ihre Mannschaften im Wettbewerb zu halten oder ihre Familien zu ernähren. Das waren selbstlose Momente der *megalopsuchia.*

Was wir bereit sind zu geben – das volle Maß unserer Hingabe, für eine Anstrengung, für einen Fremden, für das, was getan werden muss –, lässt uns über uns hinauswachsen. Dadurch ist unser Verhalten nicht mehr nur tapfer, sondern *heldenhaft.* Vielleicht bloß für einen Augenblick, vielleicht bloß für eine Person, vielleicht aber auch in den Geschichtsbüchern festgehalten für alle Zeit.

Wer weiß das im Voraus?

Wir müssen es in jedem Fall versuchen.

Auf die Sache kommt es an

Als Gawker unter dem langsamen, unerbittlichen und geheimen Druck von Peter Thiel langsam die Luft ausging, wurden die Redakteure der Website zunehmend nervös. Sie mussten höhere Besucherzahlen generieren, und sie wollten dabei ihrem Ruf als Tabubrecher gerecht werden. Vielleicht ahnten sie, dass die Sitten dabei waren, sich zu ändern, aber da sie für ihre Enthüllungsgeschichten noch nie zur Rechenschaft gezogen worden waren, glaubten sie, sie seien unbesiegbar.

Im Juli 2015 kam der Wendepunkt. Die Website veröffentlichte einen Artikel, in dem ein schwuler Medienmanager mit zwei Kindern geoutet wurde, der von einem männlichen Edelprostituierten ausgenommen worden war. Es war eine jener gemeinen, aber prickelnden Geschichten, die Gawker in der Vergangenheit so oft mit Begeisterung ins Internet gestellt hatte, obwohl alle anderen Medien davor zurückschreckten, sie publik zu machen. Aber jetzt war etwas anders – aus finanziellen Überlegungen und unter Berücksichtigung der Öffentlichkeitswirkung sah sich der Eigentümer von Gawker gezwungen, den Artikel zurückzuziehen. Er versuchte, den Mitarbeitern zu erklären, wie weit sie sich von dem entfernt hatten, was die Öffentlichkeit aktuell noch zu akzeptieren bereit war und was er selbst als schwuler Mann für akzeptabel hielt.

Die beiden Redakteure der Website lehnten aber eine Einmischung des Managements ab und traten aus Protest zurück. Sie wollten sich *nicht* von der Unternehmensleitung bevormunden lassen. Sie wollten sich auch *nicht* selbst zensieren. Sie waren bereit, dafür mit dem Verlust ihrer Jobs zu bezahlen.

Einerseits können wir anerkennen, dass es Mut erfordert, wegen der eigenen Prinzipien zu kündigen und seine Karriere wegen einer einzigen Veröffentlichung zu ruinieren. Andererseits ist es für jeden Menschen mit moralischen Kriterien offensichtlich, dass es der falsche Anlass war, um sich zu opfern. Es war eine Sache, die sie niemals hätten verteidigen sollen.

Noch mutiger wäre es gewesen, in den Spiegel zu schauen und vor sich selbst über das, was sie getan hatten, Rechenschaft abzulegen. Aber das schafften sie nicht. Also verdoppelten sie ihren Einsatz und setzten dabei ihre Posten aufs Spiel.

Das war zweifellos tapfer, aber wie ein französischer General beim Anblick der Leichten Brigade bemerkte, die leichtsinnig und unnötigerweise in den Tod marschierte: »*C'est magnifique … c'est de la folie.*« – Das ist großartig … das ist Wahnsinn. Die ganze Unternehmung war in der Tat völlig abwegig. Wer weiß heute überhaupt noch, worum es im Krimkrieg ging? Schon damals wusste es kaum jemand.

Redaktionelle Unabhängigkeit ist wichtig. Aber um was damit anzufangen? Mit welchem *Ziel*?

Die Gawker-Redakteure hätten Ihnen das nicht sagen können.

Es gab viele tapfere Soldaten im Konföderiertenheer der amerikanischen Südstaaten. Das Gleiche gilt für die britische Kolonialarmee bei ihren Kriegen in Indien und Afrika. Oder die japanischen Truppen, als diese gegen Ende des Zweiten Weltkriegs die Inseln im Pazifik verteidigten, die sie erobert hatten.

Wenn man heute etwas über die Heldentaten dieser Soldaten liest, fällt einem die Kinnlade herunter.

Dennoch merkt man intuitiv, dass diesem Mut etwas fehlt. Was fehlt, ist eine gute Sache, denn das, wofür sie kämpften, war unanständig und falsch.

Wie es der englische Dichter Lord Byron ausdrückte:

»Denn die Ursach spendet
Dem Todesmuth Verklärung, oder schändet.«[22]

Mut ist kein eigenständiges Gut. Helden haben einen Grund. Was ist eine Tat wert, wenn sie um ihrer selbst willen getan wird? Welches Gewicht hat Tapferkeit als Taschenspielertrick oder als ein Schaustück der Eitelkeit? Oder aus bedingungslosem Gehorsam? Was ist, wenn die Tat im Dienst der falschen Sache steht?

In seinem Buch über *Zivilcourage* (Originaltitel *Profiles in Courage*) schildert John F. Kennedy die politische Haltung von Edmund G. Ross, der sich 1868 gegen seine Partei stellte und gegen die Amtsenthebung von Andrew Johnson stimmte. Von allen Kapiteln des Buches ist es am schlechtesten gealtert. Es ist immer schwer, eine Position allein zu behaupten, aber in diesem Fall setzte Ross sich für die Erhaltung der offiziellen Vorherrschaft der Weißen ein. Schlimmer noch: Indem er sich einer damals umstrittenen Neuerung widersetzte – der ersten Amtsenthebung eines amtierenden Präsidenten –, trug Ross dazu bei, einen Präzedenzfall zu schaffen, der es seitdem extrem schwierig macht, schlechte Präsidenten aus dem Amt zu entfernen.

Der Firmenchef, der gegen alle Wahrscheinlichkeit handelt, um ein ausbeuterisches, toxisches Geschäft voranzutreiben. Der Impfgegner, der soziale Ächtung und Krankheit riskiert, indem er sich gegen die Mehrheit stellt. Der Diktator, der mit einem verblüffenden, gewagten Putsch die Macht an sich reißt. Die Polizisten, die aus Solidarität zurücktreten, als ein Kollege dafür bestraft wird, dass er in Buffalo einen alten Mann umgestoßen hat. Die Soldaten, die in Gewahrsam genommen werden, weil sie sich weigern, nach dem Massaker von My Lai gegen Colonel William Calley auszusagen.

Alles Formen von Mut. Aber hohler Mut.

Wie ein Ausbilder an der U.S. Naval Academy erklärte: Auf eine Granate zu springen zählt nur, wenn man dies tut, um *etwas Sinnvolles zu er-*

reichen, um jemanden zu retten. Der Unterschied zwischen bloßem Mut und Heldentum liegt im Ziel. Für wen war es? War es wirklich selbstlos? War es für das Allgemeinwohl? Es gibt eine Logik im Heldentum, auch wenn es unlogisch ist, die eigene Selbsterhaltung außer Kraft zu setzen.

»Die Stoiker«, schrieb Cicero, »definieren Mut zutreffend als die Tugend, die für die gerechte Sache eintritt. … Niemand hat wahren Ruhm erlangt, der sich den Ruf, mutig zu sein, durch Verrat und Hinterlist erworben hat.« Es ist gut, mutig zu sein. Die Welt will wissen, ob man *Cojones* hat.

Aber was zählt, ist das Warum, das Wo und das Wann. Auf die Sache kommt es an.

Manchmal ist es tapferer, nicht zu kämpfen

Lincoln hat den amerikanischen Bürgerkrieg gewonnen.

Wofür er nicht genug Anerkennung erhält, sind seine Bemühungen, die ganze Auseinandersetzung von vornherein zu verhindern.[23]

Trotz seines rechtmäßigen Sieges in einer demokratischen Wahl, trotz wiederholter Beteuerungen, dass er nicht die Absicht habe, seine verfassungsmäßige Autorität zu überschreiten, erklärte der Süden die Sezession – noch bevor Lincoln überhaupt den Amtseid geleistet hatte.

Doch womit beendete er seine erste Rede als Präsident? Mit einem Appell an die besseren Eigenschaften eines jeden Menschen. »Wir sind keine Feinde, sondern Freunde«, rief er voller Leidenschaft. »Wir dürfen keine Feinde sein. Auch wenn heftige Emotionen unsere Verbindung belasten, dürfen sie unsere gegenseitige Zuneigung nicht zerstören.«

Als der Süden begann, Festungen und umzäunte Gebiete der Bundesregierung zu belagern, blieb Lincoln bei dieser Linie. Er wurde weder wütend, noch ließ er sich provozieren. Sogar beim Showdown um das belagerte Fort Sumter in South Carolina entschied sich Lincoln, nur dringend benötigte Lebensmittel und Vorräte an die eingeschlossenen Männer zu schicken, keine Waffen oder Truppen, weil er eine höchst angespannte Situation nicht unnötig eskalieren lassen wollte.

Eine Auseinandersetzung, die nicht nötig ist, sollte nicht stattfinden. Leiden, Unannehmlichkeiten und Sorgen – diese Dinge erfordern Mut, um sie zu ertragen. Aber die Weisheit und das Mitgefühl verpflichten uns nicht nur, diese Fährnisse zu vermeiden, wenn sie unnötig sind, sondern auch zu versuchen, andere vor ihnen zu schützen. Deshalb kämpfen Helden genauso engagiert, um einen Konflikt zu verhindern, wie sie es tun, wenn sie sich doch einmal in einem trotz allem ausgebrochenen Konflikt befinden.

Gandhi hatte gesagt, er würde lieber Gewalt als Feigheit wählen. Wofür er und andere Anhänger der Gewaltlosigkeit sich stattdessen entschieden, war etwas noch Großartigeres und Heldenhafteres. Es brauchte noch mehr Mut, den Kampf ganz ohne Waffen zu führen, nur mit seiner Seele und seinem Geist gegen bewaffnete und wütende Feinde anzutreten. Stellen Sie sich den Mut der jungen Malala Yousafzai vor, die von den Taliban schwer verletzt und scheinbar tot zurückgelassen wurde, nur weil sie als afghanisches Mädchen versucht hatte, zur Schule zu gehen. »Selbst wenn ich eine Waffe in der Hand hätte und der Mann, der das getan hat, vor mir stünde«, sagte sie, »würde ich ihn nicht erschießen.«

Ist das nicht stärker als der härteste Krieger?

Das Problem ist, dass diese Art von Heldentum normalerweise weniger spektakuläre Bilder liefert als ein Kavallerieangriff. Die Menschen wollen Bücher über Kriege lesen … nicht über die Diplomatie, die sie verhindert hat. Die Menschen wollen etwas über Whistleblower erfahren … nicht über Führungskräfte, die in der Lage waren, Unternehmen von innen heraus wirksam zu reformieren, ohne dass Whistleblower nötig gewesen wären. In Kinofilmen stehen tapfere Außenseiter im Mittelpunkt, die alles anders machen als der Durchschnitt der Bevölkerung … aber was ist mit jenen, die Veränderungen anstoßen und dennoch dazu fähig sind, sich in die Gesellschaft einzufügen und innerhalb dieser zu funktionieren?

Sie sollten bedenken, dass niemand Anerkennung erhält für Dinge, die nicht passiert sind. Wir erinnern uns daran, dass Roosevelt die Große Depression bewältigt hat. Seine wirklichen Leistungen waren jedoch die Reformen, die zahllose weitere spätere Depressionen verhinderten, die dafür sorgten, Finanzbetrüger und Börsenspekulanten im Zaum zu halten, Reformen, die auch heute noch unauffällig im Hintergrund wirken.

Eine Nation sollte über tapfere Soldaten mit physischem Mut und weise Staatsmänner mit moralischem Mut verfügen. Der eine kämpft die Schlachten, der andere kultiviert die Beziehungen zwischen den Staaten und betreibt eine Politik, die die Notwendigkeit von Kriegen reduziert. Wir brauchen Generäle *und* Kriegsdienstverweigerer, denn beide sind auf ihre Weise mutige Kämpfer, die sich für wichtige Anliegen einsetzen.

Wie schon gesagt, leichtsinnig ist nicht dasselbe wie mutig. Macho-Verhalten ist ebenso falsch wie Masochismus. Es ist nicht tapfer, Streit zu suchen, und es ist nichts wirklich Beeindruckendes, russisches Roulette zu spielen. Wenn man eine Auseinandersetzung gewinnt – egal ob physisch oder verbal –, um damit unmoralische Ziele zu verfolgen, kann man dadurch keinen Ruhm erwerben. Und nichts ist unmoralischer als ein unnötiger Konflikt.

Ob man recht hat oder nicht, spielt keine Rolle. Es kommt nicht darauf an, ob man das Gesicht verlieren könnte. Muss deswegen jemand sterben? Wird dadurch irgendjemand öffentlich angeprangert? Könnten bessere Entscheidungen das Problem in Zukunft lösen? Was wäre, wenn jemand bereit wäre, die andere Person ihr Gesicht wahren zu lassen? Was wäre, wenn *Sie* diese Person wären?

Das sind Fragen für Helden. Wenn ein Konflikt vermeidbar ist, sollte er vermieden werden. Man sagt, Besonnenheit sei die bessere Form von Tapferkeit.

Besonnenheit ist eine Form von Tapferkeit, weil sie Mut erfordert – man muss bereit sein, dumm dazustehen, kritisiert zu werden, Hiebe einzustecken, um das zu tun, von dem man weiß, dass es das Richtige ist. Nicht jeder ist dazu fähig. Wie die Frauenrechtlerin und Suffragette Hannah Johnston Bailey erklärte: »Ein Mann hat nicht den moralischen

Mut, für den Frieden einzutreten, weil er sich fürchtet, dass man ihn der Verweichlichung oder Feigheit bezichtigen könnte.« In diese Falle geriet Lyndon B. Johnson während des Vietnamkriegs. Er erkannte, dass dieser ein für die USA aussichtsloses Unterfangen war, aber er wollte nicht schwächlich wirken.

Hannah Johnston Bailey war der Auffassung, Frauen seien auf besondere Weise geeignet, diese Falle zu vermeiden. Aber warum ist das so?

Vielleicht liegt es an ihrem Einfühlungsvermögen. Anstatt darüber nachzudenken, wie es sie aussehen lässt, tun sie etwas Heldenhafteres, Selbstloseres: Sie denken darüber nach, was die Konsequenzen für andere Menschen sein werden.

Dem, dessen Handeln von Furcht oder Egoismus bestimmt wird, wird dieser Gedanke nicht kommen. Er wird in die Eskalationsfalle tappen. Im Krieg – egal ob im übertragenen oder wörtlichen Sinn – gibt es keine echten Gewinner.

Der chinesische Militärstratege Sun Tzu pflegte zu sagen, dass es am besten ist, zu gewinnen, ohne zu kämpfen – vorab so zu manövrieren, dass der Feind verloren hat, bevor der Krieg überhaupt begonnen hat.

Das ist richtig.

Und so ist es übrigens auch bei Lincoln gelaufen. Trotz seiner wackeren Bemühungen konnte er diejenigen nicht aufhalten, die »lieber Krieg führten, als die Nation überleben zu lassen«. Er schaffte es jedoch durch seine Zurückhaltung, den Süden in die Rolle des *Aggressors* im Bürgerkrieg zu manövrieren, was für diesen den Sieg unmöglich machte.

Die Südstaaten-Führer gaben dummerweise vorschnell den ersten Schuss in einem Krieg ab, dessen Opfer zu sein sie behaupteten. Dies war ein moralischer Widerspruch, den sie nie überwinden konnten.

Wichtiger noch: Sie bemerkten nicht, dass sie von Anfang an hoffnungslos unterlegen waren. Es fehlten ihnen die Ressourcen. Es fehlte ihnen die strategische Vision. Es fehlten ihnen die Verbündeten und die internationale Unterstützung, um den Norden zu schlagen. Es fehlte ihnen das Verständnis dafür, wie verheerend und kostspielig dieser Aufstand sein würde. Der Süden ergriff zu Beginn des Krieges die Initiative, während Lincoln in aller Ruhe die entscheidenden Elemente zusammentrug, die ihm zum Sieg verhelfen würden.

Ja, wir müssen gewillt sein, zu verhandeln. Wir sind auch bereit, Kompromisse zu schließen. Aber wegrennen? Nein. Wir vermeiden die unbedeutenden Kämpfe, damit wir für die wichtigen gewappnet sind. Als der Süden schließlich den Krieg vom Zaun brach, kämpfte Lincoln genauso hart, wie Churchill und de Gaulle es Generationen später tun würden. Er kämpfte so hart, wie wir kämpfen müssen.

Wie aber gelingt die Quadratur dieses Kreises? Wann sollte man deeskalieren? Wann greift man an?

Egal ob es ein physischer Kampf ist oder ein moralischer, wir folgen dem Rat des Polonius an Laertes in der berühmten »Sei dir selber treu«-Rede aus Shakespeares *Hamlet*:

»Hüte dich,
In Händel zu geraten; bist du drin,
Führ sie, daß sich dein Feind vor dir mag hüten.«[24]

Kraft schöpfen aus Durststrecken

Seneca wurde verbannt. Epiktet ebenso. Die in Deutschland geborene und in den USA gestorbene Philosophin Hannah Arendt wurde unter dem Nazi-Regime von der Gestapo verhaftet, verbrachte acht Tage im Gefängnis und anschließend sieben Jahre im Exil. Galilei verbrachte den Rest seines Lebens unter Hausarrest, nachdem er es gewagt hatte, zu behaupten, die Erde drehe sich um die Sonne, und weil er sich geweigert hatte, diese Behauptung zu widerrufen, obwohl er sich dadurch hätte retten können.

Eleanor Roosevelt wurde als junges Mädchen von ihren Eltern weggeschickt und lebte dann jahrzehntelang im Schatten ihres Mannes. Herman Melville, der Autor des großartigen Romans *Moby Dick*, wurde von den Kritikern übel kritisiert. Steve Jobs wurde 1985 von Apple gefeuert und kehrte erst 1997 in die Firma zurück. Charles Darwin verbrachte 23 Jahre im intellektuellen Fegefeuer, bevor er seine Überlegungen zur Evolution veröffentlichen konnte.

Sie glauben doch nicht, dass Sie die Aussicht haben, in Ihrem Leben für alles, was Sie tun, geliebt und geschätzt zu werden, oder?

Es wäre wunderbar, wenn wir unsere Helden stets verehren würden, wenn wir den roten Teppich für unsere kreativen Genies ausrollen würden. Stattdessen setzen wir sie einem Spießrutenlauf aus. Wir foltern sie. Wir vertreiben sie.

Churchill musste nicht nur in seiner Jugend die Kriegsgefangenschaft erdulden, sondern wurde auf dem Höhepunkt seiner politischen Karriere aus dem öffentlichen Leben vertrieben. Sein Verbrechen? Zum Teil bestand dieses darin, dass er recht hatte mit seinem Urteil über Deutschland. Keiner der Briten wollte einen weiteren Krieg. Niemand wollte, dass Churchill mit seiner Einschätzung der Bedrohung durch Hitler richtig lag. Es war damals einfacher, ihn verschwinden zu lassen, als ihm das Gegenteil zu beweisen.

Fast zehn Jahre lang schmachtete Churchill in seinem Anwesen außerhalb Londons. Zumindest dachten das seine Feinde. In Wirklichkeit las er. Er schrieb. Er ruhte sich aus. Er knüpfte wertvolle Kontakte. Er wartete auf den Tag, an dem man ihn wieder brauchen würde.

»Jeder Prophet muss aus der Zivilisation kommen«, kommentierte Churchill dies später, »aber jeder Prophet muss sich auch einmal allein in die Wüste zurückziehen. Er muss einen tiefen Einblick in eine komplexe Gesellschaft haben … und er muss Perioden der Zurückgezogenheit und des Nachdenkens durchlaufen. Das ist der Prozess, durch den geistiges Dynamit entsteht.«

Auch Steve Jobs hatte geistiges Dynamit, genauso wie Eleanor Roosevelt. Frank Serpico und Florence Nightingale entwickelten gleichermaßen diesen inneren Sprengstoff. Bei ihnen allen wäre das nicht der Fall gewesen, wenn ihr Lebensweg einfacher gewesen wäre.

Wie lange werden Sie es ertragen, missverstanden zu werden? Wie lange können Sie alleine durchhalten? Sind Sie bereit, der Einzige in Ihrem Unternehmen zu sein, der aktenkundig wird? Der Einzige in Ihrer Partei, der eine bestimmte Kritik äußert? Was sind Sie bereit, in Kauf zu nehmen, um dem treu zu bleiben, woran Sie glauben? Um zu tun, was Sie aus innerem Antrieb heraus tun müssen?

Wenn er nur an sich selbst gedacht hätte, hätte Churchill sich aus dem öffentlichen Leben zurückziehen können, so wie Sie jederzeit aus Ihrem Beruf aussteigen können. Churchill war 1929 bereits 54 Jahre alt, das richtige Alter für eine Frühpensionierung. Aus Verärgerung hätte er sich fortan auf seine privaten Interessen und Vergnügungen beschränken können.

Aber das tat er nicht.

Als ihn schließlich der Ruf Englands erreichte, war er nicht nur bereit, zu antworten, sondern er hatte sich genau auf die Krise vorbereitet, die man von ihm zu lösen verlangte. Churchill würde die explosive Energie mitbringen, die England und die Welt benötigten.

Sich weit aus dem Fenster lehnen? Kämpfen für das, woran man glaubt? Bereit sein, für seine Überzeugungen Nachteile in Kauf zu nehmen? Das sind Feuerproben des Mutes … und es ist ein Nährboden dafür. Nur wenige Führungspersönlichkeiten sind jemals genau auf der Höhe ihrer Zeit – sie sind ihr meist voraus. Wenn sie sich dann umsehen, stellen sie fest, dass sie allein dastehen. Das bedeutet, dass sie am Anfang kaum von der Öffentlichkeit wahrgenommen werden und wenig Unterstützer haben.

Was sie nicht tun dürfen, ist, ihre Überzeugungen zu beschneiden, aus der *Furcht* heraus, ansonsten von der Gesellschaft verstoßen zu werden. Mit der Hoffnung, sich damit die Zugehörigkeit zu sichern.

Niemand will vertrieben werden, aber vielleicht ist es genau das, was wir brauchen (das ist einer der Gründe, weshalb wir uns nicht durch die *Furcht* vor diesem Ereignis davon abhalten lassen dürfen, das zu tun, was jeden Tag getan werden muss). Wenn Sie ein unabhängiger, visionärer oder prinzipientreuer Mensch sind, werden Sie sich irgendwann unweigerlich ausgegrenzt fühlen. Ausgegrenzt von Ihren Kollegen. Ausgegrenzt vom Zeitgeist. Sie könnten gefeuert werden. Sie werden vielleicht ihres Amtes enthoben oder zu einem Paria gemacht. Oder – im besten Fall – belächelt, aber ignoriert.

Sie können sich davon unterkriegen lassen, oder Sie können sich davon formen lassen – zu der Person, die zu werden Ihnen vorbestimmt ist.

Weil Sie wissen, dass die Verrichtung Ihrer Aufgabe wichtig ist, weil Sie wissen, dass es um eine größere Sache geht als Sie selbst.

De Gaulle sprach mit besonderer Sympathie von Politikern, die »Wüstenstrecken durchqueren« mussten. Er selbst ging ebenfalls durch die Wüste, nicht nur in England während des Zweiten Weltkriegs, sondern auch danach. Zwölf Jahre lang, von 1946 bis 1958, war er nicht an der Macht, während Frankreich von großen Problemen erschüttert wurde und sich fast selbst zerstörte. Um anschließend die Größe der Nation wiederherstellen zu können, musste de Gaulle zunächst jahrelange Einsamkeit ertragen, Jahre der Machtlosigkeit, ein Exil in der Wüste. Auch während der Zeit, in der Frankreich ihn ablehnte, gab er die Hoffnung nie auf, seine Heimat retten zu können. Diese Zurückweisung, dieses vorübergehende Scheitern, sorgte bei ihm erneut für geistiges Dynamit.

Denken Sie daran: Zwischen zwei Gipfeln liegt das Tal. Vielleicht sind Sie von Ihren früheren Höhen herabgestürzt. Vielleicht sind Sie hinuntergeworfen worden. Oder Sie haben sich einfach verirrt. Aber jetzt befinden Sie sich hier. Es ist ein Tiefpunkt. Na und?

Eine weite Wüste. Ein trostloses Tal. So oder so werden Sie es durchqueren müssen. Sie werden Geduld und Ausdauer und vor allem Liebe brauchen. Sie dürfen nicht zulassen, dass diese Erfahrung Sie verbittert. Sie müssen dafür sorgen, dass sie Sie *weiterbringt*.

Denn die Menschen zählen auf Sie.

Geben Sie die Hoffnung nicht auf. Schreiben Sie die anderen nicht ab. Denn sie wissen nicht, was sie tun. Sie hingegen wissen es. Die Durchquerung dieser Wüste, diese Durststrecke, wurde Ihnen als persönliche Prüfung auferlegt. Sie ist ein Teil Ihrer Lebensreise.

Diese Erfahrung wird Ihre Ankunft am Ziel umso glorreicher machen. Und überaus heldenhaft.

Die Selbstlosigkeit der Liebe

Im Sommer 1969 war Captain James Stockdale 46 Jahre alt. Die brutalen Schläge und Entbehrungen waren schwer zu ertragen gewesen. Er musste um sein Überleben kämpfen. Er war verängstigt.

Alles, was die Nordvietnamesen von ihm wollten, war, dass er sich rasierte, um für die Kameras präsentabel auszusehen. Alles, was sie von ihm wollten, war, mit ihnen zu kommen, sich vor die Kameras zu setzen und zu sagen, dass alles in Ordnung sei.

Stattdessen benutzte James Stockdale das Rasiermesser, das sie ihm gaben, um sich auf der Stirn eine acht Zentimeter lange klaffende Wunde zuzufügen. Da er den Eindruck hatte, dass dies noch nicht genug sein könnte, griff er sich einen Holzschemel und schlug damit wiederholt auf sein eigenes Gesicht ein, bis er kaum noch aus den Augen blicken konnte.

So begann seine Kampagne des Widerstands gegen seine Entführer im »Hanoi Hilton«, wie das berüchtigte Hỏa-Lò-Gefängnis von den Amerikanern ironisch genannt wurde.

Er war kein normaler Kriegsgefangener. Er war ein Gefangener, der sich im Krieg gegen seine Kerkerwächter befand. Und wofür er kämpfte, waren seine Mitgefangenen – mehr noch als für sein Land.

Im Herbst 1969, als die Folterungen seiner Kameraden immer schlimmer wurden, beschloss Stockdale, dass er dem ein Ende setzen würde. Er würde für die anderen sein Leben opfern.

An einen Stuhl gefesselt, gelangte Stockdale mit großen Mühen zum einzigen verglasten Fenster des Gefängnisses und schlug es ein. Mit einer großen Glasscherbe schlitzte er sich die Pulsadern auf. »Das Letzte, was die Nordvietnamesen brauchen konnten, war mein Tod«, schrieb er später. »Als ich wieder zu mir kam, stand im Raum um mich herum eine ernst blickende Schar hochrangiger nordvietnamesischer Offiziere. Die bis dahin in Hanoi übliche Folter der Kriegsgefangenen endete in jener Nacht für alle.«

Zweimal hatte Stockdale somit sein Äußerstes gegeben. Er tat dies nicht für sich selbst. Er wusste nicht, ob er den Selbstmordversuch überleben würde. Zu Hause warteten seine Frau und seine Kinder auf ihn. Er hatte auch noch Hoffnungen und Träume für sein Leben. Er hatte viel zu verlieren. Wieso war er dann dazu bereit, all dies gegen den Versuch einzutauschen, das Leiden anderer zu verringern?

Seine Wächter hatten sich das nicht vorstellen können. Sie hatten geglaubt, sie könnten die Gefangenen gegeneinander ausspielen. Sie hatten angenommen, alle Inhaftierten hätten genug damit zu tun, ihre eigenen Schmerzen und ihre Furcht zu bewältigen, sodass es ihnen egal sein würde, was mit den anderen passierte. Sie gingen davon aus, dass *jeder zuerst an sich selbst denken würde.*

Wie Stockdale berichtete, waren seine Wächter überrascht, als sie seinen aufrichtigen Glauben an eine Idee entdeckten, die sich bereits im Alten Testament findet. »Diese Idee ist, dass jeder Mensch der Hüter seines Bruders ist«, sagte Stockdale. »Das ist das Gegenteil von ›Was springt für mich dabei heraus?‹«

Nächstenliebe ist das eine. Aber der Hüter seines Bruders sein? Sich für ihn opfern? »Es gibt keine größere Liebe, als wenn einer sein Leben für seine Freunde hingibt«, heißt es im Johannes-Evangelium.[25]

Dennoch haben wir Angst, uns für jemand anderen einzusetzen, weil wir unsere berufliche Position nicht gefährden möchten, auf die wir so hart hingearbeitet haben.

Ein Held ist keiner, der einfach allein den Elementen trotzt. Ein Held ist nicht Sie gegen den Rest der Welt, oder Sie voller Hass gegen die

Welt. Es geht ganz im Gegenteil darum, was Sie *für* die Welt zu tun bereit sind.

Denken Sie an Thích Quảng Đức, der sich im gleichen tragischen Konflikt befand wie Stockdale. Tief verzweifelt und aufgebracht über die südvietnamesische Verfolgung buddhistischer Staatsbürger beschloss er, eine noch unglaublichere Geste des Widerstands zu vollziehen: Er zündete sich selbst an. Niemand, der das Foto von dieser Szene sieht, kann sich dem erschütternden Eindruck des wahnsinnigen Mutes von Thích Quảng Đức entziehen, der in völliger Stille und Selbstbeherrschung dasitzt, während die Flammen seinen Körper verzehren.

Beinahe zu perfekt ist es, dass der Wortstamm von »Mut« im Englischen und Französischen (courage) das lateinische *cor* (Herz) ist. Das Herz von Thích Quảng Đức blieb nicht nur bis zum Ende seiner übermenschlichen Protestbekundung unversehrt, sondern überstand auch die anschließende Einäscherung des Leichnams. Heute ist es als heilige Reliquie ausgestellt, als Symbol der Auflehnung.

Was kann einen Menschen dazu bringen, so etwas zu tun?

Es ist kein Trotz um seiner selbst willen, sondern eine Geste der Liebe. Liebe ist der Grund dieser unglaublichen Tat. Eine Liebe zu den Unschuldigen. Eine liebevolle Hingabe an die Zukunft, auch wenn er selbst sie nicht mehr erleben würde.

Sich selbst körperlich zu verletzen ist natürlich nicht die einzige Art, diese Liebe zu zeigen. Uns wird die Geschichte eines römischen Ritters namens Pastor berichtet, dessen junger und allseits beliebter Sohn von Caligula wegen irgendeines erfundenen Vergehens ins Gefängnis gesteckt wurde. Pastor versuchte, für seinen Sohn zu intervenieren, und so ordnete Caligula aus grausamer Bosheit die Hinrichtung des Jungen an.

Um die Sache noch schlimmer zu machen, lud Caligula den Mann am Abend des Tages, an dem sein Sohn gestorben war, zu sich zum Essen ein.

Was tat Pastor? *Was konnte er tun?* Als er erschien, ließ er nichts von seinem seelischen Leid erkennen. Caligula stieß auf seine Gesundheit an und der Mann leerte seinen Becher bis zum letzten Tropfen. Der Kaiser überreichte ihm einige Geschenke und er nahm sie an. Wir können uns vorstellen, wie Pastor dort saß, umgeben von lachenden Menschen, und sich als der einsamste und traurigste Mann auf der Welt fühlte. Doch er vergoss keine Tränen, sprach kein böses Wort und verhielt sich auch sonst so, als ob sein geliebter Junge von diesem Akt der kapriziösen Grausamkeit verschont geblieben wäre.

Wie schaffte er das? Einen Verlust zu ertragen ist eine Sache. Aber ruhig dazustehen, während einem das Messer im Herz umgedreht wird, zum Vergnügen eines brutalen und perversen Ungeheuers? Das Essen am Tisch eines Mörders einzunehmen und mit perfekter Selbstbeherrschung zu trinken, wenn man würgen und schreien möchte? Wer könnte das aushalten?

War er womöglich geistig benommen? War Pastor innerlich gebrochen, hatte er den Mut verloren?

Nein, schreibt Seneca, die Antwort war ganz einfach: »Er hatte einen zweiten Sohn.«

Für die Menschen, die wir lieben, sind wir stark genug, um so ziemlich alles zu tun. Wir können unseren Schmerz herunterschlucken, so wie Pastor es tun musste. Wir können unsere Wut zurückhalten. Wir können alles ertragen, wenn wir wissen, dass es die Menschen, die uns wichtig sind, schützt oder aufrichtet.

Liebe macht uns heldenhaft.

Stockdale und seine Mitgefangenen schickten sich gegenseitig Signale der Buchstaben U und S. Was bedeutete das für sie? United States? Nein: *Union over Self* (Einheit steht über der eigenen Person). Das riefen sie sich untereinander zu, wenn sie einsam waren, wenn sie zur Folter abgeführt wurden und wenn sie in ihren Zellen saßen und sich vorwarfen, was sie unter der Folter womöglich gesagt haben konnten.

Zu welcher vereinten Gruppe gehören Sie?

Welche Liebe treibt Sie an?

Die Liebe zu einem Land? Zu einer Sache? Zu den Kameraden?

Das ist die Umkehrung von »*Was habe ich davon?*«. Auf diese Weise können wir über uns hinauswachsen.

Machen Sie andere Menschen größer

Es gab einmal einen Mann namens Martin Luther King Jr. Die meisten Menschen haben schon einmal von ihm gehört.

Sehr viel weniger Menschen haben von Ralph Abernathy gehört, der sein Pfarramt auf Kings Bitte hin aufgab, um dessen Helfer und Stellvertreter zu werden. Noch weniger haben von Stanley Levinson gehört, der viele von Kings Bürgerrechtsbemühungen finanzierte, der Reden für ihn schrieb und der, als er vom FBI verdächtigt wurde, eine Art kommunistischer Spion zu sein, still und selbstlos die Verbindung zu King beendete, um der Bewegung keinen Schaden zuzufügen.

»Ich werde es Martin ersparen, diese Entscheidung treffen zu müssen«, sagte er, als er erfahren hatte, dass der Präsident King wegen seiner Verbindung mit Levinson Sanktionen androhte. Es war für ihn ein unglaublich schmerzhafter Schritt, aber er verließ selbstständig die Bewegung, ohne darüber zu diskutieren oder sich zu beklagen, denn er wollte seinem Freund die Qual dieser Entscheidung ersparen.

Es gibt zwei Arten von Sportlern. Es gibt die Besten ihrer Generation, die das Talent geerbt haben und körperliche Spitzenleistungen vollbringen, mit denen sie Spiele entscheiden und uns begeistern können. Daneben gibt es einen anderen Typ Sportler, etwas weniger begabt, etwas weniger beeindruckend anzuschauen, ohne den jedoch das Spiel nicht möglich wäre.

Das ist derjenige, der eine bestimmte Rolle übernimmt, der mannschaftsorientiert spielt, oder als Anführer die anderen zusammenhält und das Herz des Teams darstellt, das für den Sieg nötig ist. Der Basketballtrainer John Wooden sagte, es komme nicht darauf an, wie groß man sei, sondern wie groß man spiele. Noch beeindruckender ist ein Sportler, der die ganze Mannschaft größer macht. Wenn wir an die Chicago Bulls denken, dann fällt uns Michael Jordan ein. Wir vergessen aber Bill Cartwright, den Kapitän dieses Teams, der im wörtlichen wie im übertragenen Sinne dessen Zentrum bei den ersten drei aufeinanderfolgenden Meisterschaften war.

Abernathy und Levinson machten King größer und dessen Bürgerrechtsbewegung stärker.

Kann man das Gleiche von Ihnen und den Menschen um Sie herum sagen?

Lass deinen Kameraden nicht im Stich – das ist die Grundlage für militärischen Mut. Aber ein Held tut noch mehr. Die Essenz von Größe beruht auf mehr als auf Talent oder Können. Wie Jackie Robinson sagte, hat ein Leben nur dann eine Bedeutung, wenn es Auswirkungen auf das Leben anderer hat. Ein Sportler, der sein Team besser macht – nicht nur auf dem Platz, sondern auch außerhalb. Eine Führungskraft, die mehr aus den Menschen um sie herum herausholt. Ein Künstler, der sein Publikum inspiriert. Ein Soldat, dessen innere Ruhe ansteckend ist.

Darum geht es hier.

Longfellow hat das wahre Heldentum von Florence Nightingale in einem Gedicht festgehalten. Es war nicht nur ihre Tapferkeit, es waren nicht nur die Entbehrungen, die sie klaglos ertrug. Es war vor allem das, was sie für die anderen Menschen tat.

»Sei Ehre denn dem Wort, der That,
Die uns der Noth entrücken,

Und überreich den Alltagspfad
Mit Himmelsblumen schmücken!«[26]

Sie *machte die Menschen größer*. Sie machte sie besser.

Durch ihren Widerstand bei den Thermopylen, den Heißen Toren, dieser beispielhaften Demonstration von Einheit und Selbstlosigkeit, machten die Spartaner Griechenland größer – sie vergossen ihr Blut, um ein Bündnis der griechischen Staaten zu schmieden. Selbst de Gaulles Kritiker mussten zugeben, was er geschafft hatte: Mit seinem starken Willen motivierte er Frankreich, sich aus seinem Tiefpunkt zu erheben.

Wir haben darüber gesprochen, dass innere Ruhe ansteckend ist. In Wirklichkeit geben wir immer die Eigenschaft, die bei uns besonders stark ausgeprägt ist, weiter an die Menschen, die sie benötigen – bei Nightingale war es Mitgefühl, bei Abernathy war es Mut, bei Levinson war es Geschäftssinn.

Dies kann geschehen, indem wir ihnen ein Vorbild sind. Wir können auch inspirierende Reden halten, wie Churchill es tat. Wir können Mentoren sein, wir können jemanden, der aufgeben will, dazu überreden, auf diesen Schritt zu verzichten. Wir können Hoffnung schenken, die anderen beruhigen, ihnen ihre Last erträglicher machen, ihnen das Rückgrat stärken. Sie können sich dazu bereit erklären, die unangenehmen oder schwierigen Dinge zu erledigen, die andere nicht tun wollen, weil damit allen gedient ist. Sie können derjenige sein, der wichtige Wahrheiten ausspricht, die gesagt werden müssen – zu den Vertretern der Macht, zur Weltöffentlichkeit, zu einem Freund.

Denken Sie daran: Ein Tropfen bringt das Fass zum Überlaufen. Ein Spielzug ist der Auftakt zum Comeback der zurückliegenden Mannschaft. Ein einziger Mensch kann mit nur einem Wort einen Rückzug stoppen oder starten, kann eine Menschenmenge beruhigen oder zum Aufruhr anstiften.

Jeder kann diese Person sein. Sie können dieses Wort aussprechen, diesen Spielzug machen, dieser Tropfen sein.

Sie sehen selbst, welcher Begriff sich in dem Wort »Ermutigung« verbirgt.

Longfellow sprach davon, Fußabdrücke im Sand der Zeit zu hinterlassen. Aber worauf kommt es dabei an? Auf die Spur, die daraus entsteht.

»[Die Fußspur,]Die dem Mann, der ohne Ruder
Einst des Lebens Strom befährt,
Dem schiffbrüch'gen armen Bruder
Wieder Trost und Muth[27] *gewährt.«*

Das ist es, was Helden tun. Sie bewirken etwas. Sie erreichen etwas für andere. Heute und für immer.

Ob sie dafür belohnt werden oder nicht, kümmert sie nicht. Ihre Motivation ist nicht das Streben nach Erfolg. »Glücklich ist der Mensch, der andere besser machen kann«, schrieb Seneca, »nicht nur, wenn er in ihrer Gesellschaft ist, sondern auch, wenn er in ihren Gedanken ist.« Selbst wenn sie uns das Leben kostet, selbst wenn wir nicht mehr da sind, um die Früchte unseres Opfers zu genießen, weil wir dafür entlassen oder getötet wurden oder uns noch Schlimmeres zugefügt wurde, hat sich unsere Tat gelohnt. Unser Andenken lebt weiter in den Köpfen der Zeugen dieser Tat.

Das ist in jedem Fall unsere Aufgabe in diesem Leben. Unsere Pflicht bestand nie nur darin, *selbst* unser Bestes zu geben, sondern ebenso darin, *anderen* zu helfen, ihr Bestes zu geben. Selbst wenn sich dieses Bemühen, wie es manchmal der Fall ist, zu unserem eigenen Nachteil auswirkt.

Keine Zeit zum Zögern

Als der Vesuv ausbrach, liefen alle weg, denen es noch möglich war. Aus der Ferne konnten sie dann nur noch die Rauch- und Aschewolken sehen.

Plinius der Ältere, Admiral und Amateurwissenschaftler, interessierte sich sofort für diese Naturerscheinung. Er plante eine Untersuchung dieses Phänomens, bis ein Bote ihm eine dringende Nachricht von einem Freund überbrachte, der am Fuße des Berges eingeschlossen war. Plinius versammelte die Flotte und fuhr mit dieser in völliger Furchtlosigkeit zum Ort des Geschehens, um so viele Menschen wie möglich vom Meer aus zu retten.

Als er ankam, fand er die Küste durch Trümmer blockiert. Ein Steuermann riet ihm, mit allen Schiffen wieder umzukehren.

Wir haben schon einmal darüber gesprochen, dass »das Glück aufseiten der Mutigen ist«. Wissen Sie, von wem dieser Spruch stammt? Von Plinius, der sich weigerte, umzukehren. »Fortes fortuna iuvat: Pomponianum pete«, befahl er. »Den Kühnen hilft das Glück: auf zu Pomponianus« – so hieß der Freund, den er retten wollte.

Wenige Sekunden des Mutes waren genug, um nicht zu zögern. Für ihn war die Pflicht gegenüber anderen wichtiger als er selbst.

Wie sein Neffe berichtete, vollendete er das, »was er im Geiste der Forschung begonnen hatte, als Held«. Tragischerweise überlebte Plinius nicht. Das Schicksal mag den Mutigen begünstigen, aber es garantiert ihm nicht seine persönliche Sicherheit. Fest steht nur, dass wir durch

Zögern auf dem Höhepunkt einer Krise nichts erreichen und niemanden retten können.

Die Unteroffiziere Jonathan Yale und Jordan Haerter hatten 2008 Dienst auf einem Wachposten im irakischen Ramadi, als ein für ein Selbstmordattentat präparierter Lkw auf den kleinen Stützpunkt zuraste, den sie beschützen sollten. Es gab einen nur wenige Meter von ihnen entfernten Ausgang, über den sie sich hätten in Sicherheit bringen können. Die einheimischen Polizisten zögerten nicht, ihn zu benutzen, als sie den Lastwagen kommen sahen. So waren es nur die beiden Marines, die sich erst kurz zuvor kennengelernt hatten, die gemeinsam vortraten und zu feuern begannen. Zweitausend Pfund Sprengstoff explodierten, als sie alle Patronen ihrer Waffen auf den beschleunigenden Lastwagen abschossen.

Nur sechs Sekunden waren vergangen seit dem Einbiegen des Lastwagens auf die Zufahrtsstraße und der tödlichen Explosion.

Der Krater, der die letzten Augenblicke des Lebens der beiden Männer markierte, die nur 20 und 22 Jahre alt waren, war mehr als 18 Meter breit und eineinhalb Meter tief. General John Kelly, der Augenzeugen am Tatort befragte, schrieb bewegend über das Opfer, das die beiden Helden ohne Zögern oder Bedenken auf sich nahmen. »Sie hätten fliehen können und hätten wahrscheinlich überlebt, haben es aber nicht getan«, sagte er. »Ich glaube nicht, dass jemand sie als Feiglinge bezeichnet hätte, wenn sie es getan hätten. Jedoch nahmen sie die Pflichten und die Verantwortung eines Marines auf Wache sehr ernst und wichen nicht von der Stelle, als es darum ging, einen Angreifer abzuwehren. Aufgrund ihrer Hingabe haben sie ihr Leben verloren. Dank ihres Einsatzes wurde nur zwei Familien das Herz gebrochen … statt gleich fünfzig. Diese anderen Familien werden nie erfahren, dass sie in jener Nacht beinahe eine Todesnachricht eines Sohnes erhalten hätten.«

Nur wenige Sekunden Mut, wie erwähnt. Mehr ist nicht nötig. Es kann auch sein, dass Sie nur so viel Zeit dafür haben.

Ja, ich werde das Geld spenden, die anderen brauchen es – auch wenn ich es mir nicht leisten kann. *Ja, ich übernehme die Haftung dafür, irgendjemand muss es tun* – auch wenn ich dafür ins Gefängnis kommen könnte. *Ja, ich werde meinen Job kündigen, damit ich mich um meine kranke Mutter kümmern kann* – auch wenn ich weder eine Ahnung habe, wie lange es dauern wird, noch welche Stelle ich anschließend finden werde.

Wenn Sie mehr Zeit hätten, würden Sie es sich noch einmal überlegen. Sie würden sich ein Gegenargument einfallen lassen. Ihr Selbsterhaltungstrieb würde sich bemerkbar machen. Sie würden Angst bekommen. Sie würden erstarren.

Und was bedeutet das für Ihre Freunde? Was passiert dann mit Ihren Kameraden? Ihrer Sache?

Nein, Sie müssen sich entscheiden. Sie müssen die E-Mail mit der wichtigen Nachricht abschicken. Sie müssen das Kind packen und von der Straße ziehen, um den Unfall zu verhindern. Sie müssen sich der Herausforderung stellen. Sie müssen sofort das Wort ergreifen – Sie haben nicht einmal Zeit, sich vorher zu räuspern.

Sie haben keine Zeit, noch einmal eine Nacht darüber zu schlafen. Sie können nicht alle möglichen Ausgänge in Gedanken durchspielen. Sie kommen nicht mehr dazu, um Rat zu fragen. Weil sich Menschen auf Sie verlassen. Weil dieser Einsatz das ist, wofür Sie ausgebildet wurden. Weil es genau das ist, was in dieser Situation erforderlich ist, was Ihre Ideale von Ihnen verlangen.

Vertrauen Sie Ihrem Bauchgefühl. Tun Sie Ihre Pflicht.

Vielleicht wird es klappen. Vielleicht auch nicht.

Ein Held handelt trotzdem.

Wie Kelly von diesen Marines sagen würde – es waren sechs Sekunden auf der Zufahrtsstraße. Eine Sekunde, um die Situation zu erkennen. Zwei Sekunden, um ihre Waffen zu heben und zu feuern. Zwei weitere kritische Sekunden, bis die Kugeln einschlagen und den Lastwagen aufhalten konnten. Es war ein flüchtiger Augenblick, weniger als die Zeit, die Sie gebraucht haben, um diesen Absatz zu lesen.

Sechs Sekunden.

»Sie hatten keine Zeit, um über ihre Familien, ihr Land, ihre Flagge oder über ihr Leben und ihren Tod nachzudenken«, sagte Kelly später, »aber diese beiden außergewöhnlich tapferen jungen Männer hatten mehr als genug Zeit, um ihre Pflicht zu erfüllen – und dafür ewig in der Erinnerung zu bleiben. Das ist die Art von Menschen, die heute Abend auf der ganzen Welt für Sie Wache stehen.«

Lassen Sie sie nicht im Stich.

Wir sind unseres eigenen Glückes Schmied

Soziologen und Historiker sprechen von etwas, das man »moralisches Glück« nennt.

Nicht jeder befindet sich auf einer passenden Stelle, um ein für die ganze Welt bedeutsames Regierungsgeheimnis enthüllen zu können. Nicht jeder steht einmal daneben, wenn jemand ins Wasser fällt, der nicht schwimmen kann. Nicht jeder, der die Berufung verspürt, in die Krankenpflege zu gehen, kann dieses Berufsfeld mit seinen Kenntnissen revolutionieren – auch wenn es dies bitter nötig hätte.

Nicht alle hatten das »Glück«, alt genug fürs Militär zu sein, als Leonidas seine dreihundert Kämpfer auswählte, oder während der Kommunistenverfolgung in den USA als Drehbuchautor gegen die eigenen Kollegen in Hollywood aussagen zu müssen, oder eine Feministin zur Zeit der Suffragettenbewegung zu sein. Sofern Sie das als Glück bezeichnen wollen …

Als Churchill über den Staatsmann Earl of Rosebery schrieb, bemerkte er mit gewissem Bedauern, dieser habe in einem »Zeitalter großer Männer und kleiner Ereignisse« gelebt. Während einerseits zweifellos eine Art langweiliger Ruhe im viktorianischen Zeitalter herrschte (Rosebery lebte von 1847 bis 1929), ist es andererseits klar, dass man der Verlockung erliegen kann, die politische Untätigkeit des Earls damit zu entschuldigen.

In der Mitte des neunzehnten Jahrhunderts gab es gesellschaftlich bedeutsame Ereignisse, und große Ungerechtigkeiten schrien nach Abhilfe.

Was taten angesichts dessen diese »großen« Männer?

Die Vereinigten Staaten schafften die Sklaverei erst 1865 ab, Brasilien sogar erst 1888. Die Arbeitsbedingungen in Englands Fabriken waren während Roseberys ganzem Leben abscheulich und schrecklich. Das britische Kolonialsystem mit all seinen Missständen hatte weiter Bestand, und es gab nicht viele Einwände dagegen. Die irische Frage war in der britischen Politik stets als schwelender Konflikt präsent, und die meisten Parteiführer hatten keine Hoffnung auf eine Lösung. Damals zogen auch noch viele Länder regelmäßig aus nichtigen Anlässen in den Krieg und nahmen wenig Rücksicht auf die davon betroffene Bevölkerung. Millionen von Menschen verhungerten, Millionen sahen ihre Rechte verletzt. Es gab nicht genug Erfindungen, nicht genug Reformen, nicht genug Unterstützung für bestimmte Anliegen.

In jenen Jahren gab es mehr als genug, was man *hätte tun können*. Das galt sogar noch für die großen Ereignisse zu Churchills Zeiten. Warum kümmerte er sich nicht um die Hungersnot in Bengalen? Warum hat er Gandhis moralischen Aufruf so missverstanden? Churchill hatte in seinem Leben glorreiche Phasen, aber er kann sich nicht dem Tadel entziehen für jene Situationen, in denen er zu spät reagierte. All dies gilt auch heute noch. Wer auch immer Sie sind, wo auch immer Sie leben, was auch immer gerade auf der Welt geschieht: Sie könnten noch weitaus mehr tun.

Ein Held ist ein Mensch, der tut, was getan werden muss, nicht nur für sich selbst, sondern auch für andere. Das bedeutet, dass ein Held sein eigenes Glück produziert – die Ereignisse passieren ihm nicht einfach. Shakespeare sagte, dass wir der Zeit begegnen, während diese uns sucht. Aber wir müssen auch selbst die Zeit und die besonderen Augenblicke suchen.

Wir dürfen nicht passiv sein. Wir dürfen nicht nur abwarten. Wir müssen uns Ziele setzen.

Wie Mark Aurel schrieb: »Wahres Glück im Leben bereitet man sich selbst. Glück zu haben bedeutet, einen guten Charakter und gute Absichten zu besitzen sowie gute Taten zu vollbringen.«

Uns sind die Hände nie so stark gebunden, wie wir glauben. Es gibt immer etwas, was ein Held tun kann, immer jemanden, dem er helfen kann.

Gut, wir werden den Vorbildern von de Gaulle, Sophia Farrar oder Frederick Douglass vielleicht nicht auf gleicher Höhe folgen können. Hoffentlich werden wir auch keinen Schicksalsschlag wie die tödliche Nervenerkrankung von Pete Frates erleiden müssen. Die wichtigsten Momente in unserem Leben sind womöglich nicht so monumental, und es steht dabei nicht so viel auf dem Spiel. Das ist wahrscheinlich ganz positiv. Aber das entbindet uns nicht von unserer Verantwortung.

Wir müssen unseres eigenen Glückes Schmied sein, egal ob dieses groß oder klein sein soll. Nur weil wir keine Stimme hören, wie das bei Nightingale der Fall war, heißt das nicht, dass wir nicht zu etwas berufen wären, auf lokaler oder globaler Ebene.

Sollen wir die Dunkelheit verfluchen oder eine Kerze anzünden? Sollen wir die Windstille auf dem Meer beklagen oder einen Motor für unser Boot bauen?

Unser Ziel können wir uns mit unserem eigenen Willen *selbst* setzen. Wir *entscheiden* uns dafür, Helden zu sein. Und wenn wir das nicht tun, dann liegt es an uns.

Zeigen Sie, dass Sie sich nicht fürchten

Für einen Mann, der dafür bekannt war, alles auf eine Karte zu setzen, war dies vielleicht sein riskantestes Spiel.

Am 30. August 1945 landete General Douglas MacArthur in Japan. Ein Jahrzehnt vor seinem kühnen Vorstoß in Korea war die Situation hier nicht weniger schlimm. Die Kämpfe zwischen den Alliierten und den Achsenmächten waren gerade erst zu Ende gegangen. Während der sechs Jahre des Zweiten Weltkriegs hatten feindliche Stiefel kein einziges Mal japanischen Boden betreten.

Alle Geheimdienstberichte hatten ihn vor den hier lauernden Gefahren gewarnt. Alle Berater hatten ihm empfohlen, zu warten.

Und doch begab sich MacArthur *unbewaffnet* ins Herz des feindlichen Gebiets. Als er sah, dass die Mitarbeiter seines Stabs sich für den Flug nach Tokio Holster mit Pistolen umschnallten, bevor sie das Hauptquartier verließen, gab er ihnen den Befehl, sie wieder abzunehmen. »Falls sie vorhaben, uns zu töten, werden Handfeuerwaffen uns nicht schützen. Nichts wird sie stärker beeindrucken als eine Zurschaustellung absoluter Furchtlosigkeit. Falls sie bisher noch nicht kapiert haben, dass sie erledigt sind, wird sie das hier davon überzeugen.«

Wenn man sich heute fragt, wie Japan so schnell den beispiellosen Übergang von einem selbstmörderischen Kriegstreiber zu einer friedlichen und offenen Nation vollzog sowie zu einem zuverlässigen Verbündeten des Landes, das es besiegte, dann ist dieser Tag die Antwort.

MacArthur ließ nach seiner Landung nie einen Hauch von Angst oder Zweifel erkennen. Jede kleine Geste war wohlüberlegt – er aß, ohne zu prüfen, ob sein Essen vergiftet war, er hob das Kriegsrecht auf. Er kam in friedlicher Absicht und trat sehr selbstsicher auf.

Es war nicht ganz dasselbe, wie unter Artilleriefeuer zu stehen, aber vermutlich erforderte es sogar noch mehr Disziplin und Entschlossenheit. Churchill nannte es die mutigste Tat des Zweiten Weltkriegs. Kein einziges Mal dachte MacArthur dabei an seine persönliche Sicherheit, sondern immer nur an die Vorarbeit für den Frieden und den Wiederaufbau.

Wie viele Menschenleben wurden dadurch gerettet? Wie viele Guerilla-Kämpfer hat dieses Verhalten abgeschreckt? Wie viel bewaffneten Widerstand hat es verhindert? Um jede kleine Insel im Pazifik hatte es zuvor erbitterte Kämpfe bis zum letzten Mann gegeben, aber die Hauptstadt Tokio fiel ohne einen einzigen Schuss. Der Besuch von MacArthur signalisierte den Japanern, dass der Krieg für sie beendet war … und sie glaubten ihm. Ein ängstlicherer Befehlshaber hätte das in dieser Situation nicht geschafft, auch kein wütender oder rachsüchtiger.

Gab es einen Moment – als er beim Anflug über der Landebahn kreiste, als er zum ersten Mal den Kopf aus dem Flugzeug steckte, als er den ersten Bissen seines Abendessens in einem Hotel einnahm, dessen Mitarbeiter ihn noch wenige Tage zuvor umgebracht hätten –, in dem MacArthur sich gefürchtet haben muss? In dem er sich gewünscht haben dürfte, wieder in seinem Hauptquartier zu sein? Natürlich, aber für seine Männer, für sein Land und für das Ideal des Weltfriedens musste er all diese Ängste verdrängen. Er musste nach außen hin völlige Furchtlosigkeit zeigen. Er musste mit Gelassenheit voranschreiten.

Alle großen politischen Führer wissen das. Auch de Gaulle praktizierte das, was er *bain de foule* nannte – das Bad in der Menge verzückter französischer Bürger, um den Geist der Gemeinschaft und die Liebe des Volkes zu spüren. So wie MacArthurs Adjutanten ihn vor diesen Auftritten in der Öffentlichkeit gewarnt hatten, waren de Gaulles Mitarbeiter extrem besorgt um die Sicherheit ihres Chefs, aber er wusste, dass es, gerade weil es so riskant war, getan werden musste.

De Gaulles Entschluss, nach der Befreiung von Paris über die Champs-Élysées zu spazieren, obwohl es in der Umgebung noch Heckenschützen und Feuergefechte gab, trug zur Befreiung von ganz Frankreich bei. Er baute dadurch – unter Lebensgefahr – eine besondere Beziehung zum französischen Volk auf, auf die er für den Rest seiner Laufbahn vertrauen konnte.

Ein Staatsführer kann nicht immer in einem Elfenbeinturm oder hinter dicken Burgmauern sitzen. Er kann sich nicht vor jeder Gefahr und jedem Risiko abschirmen und dabei seine Gefolgsleute oder Mitarbeiter oder Soldaten die möglichen Aggressionen ausbaden lassen, die von allen Seiten auf ihn einprasseln.

Nein, eine Führungspersönlichkeit muss sich wirklich selbst einbringen. Ob das nun bedeutet, als Unternehmer das eigene Geld in die Firma zu stecken, wenn die wirtschaftliche Lage gerade schlecht ist, oder als Präsident in offenen Autos zu fahren, oder einfach die Tür zum eigenen Büro offen zu lassen oder Verletzlichkeit zu zeigen, wenn andere diese verbergen würden – die Verbundenheit mit den Menschen, die durch solche Gesten entsteht, bietet weit mehr Sicherheit, als jede Risikovermeidung gewährleisten könnte. Ein guter Chef tritt ans Mikrofon und beantwortet jede kritische Frage aus dem Publikum, auch die unangenehmen Fragen über seine eigenen Fehler, und nimmt die Schuld sogar für Dinge auf sich, für die er nichts kann. Ein militärischer Führer darf sich nicht in der Nachhut verstecken, sondern muss die Truppen in die Schlacht führen. Eltern dürfen zu ihrem Kind nicht einfach sagen, dass es seine Ängste überwinden soll, sondern sie müssen ihm vormachen, was es bedeutet, das im eigenen Leben zu tun.

Sie müssen sich um die Menschen kümmern, die Ihnen anvertraut sind. Die anderen müssen für Sie an erster Stelle stehen. Und Sie müssen ihnen das durch Ihr Handeln *zeigen*.

Als Martin Luther King Jr. ins Gefängnis kam, erkannten seine Anhänger, dass er mehr war als ein einfacher Prediger. Er setzte sich für sie ein und riskierte sein Leben für sie. Er war *einer von ihnen*.

Wir dürfen keine Angst haben, sonst sind wir nicht in der Lage, das zu tun, was getan werden muss. Aber durch diese Furchtlosigkeit – die Bereitschaft, unter Gefahr für die eigene Person für die gemeinsame Sache zu kämpfen – zeigen wir auch allen anderen, dass sie die Schwierigkeiten ebenso überstehen werden.

Führungspersönlichkeiten nehmen *für uns* Risiken in Kauf. Ihr Mut wirkt ansteckend.

Darauf bauen der Frieden und gesellschaftliche Zielsetzungen auf.

Wie viel sind Sie bereit zu zahlen?

»Besser rot als tot« war das Motto von Bertrand Russell. Wir sollen nicht über den Mut eines anderen urteilen, aber man kann mit Sicherheit sagen, dass dieser Satz, der nicht nur aus dem Schutz des Elfenbeinturms, sondern im Falle des Schürzenjägers Russell höchstwahrscheinlich sogar aus dem Bett einer ihren Mann betrügenden Frau geäußert wurde, den Gipfel der Feigheit darstellt.

Russell war sein Leben offenbar wichtiger als seine Würde. Für ihn gab es keine Ideale, die mehr wert gewesen wären als die Selbsterhaltung.

Unter Berufung auf Epikur haben einige Philosophen sich gefragt, warum ein Mensch jemals sein Leben für das eines anderen Menschen opfern sollte. Sie bezweifelten den Sinn, etwas für eine Sache zu riskieren, geschweige denn dafür zu sterben. Was ist so schlimm daran, ein Stiefellecker zu sein, fragten sie, wenn es bedeutet, dass man weiterleben darf? Wozu sind Prinzipien von Nutzen, wenn sie einen das Leben kosten?

Diese Überlegungen besitzen eine gewisse Logik. Aber es ist eine armselige Logik.

Der (deutlich tapferere) Philosoph John Stuart Mill pflegte zuzugeben, dass Krieg etwas Schlimmes sei – auch Ehrgeiz kann abstoßend sein –, aber, so sagte er, »es ist viel schlimmer und ein Zeichen moralischen Verfalls und fehlenden Patriotismus, zu denken, dass keine Sache einen Krieg wert sei«. Bestimmte Dinge müssen einem wichtig sein, um irgendwo eine Grenze zu ziehen, und das nicht zu tun, ist letztlich viel scheußlicher als die in den Kriegen begangenen Exzesse in der Geschichte der Menschheit.

Die gute Nachricht ist, dass wir tief im Inneren wissen, dass es Dinge gibt, die viel schrecklicher sind als der Tod. Deshalb bewundern wir die Helden, ob berühmt oder nicht, die für das, woran sie glaubten, ihr Leben einsetzten und dieses wenn nötig auch opferten.

Cato gab sein Leben, um sich Julius Cäsar zu widersetzen. Thrasea und, mit Verspätung, auch Seneca starben als Gegner Neros. Die Spartaner zogen es vor, als freie Männer zu kämpfen, anstatt als reiche Sklaven unter Xerxes zu leben. Besteht nicht genau darin die Größe von Sokrates? Er hätte entkommen können, sich durch Bestechung aus dem Gefängnis befreien lassen können, aber er tat es nicht. Und hat sich nicht auch Jesus ganz ähnlich verhalten?

Lassen Sie uns einen Augenblick innehalten, um uns an einige weniger bekannte Helden zu erinnern: Die namenlosen Schwarzen, die verprügelt wurden, die ihren Job verloren, deren Kredite gekündigt wurden, die sich aber trotzdem zur Wahl eintrugen. Die unzähligen Paare verschiedener Ethnien, die trotz der Rassengesetze der Nazis oder der Apartheid heirateten. Eine sechzigjährige Mutter namens Lori Gilbert-Kaye, die sich 2019 vor ihren Rabbi warf und ihn mit ihrem Körper und ihrem Leben vor dem Tod bewahrte, als in einer Synagoge Schüsse fielen. Leonard Roy Harmon, ein schwarzer Koch auf einem Marineschiff, der 1942 während des Zweiten Weltkriegs seinen Körper einsetzte, um die evakuierten Verwundeten bei Guadalcanal zu schützen, und dabei für ein Land starb, das ihm damals ungerechterweise nicht einmal die Möglichkeit gab, zu wählen und frei zu leben. Anne Dufourmantelle, die französische Philosophin, die während eines Urlaubs bei der Rettung zweier ertrinkender Kinder starb. Wilfred Owen, der weiter oben bereits zitierte Dichter, der im Ersten Weltkrieg in den aktiven Militärdienst zurückkehrte, nachdem sein Freund und Dichterkollege Siegfried

Sassoon schwer verwundet worden war. Wie Bertrand Russell war auch Owen gegen den Krieg, aber er war der Überzeugung, dass jemand die Schrecken des Krieges dokumentieren sollte. Er starb auf dem Schlachtfeld nur eine Woche vor dem Waffenstillstand, er starb in einem Krieg, den er ablehnte, in dem er aber trotzdem eine Pflicht erfüllte, an die er glaubte.

»Wir sollten den Körper mit größter Sorgfalt hegen«, sagte Seneca. »Wir sollten aber auch dazu bereit sein, ihn wenn nötig den Flammen zu übergeben, wenn die Vernunft, der Selbstrespekt oder die Pflicht dieses Opfer von uns verlangen.« Das Gleiche gilt für unseren Beruf, unsere Position in der Gesellschaft, das Leben, das wir uns aufgebaut haben.

Wir erwähnten bereits, dass die Angst fragt: »Aber was passiert, wenn ... ?« Sie sorgt sich um die Kosten – vor allem für uns selbst. Einen Helden kümmert das nicht. Er akzeptiert die Rechnung, die fällig wird, wenn er das Richtige tut.

Denken Sie an eine alternde Führungspersönlichkeit, die in den Ruhestand geht, um Platz für die jüngere Generation zu machen (was General Mattis 2016 zu tun versuchte und der Baseballspieler Lou Gehrig sofort tat, als er spürte, dass seine Leistung nachließ). Denken Sie an einen Politiker, der seine Wahlniederlage in Kauf nimmt, um notwendige Gesetze zu verabschieden (wie Lyndon B. Johnson bei der Unterzeichnung des Bürgerrechtsgesetzes: »Ich glaube, wir haben gerade den Süden an die Republikaner übergeben«, sagte er). Denken Sie an einen Künstler, der das Publikum oder seinen Geldgeber vor den Kopf stößt, um seiner kreativen Berufung zu folgen. (Auf dem Höhepunkt seiner Karriere verließ Norman Rockwell seinen überaus lukrativen Job bei der *Saturday Evening Post*, wo er für das Titelbild zuständig war, um mehr künstlerische Freiheit zu erlangen ... die er prompt nutzte, um seine eindringlichsten und bewegendsten Werke über den Rassismus in Amerika zu malen.)

Während der COVID-19-Pandemie waren einige Unternehmen bereit, Opfer für die öffentliche Gesundheit zu erbringen, andere aber nicht. Der Nutzen dieses Engagements scheint selbstverständlich zu sein, aber wenn es so selbstverständlich wäre, hätte es jeder getan.

Wir haben über den Mut von Geschäftsführern gesprochen, die schwierige Entscheidungen treffen, aber vielleicht ist es am schwierigsten für ein Unternehmen, eine Entscheidung zu treffen, bei der Menschen vor Profit gehen. Es erforderte Mut, dass Reed Hastings sein DVD-Geschäft aufgab, aber es wäre noch mutiger gewesen, wenn er Saudi-Arabien die Stirn geboten hätte, als die dortigen Machthaber das Entfernen einer umstrittenen Netflix-Sendung verlangten, die ihre Regierung für die Ermordung eines regimekritischen Journalisten kritisierte. Stattdessen erklärte Hastings mit Blick auf seinen Aktienkurs: »Wir versuchen nicht, die Wahrheit zum höchsten Wert zu erklären. Wir wollen vor allem unterhalten.«

Was hat man davon, Milliardär zu sein, wenn man es sich nicht leisten kann, sich ganz klar gegen das *Ermorden und Zerstückeln von Pressevertretern* zu positionieren?

Genau wie Menschen haben Unternehmen konkurrierende Pflichten. Aber letztlich gibt es Dinge, die wichtiger sind als Dollars, und als Menschen gibt es für uns Werte jenseits der Firmenfinanzen. In dieser Hinsicht vorbildlich verhielt sich die Drogeriemarktkette CVS, die aufhörte, Zigaretten zu verkaufen, obwohl sie mit Tabakprodukten etwa zwei Milliarden Dollar pro Jahr verdiente. Das ist nicht ganz so selbstlos wie der Immunologe Jonas Salk, der auf die Patentierung des von ihm entwickelten Polio-Impfstoffs verzichtete, aber es ist dennoch beeindruckend. Und es hat tatsächlich etwas bewirkt. Die Kunden kauften ihre Zigaretten nicht einfach woanders, sondern viele von ihnen hörten einfach mit dem Rauchen auf. Die Tabakverkäufe gingen branchenweit zurück – obwohl keine anderen großen Einzelhändler diesem Beispiel folgten –, weil eine einzige Ladenkette dazu bereit war, aus moralischen Gründen auf Umsatz zu verzichten.

Für andere oder eine gute Sache den Kopf hinhalten. Das ist es, was Helden tun. Ein Feigling denkt nur an sich selbst.

Der Mut stellt uns die Fragen »Wenn nicht jetzt, wann dann?« und »Wenn nicht ich, wer dann?«. Er drängt uns, kühn zu handeln. Er fragt auch: Was wäre, wenn jeder egoistisch wäre? Wie würde dann die Welt aussehen? Es ermutigt uns, ein persönliches Risiko einzugehen und einen unkonventionellen Weg einzuschlagen. Aber wir dürfen nicht vergessen, dass es noch eine weitere Frage des Rabbi Hillel gibt, die ebenfalls wichtig ist: »Wenn ich nur für mich da bin, wer bin ich dann?«

Wir widerstehen dem schleichenden Sog des Nihilismus, wir verteidigen unsere Handlungsfähigkeit gegenüber Zufall und Schicksal, aber wozu? Es kann nicht nur um unser eigenes Überleben gehen. Die Dichterin Maya Angelou sagte einmal, dass Mut bedeute, für sich selbst *und* für andere einzustehen.

Das ist unsere Aufgabe. *Deshalb sind wir auf der Welt.*

Das große Warum

Was bedeutete es wohl für sie, sich über die Einwände ihrer Eltern und der Gesellschaft hinwegzusetzen, lange Zeit allein und unverstanden zu sein, um ihrem inneren Ruf zu folgen? Wir können nachvollziehen, dass dies Florence Nightingale immensen Mut abverlangte, genauso wie es jedem Jungen oder Mädchen aus einer Kleinstadt widerfahren würde, der oder die den eigenen Träumen in einer Metropole nachgehen will.

Stellen Sie sich die Sportagenten und Werbekunden vor, wie sie versuchten, Michael Jordan davon abzuhalten, vom Basketball zum Baseball zu wechseln. Als Jeff Bezos seinem Wall-Street-Boss die Idee zur Gründung von Amazon erklärte, ging dieser mit ihm spazieren und sagte zu ihm: »Es ist eine gute Idee, aber die Idee wäre besser geeignet für jemanden, der nicht schon einen Job hat.«

Würden wir Florence genauso bewundern, wenn der Zweck ihrer Rebellion nur darin bestanden hätte, sich in einem antibürgerlichen Leben als Bohemienne des 19. Jahrhunderts einzurichten? Wenn Pat Tillman den American Football aufgegeben hätte, um in Risikokapital zu investieren? Es ist eine Sache, den konventionellen Weg zu verlassen, es ist eine andere, es aus selbstlosen oder heroischen Gründen zu tun.

Maya Moore hat es an die Spitze ihrer Sportart geschafft. Sie hat im Basketball vier WNBA-Ringe gewonnen. Sie war sechsfacher All-Star. Sie hat einen Scoring-Titel, einen Steals-Titel, eine Rookie of the Year-Auszeichnung und eine John-R.-Wooden-Auszeichnung erhalten.

Aber dann legte sie eine Pause ein und verließ den Basketball. Nicht, um mehr Geld beim Fernsehen zu verdienen, nicht, um eine Auszeit von der körperlichen Anstrengung zu genießen – nein, es ging ihr darum, einen Mann zu befreien, der zu Unrecht hinter Gittern saß. Und sie hatte Erfolg. Jetzt sind die beiden verheiratet.

David Brooks nannte dies den »zweiten Berg« – ein Hindernis, das wir aus Gründen überwinden, die darüber hinausgehen, sich mutig einer lohnenden Herausforderung zu stellen oder Widerstände zu überwinden, die alle anderen abschreckten. Der Berg, den wir besteigen, nachdem wir den Widrigkeiten des ersten Berges getrotzt haben und anschließend festgestellt haben, dass der Erfolg allein für uns nicht wirklich erfüllend ist.

Wenn wir Mut von Heldentum trennen, geht es zum Teil um diese Unterscheidung. Es geht nicht nur darum, dass es entscheidend ist, für welche Sache man sich einsetzt, sondern dass es etwas ganz anderes ist, sich für eine Sache zu engagieren, die womöglich im Konflikt mit den eigenen Interessen steht.

Je größer das Opfer, desto größer der Ruhm. Auch wenn das Geleistete auf den ersten Blick nicht so außergewöhnlich erscheinen mag. Das ist zum Beispiel …

… eine Mutter, die auf ihre beruflichen Träume verzichtet, um sich um ihr krankes Kind zu kümmern.

… eine Einwanderin, die trotz ihres im Ausland abgeschlossenen Medizinstudiums jeden Tag den Krankenschwesternkittel anlegt.

… ein Beschäftigter, der einen gut bezahlten oder prestigeträchtigen Job in einer Branche kündigt, von deren Schädlichkeit für die Welt er nunmehr überzeugt ist.

… eine Person, die insgeheim einen anderen Menschen schützt und dafür in Kauf nimmt, dass ihr eigener Ruf in der Öffentlichkeit unfairerweise Schaden nimmt.

Moores Entscheidung bedeutete für sie den Verzicht auf Millionen Dollar, auf die Präsenz im Fernsehen, auf die besten Jahre ihrer Karriere.

Was moralisch richtig war, konnte sie potenziell alles kosten, was sie im Leben erreicht hatte … aber sie tat es trotzdem.

Man zweifelte an ihr. Man kritisierte sie. Es war nicht eindeutig klar, dass der Mann, den sie befreien wollte, tatsächlich unschuldig war – wenn dies so offensichtlich gewesen wäre, hätte der Rechtsstreit nicht so viele Jahre gedauert. Sie nahm all diese Widerstände in Kauf. Dass sie hierbei Erfolg haben würde, war keineswegs sicher; fest stand nur, dass sie dafür die Zukunft ihrer sportlichen Karriere und ihres Lebens opfern würde.

»Charakter«, bemerkte de Gaulle am Ende seines Lebens, »ist vor allem die Fähigkeit, Beleidigungen oder die Missachtung durch das eigene Volk wegstecken zu können. Man muss bereit sein, alles zu verlieren. Ein halbes Risiko eingehen kann man nicht.«

Das ist auch eine verdammt gute Definition von Heldentum.

Zurück ins Tal gehen

1939 gelangte Dietrich Bonhoeffer sicher nach Amerika. Von seiner Kanzel in Deutschland aus hatte er den Aufstieg Hitlers mit Schrecken verfolgt, aber nun war er geschützt. Doch fast unmittelbar nachdem sein Schiff in den Hafen von New York einlief, begann er, die Fahrt über den Atlantik zu bereuen. Alle seine Gedanken kreisten um seine Heimat, um die Menschen, die er zurückgelassen hatte, sowie darum, wie er dort hätte helfen können.

Es war, als sei er im Urlaub, während sein Land in Flammen stand.

Schließlich entschied er sich: Er würde zurückkehren. »Ich bin zu dem Schluß gekommen, daß ich einen Fehler gemacht habe, indem ich nach Amerika kam«, erklärte er. »Ich muß die schwierige Periode unserer nationalen Geschichte mit den Christen Deutschlands durchleben. Ich werde kein Recht haben, an der Wiederherstellung des christlichen Lebens nach dem Kriege in Deutschland mitzuwirken, wenn ich nicht die Prüfungen dieser Zeit mit meinem Volk teile. … Die Christen in Deutschland werden vor der furchtbaren Alternative stehen, entweder die Niederlage ihrer Nation zu wollen, damit die christliche Zivilisation überlebe, oder den Sieg ihrer Nation zu wollen und damit unsere Zivilisation zu zerstören. Ich weiß, welches von beidem ich wählen muß, aber ich kann diese Wahl nicht treffen in Sicherheit.«[28]

Als Hitler Europa in den Krieg stürzte, entschied sich Bonhoeffer bewusst dafür, sich in seinen eigenen Krieg gegen Hitler zu stürzen, obwohl er geahnt haben muss, ja sogar wissen musste, dass die Rückkehr für ihn bedeutete, freiwillig zur Schlachtbank zu gehen.

Er wurde letztendlich als Verschwörer gegen Hitler verhaftet, eingesperrt und gehängt – und es wäre ihm beinahe gelungen, zur Ermordung des größten Ungeheuers der Menschheitsgeschichte beizutragen. Die Inschrift auf dem Denkmal, das Bonhoeffer und seine Mitverschwörer ehrt, lautet ganz schlicht:

»Im Widerstand gegen Diktatur und Terror gaben [sie] ihr Leben für Freiheit, Recht und Menschenwürde«.

Von Einwanderern und Flüchtlingen wird unglaublicher Mut verlangt: Sie lassen ihre Heimat zurück, um ihren Familien ein besseres Leben zu ermöglichen. Aber so wie es das Schicksal mancher Menschen ist, Ozeane und Wüsten zu überqueren, kann es auch unser Schicksal sein, zu *bleiben* – im wörtlichen oder übertragenen Sinne.

Frank Serpicos Mutter hatte sich auf der anderen Seite des rauen Atlantiks ein besseres Leben erhofft. Inmitten der Korruption der New Yorker Polizei und der toxischen Kultur, die diese zuließ, muss Serpico unzählige Male darüber nachgedacht haben, zu kündigen. Doch er blieb und kämpfte weiter … sogar, nachdem sie ihm ins Gesicht geschossen hatten, weil er gegen sie ausgesagt hatte.

»Warum sollte ich weggehen?«, sagte er. »Ich bin hier nicht derjenige, der etwas falsch macht.«

Alexei Nawalny blieb in Russland, trotz großer politischer und persönlicher Risiken. Xu Zhiyong hätte vielleicht eine Möglichkeit gefunden, China zu verlassen, aber er tat es nicht. Es ist für Außenstehende immer etwas verwirrend, wenn diese Dissidenten irgendwann verhaftet oder, wie in Nawalnys Fall, fast ermordet werden und dennoch wieder zurückkehren – Nawalny, nachdem er sich erholt und von seiner Frau verabschiedet hatte, die ihm die Tränen weggewischt hatte, um anschließend in Russland ein getürktes Gerichtsverfahren zu erdulden und weiter um die Seele seines Landes zu kämpfen.

Warum sind sie nicht weggegangen?

Die Antwort lautet, wie so oft bei Reformern, dass sie glaubten, sie könnten in ihrer Heimat mehr bewirken als im Ausland, mehr durch die Rückkehr als durch das Leben im Exil. Sie waren bereit, die damit verbundenen Risiken einzugehen. Sie wussten, wie die Machthaber reagieren würden, und sie waren mutig genug, trotzdem ihren Standpunkt zu vertreten. Der schwarze Sänger und Bürgerrechtler Paul Robeson wurde gefragt, warum er nicht aus dem rassistischen Amerika in ein für ihn angenehmeres Europa ausreise. »Weil mein Vater ein Sklave war«, sagte er, »und mein Volk sein Leben ließ, um dieses Land aufzubauen, und ich werde hier bleiben und mir mein Teil davon nehmen […]. Und kein Mensch mit faschistischer Gesinnung wird mich von hier vertreiben. Ist das klar?«

Das ist der Grund, warum wir jeden Tag zur Arbeit erscheinen, obwohl wir dort nicht erwünscht sind. Auch wenn es gefährlich ist. Wir sind nicht derjenige, der im Unrecht ist, warum sollten wir uns also vertreiben lassen? Wenn andere Menschen gehen wollen, kündigen wollen, wenn andere Menschen entschieden haben, dass es dort für sie keine Zukunft gibt, dann sollten Sie wissen, dass Sie dem nicht zustimmen müssen. Sie können bleiben. Sie können dorthin zurückkehren.

Es ist vielleicht sogar das Mutigste, was Sie tun können.

Wenn wir uns so aufopfern, wie Robeson es tat, wie Nawalny es tat, rufen wir andere dazu auf, unserem Beispiel zu folgen, sei es, dass wir uns weigern, einen Freund im Stich zu lassen, dessen persönliche Krise ihn unerträglich gemacht hat, oder dass wir an der Untersuchung eines Verbrechens festhalten, von der wir wissen, dass sie Früchte tragen wird, selbst wenn jeder andere den Glauben daran verloren hat. Alle anderen sollen ruhig fliehen – wir lassen uns nicht so leicht abschrecken. Wir werden unsere politische Partei oder unsere Heimatstadt nicht im Stich lassen, wir werden bleiben und alles in Ordnung bringen. Weil wir wissen, dass es die moralisch richtige Entscheidung ist.

Als die Polizei während des Busboykotts hart durchgriff, entkam Martin Luther King Jr. unbehelligt nach Atlanta. Er war frei und in Sicherheit. Sein Vater und andere baten ihn, dort zu bleiben und die Bürgerrechtsbewegung aus der Ferne anzuführen. »Ich muss zurück nach Montgomery«, sagte King zu ihnen. »Ich wäre ein Feigling, wenn ich wegbleiben würde. Ich könnte nicht mehr in den Spiegel schauen, wenn ich mich hier verstecken würde, während meine Brüder und Schwestern in Montgomery verhaftet werden.« Dieses Engagement bestimmte sein ganzes Leben. Sobald er persönliche Drohungen erhalten hatte, hätte er im Norden bleiben, von dort aus die Bürgerrechtsbewegung anführen und in Ruhe alt werden können. Stattdessen wollte er »zurück ins Tal gehen«, wie er dies in seinen Reden zu nennen pflegte. Seine Mission verpflichtete ihn dazu … und sein Glaube wies ihm den Weg.

Manchmal ist es unsere Bestimmung, zu gehen. Aber manchmal verlangt das Schicksal, dass wir bleiben – ja, sogar, dass wir freiwillig zurück in die Gefahr gehen, dass wir ausharren und kämpfen. Für unsere Arbeit, unsere Sache oder unser Leben. Für unsere Familie. Für unsere Mitmenschen.

Und Helden tun dies mit großen Opfern für sich selbst.

Schweigen ist Gewalt

Einer der Verschwörer gegen Nero wurde gefasst und verhört: »Warum hast du das getan?«

»Weil es der einzige Weg war«, antwortete der Soldat dem von inneren Dämonen und Wahnvorstellungen zerrütteten Kaiser, »um Ihnen zu helfen.«

Die gleiche Frage wird Whistleblowern, Wahrheitsverkündern und Aktivisten aller Art gestellt. Warum verhalten Sie sich so? Sehen Sie nicht, wie viel Ärger das verursacht? Müssen Sie das so aufbauschen? Warum mischen Sie sich in fremde Angelegenheiten ein?

Die Antwort lautet: Weil sie zu sehr lieben. Sie sorgen sich zu sehr. Sie machen sich mehr Sorgen um diese Sache als um sich selbst. Nichts zu sagen oder nichts zu tun würde mehr Schaden anrichten als die Unannehmlichkeiten, die man verursacht, wenn man eine Nervensäge ist und die öffentliche Aufmerksamkeit auf ein heikles Thema lenkt.

In einem kritischen Moment des Koreakrieges wandte sich ein junger Assistent an Außenminister Dean Acheson. Er war besorgt, dass die Befehle für MacArthur, die von den Joint Chiefs of Staff ausgearbeitet worden waren, zu vage waren – dass ihre Unbestimmtheit MacArthur die Möglichkeit geben würde, den Krieg unnötig eskalieren zu lassen. »Um Gottes willen«, antwortete ein sehr beschäftigter und nervöser Acheson, »wie alt sind Sie? Wollen Sie sich mit dem Generalstab anlegen?«

Das wollte der Assistent, der erst 32 war, nicht. Also brachte er keine weiteren Einwände vor. Seine Karriere war ihm wichtiger. Nur wenige Tage später transportierten die Chinesen, die dazu durch MacArthurs aggressive Maßnahmen veranlasst worden waren, große Mengen von Soldaten nach Korea. Beinahe hätte der Dritte Weltkrieg begonnen.

Wenn wir uns weigern, uns zu engagieren, unsere persönliche Unversehrtheit oder unseren Ruf zu riskieren, dann müssen wir wissen, dass nicht nur unsere eigene Karriere oder unser Leben auf dem Spiel steht. Vor zweitausend Jahren, lange vor dem berühmten Ausspruch über das, was das Böse braucht, um sich durchzusetzen, erinnerte Mark Aurel daran, dass »man Unrecht auch durch Nichtstun begehen kann«.

Wollen Sie sich eine Welt vorstellen, in der Florence Nightingale die Krankenpflege *nicht* revolutioniert hat? Weil sie ihre Eltern nicht verärgern wollte, weil sie sich nicht mit den verantwortlichen Bürokraten anlegen wollte? Eine Welt, in der de Gaulle im Stab von Pétain geblieben ist, in der die Spartaner nicht an den Thermopylen Stellung bezogen haben, weil sie eine lukrative Entschädigung erhalten haben?

Wir wären heute vielleicht nicht hier, wenn sie sich entschieden hätten, zuerst an sich selbst zu denken.

Wir wären sicherlich nicht hier, wenn es nicht die zahlreichen Opfer der Künstler gegeben hätte, die Zensoren überwinden mussten; der Wissenschaftler, die die Kirche herausgefordert haben; der Erfinder, die mit Warnungen an die Öffentlichkeit gegangen sind; der Demonstranten, die weitergemacht haben, trotz der Feindseligkeit, die ihnen entgegenschlug, und trotz der Polizeihunde, die auf sie gehetzt wurden.

Dabei sollte Erwähnung finden, dass nicht wenige dieser Männer und Frauen bei ihrem mutigen Einsatz den Tod fanden.

Die bedauerliche Realität ist, dass das Richtige zu tun manchmal eine Kamikaze-Mission ist, wenngleich meist nicht im wörtlichen, sondern im übertragenen Sinne. Manchmal muss unsere Lanze an einem Schild zerbrechen. Manchmal müssen wir bereit sein, eine ganze Reihe von Konsequenzen auf uns zu nehmen. Wir müssen bereit sein, unseren Job zu verlieren, unsere Kunden zu verlieren, unseren guten Ruf zu verlieren, unsere Freunde zu verlieren, ein großes Opfer zu bringen.

Natürlich ist das beängstigend. Dabei stehen uns unsere Furcht und unser Selbsterhaltungstrieb im Weg.

Aber wir haben nicht ohne Grund dem Mut in unserem Leben eine wichtige Rolle zugewiesen. Nicht nur, damit wir mit ihm ein bisschen erfolgreicher sein können. Nicht nur, damit wir mit ihm die Dinge erleben können, die das Leben zu bieten hat, die Dinge jenseits der Furcht.

Wir kultivieren Mut, damit wir wichtige Aufgaben erfüllen können, auf die die Menschen zählen.

Wie Martin Luther King Jr. sagte: »Es kommt eine Zeit, in der Schweigen Verrat ist.«

Das wusste er persönlich. Denn er verdankte Kennedy den Anruf, der ihn vor einem Gefängnisaufenthalt mit Zwangsarbeit bewahrte oder sogar davor, gelyncht zu werden; aber auch Sargent Shriver, Kennedys Schwager, sah nicht untätig zu. Mehrere von Kennedys Wahlkampfhelfern hatten diesen gewarnt, nicht zugunsten Kings zu intervenieren, und Kennedy hatte sich davon abschrecken lassen. Shriver beschloss, dass es sich lohne, alles auf eine Karte zu setzen, um mit Kennedy sprechen zu können. »Ich nutze nie meine familiären Beziehungen und bitte dich nie um einen Gefallen, aber diesmal liegst du falsch, Kenny«, sagte er zu Kennedys oberstem Wahlkampfberater. »Diese Angelegenheit ist zu wichtig. Ich muss ihn allein treffen.«

Als er schließlich mit dem Präsidentschaftskandidaten in einem Hotelzimmer saß und dabei seinen Zugang zu ihm und seinen Ruf aufs Spiel setzte, gelang es Shriver, an Kennedys moralische Werte zu appellieren. Er bedrängte ihn, bis er ihn überzeugt hatte, obwohl er zuvor gewarnt worden war: »Wenn es funktioniert, wirst du keine Anerkennung dafür erhalten; wenn nicht, wirst du die ganze Schuld zugeschoben bekommen.« So lief es tatsächlich: Zuerst wurde er beschimpft, er habe Kennedy die Chance zum Gewinn der Wahl verbaut … und nachdem der Wahlsieg ihm recht gegeben hatte, war seine Rolle sofort vergessen. Er hatte davon nur Nachteile, keine Vorteile … und doch stand er es durch.

Es ist heldenhaft, einen so schlechten Handel zu akzeptieren.

Wenn wir nicht das Richtige tun, wer dann? Und wenn niemand es tut, wie viele werden dann darunter leiden?

Wir dürfen nicht schweigen. Wir dürfen nicht passiv bleiben. Wir müssen bereit sein, es mit den anderen aufzunehmen.

Das ist der einzige Weg, wie wir helfen können.

Die Kühnheit der Hoffnung

Im Jahr 1961 wurde John Lewis von einem Mann bewusstlos geschlagen, weil er versucht hatte, einen nur für Weiße bestimmten Wartesaal an einer Bushaltestelle in South Carolina zu benutzen. Es war nicht das einzige Mal, dass Lewis während seiner mutigen Kampagnen als Freedom Rider und Bürgerrechtsaktivist zusammengeschlagen wurde. Diese Erfahrung, wie jede der anderen, hätte ihm das Herz brechen können und seinen Durchhaltewillen brechen können. Während er von seinen Mitbürgern nur ein wenig menschlichen Anstand erwartete, versuchten diese, ihn dafür umzubringen. Mehrere seiner Freunde und viel zu viele unschuldige Kinder waren bereits brutal ermordet worden, weil sie es gewagt hatten, ihre verfassungsmäßigen Rechte einzufordern.

Wie könnte sich ein Mensch davon nicht betroffen fühlen? Wie könnte es ihn nicht verstummen lassen? Doch 48 Jahre später hatte Lewis die Chance, seinen Angreifer, einen Mann namens Elwin Wilson, von Angesicht zu Angesicht zu treffen. Denn Wilson wollte sich entschuldigen.

Noch überraschender war, dass Lewis bereit war, diese Entschuldigung anzunehmen.

Die meisten von uns würden die Menschheit nach der ersten, vierten oder fünfzehnten Tracht Prügel abschreiben. Wie viele Male könnten wir es ertragen, ins Gefängnis gesperrt zu werden? (John Lewis wurde 45-mal verhaftet!) Wie viele Jahre könnten wir es aushalten, dass es nur quälend langsam vorangeht? Wäre es nicht ganz natürlich, angesichts dessen Wut und Verzweiflung zu empfinden?

Liebe? Mitgefühl? Optimismus? Werden wir jemals wieder positive Gefühle wagen? Auf keinen Fall.

So ziemlich das Verrückteste und Mutigste, was man in dieser unserer verdammten Welt tun kann, ist, weiter zu hoffen.

Denn es gibt so viele Gründe, es nicht zu tun:

Den Schmerz.

Die Misserfolge.

Die guten Menschen, die bestraft werden.

Die unablässige Parade von Gier und Egoismus, Dummheit und Hass.[29]

Es ist so einfach zu sagen: »Was soll das bringen?«

Denn wenn wir aufgeben, haben wir verloren.

Man kann keine Schlacht gewinnen, keine Veränderung herbeiführen, wenn man aufgibt.

John Lewis weigerte sich, aufzugeben. Als Elwin Wilson in seinem Büro saß, schrieb er dem Mann, der ihn misshandelt hatte, eine Widmung in ein Buch. »Für Elwin Wilson: Mit Glauben und Hoffnung. Behalte das Ziel im Auge.«

Dieser Glaube hatte etwas für sich. Wenn man an eine gute Sache glaubt, fällt es einem leichter, auch an die Menschen zu glauben. Das ist es, was einem hilft, den Schmerz und die Unzulänglichkeiten zu ertragen. Und hätte jemand sich ein besser passendes Detail ausdenken können als die Tatsache, dass Hope der zweite Vorname von Wilson war?

»Arbeit, Liebe, Mut und Hoffnung«, schrieb die junge Anne Frank in ihr Tagebuch. »Macht mich gut und helft mir, das alles durchzustehen!« Wenn sogar sie die Menschheit nicht aufgegeben hat, in dem Hinterhaus, wo sie sich vor den Nazis versteckte, welche Entschuldigung haben wir dann, es ihr nicht gleichzutun?

Es geht nicht um konkrete Hoffnung wie: *Ach, das wird im Dezember vorbei sein. Ach, wir sind dabei, die Kurve zu kriegen. Ach, die ganzen Schmerzen werden auf magische Weise verschwinden.* Auch keine dummen Fantasien, wie in einem Gedicht von Rudyard Kipling: »Wenn du träumen kannst – und dich von Träumen nicht beherrschen lässt«. Die Hoffnung muss tiefer sein, grundlegender. Es ist die Hoffnung des Polarforschers Shackleton, dass er trotz aller Widrigkeiten überleben und zurückkommen würde, um seine Männer zu retten. Bei de Gaulle war es die Hoffnung, langfristig kein Einzelkämpfer bleiben zu müssen, wenn er sich weiter für die Befreiung Frankreichs einsetzen würde. Es ist diese Hoffnung, die zur wirkmächtigen Wahrheit werden kann.

Selbst nach einer Scheidung oder nachdem wir überfallen und ausgeraubt wurden oder in Erwartung des geschäftlichen Scheiterns und des anschließenden Bankrotts dürfen wir nicht aufgeben – nicht die Menschen und nicht den Glauben an eine bessere Zukunft. *Ich weigere mich, zu akzeptieren, dass es keine Gerechtigkeit mehr gibt. Ich weigere mich, zu akzeptieren, dass sich die Menschen nicht bessern können. Ich weigere mich, zu akzeptieren, dass ich nicht zur Verbesserung beitragen kann. Ich werde nicht aufhören, bis ich diesem Leiden einen Sinn verliehen habe.*

Nicht an die Hoffnung zu glauben ist ein Ausweichmanöver. Es ist jener Nihilismus, von dem schon die Rede war, ein düsterer Grund, sich nicht kümmern oder bemühen zu müssen. Aber zu hoffen? Zu hoffen ist eine Verpflichtung. Es ist auch ein Licht. Die Hoffnung ist das Ding mit den Federn, wie Emily Dickinson sagte. Sie thront auf unserer Seele. Sie geleitet uns durch den Sturm. Sie hält uns warm. Sie sagt uns auch, dass sie nichts von uns verlangt.

Aber das ist nicht ganz richtig. Die Hoffnung erfordert *Mut und noch mehr.*

Wir tragen das Feuer, auch auf die Gefahr hin, verbrannt zu werden. Wir bleiben optimistisch, trotz des Schreckens und der Verzweiflung. Wir bleiben weiter aufgeschlossen, auch nachdem uns das Herz gebrochen wurde. Wir setzen unseren Weg fort, trotz der unheilvollen Aussichten.

Die Hoffnung gibt uns Kraft, und indem wir diese Hoffnung verbreiten, vollbringen wir eine heldenhafte Tat.

Vergessen Sie nicht: Führungspersönlichkeiten verbreiten Hoffnung. Niemand will in einer Welt leben, in der es kein Morgen gibt, in der es keinen Grund zum Weitermachen gibt, in der es kein Ziel am Horizont gibt, das man anvisieren kann. Und wenn wir etwas Positives wollen, dann müssen wir *selbst dafür sorgen*. Für die anderen und für uns selbst.

Was auch immer wir tun, wir dürfen uns keinesfalls verbittern lassen. Wir müssen die Irrlehre der Verzweiflung zurückweisen. Wir dürfen weder uns selbst noch andere Menschen aufgeben. Wir müssen ein sinnstiftendes Narrativ erfinden – über die Geschichte, über unsere Leben –, in dem Handlungsfähigkeit, Fortschritt und die Chance auf Erlösung im Vordergrund stehen.

Wir hoffen gegen alle Erwartung. Das ist der Schlüssel zu jeder Form von Größe.

Es ist der Schlüssel zu einer besseren Zukunft.

Verbrennen Sie die weiße Flagge

Ausdauer ist eine Sache. Sich zu weigern, aufzugeben, ist eine andere.

Es gibt eine Geschichte über Epiktet, der von seinem Herrn gefoltert wurde; dieser erwartete von ihm, dass er ihn anflehen würde, aufzuhören. Epiktet aber warnte ihn in aller Ruhe immer wieder, dass sein Bein bald brechen würde, und schließlich brach es tatsächlich. »Habe ich es dir nicht gesagt?«, bemerkte er zu seinem Herrn.

Diese Hingabe, diese Beharrlichkeit sind mehr als einfaches Durchhaltevermögen. Epiktet konnte und wollte nicht zulassen, dass sein Geist gebrochen wurde, er wollte sich nicht der Verbitterung oder Hoffnungslosigkeit geschlagen geben. Auf diese Weise überlebte er insgesamt 30 Jahre als Sklave und ein anschließendes Exil.

Als Cato für den Erhalt der römischen Republik kämpfte, weigerte er sich nicht nur, sich Cäsar zu ergeben, sondern verlangte auch, dass niemand für ihn um Gnade oder Nachsicht bitten dürfe. Denn das würde bedeuten, dass er geschlagen wäre, dass er von den Kräften der Tyrannei besiegt worden wäre, und das war nicht der Fall.

Das ist es, was Helden tun. Sie verbrennen nicht nur die Boote hinter sich, sondern auch die weiße Flagge.

Emmeline Pankhurst beschrieb in ihrer berühmten Rede »Freiheit oder Tod« – die inspiriert ist vom Vorbild Catos und dessen Widerstand – diese Art von Engagement.

»Solange Frauen einwilligen, ungerecht beherrscht zu werden, kann man sie beherrschen, aber es gibt Frauen, die offen sagen: Wir verweigern unsere Zustimmung, wir lassen uns nicht mehr beherrschen, solange diese Herrschaft ungerecht ist. Nicht einmal mit bürgerkriegsähnlichen Mitteln können Sie auch nur die schwächste Frau beherrschen. Sie können diese Frau töten, aber sie ist dann nicht mehr in Ihrer Gewalt; Sie können sie nicht beherrschen. Keine Macht auf Erden kann ein menschliches Wesen beherrschen, wie schwach dieses auch sein mag, wenn es seine Zustimmung verweigert.«

Wir geben zu, dass es zwar Situationen gibt, die einen taktischen Rückzug erfordern, aber wir geben niemals wirklich auf.

Man kann Sie auszählen.
Man kann Sie in Ketten legen.
Man kann Ihr Eigentum beschlagnahmen.
Man kann Sie in der Presse demütigen.
Man kann Sie vor Gericht angreifen.
Man kann die ganze Macht von Firmenressourcen gegen Sie einsetzen.
Man kann Sie auf einen Felsen in der Mitte des Ozeans verbannen.
Man kann Ihnen viel wegnehmen, aber solange Sie am Leben sind, kann man Sie nicht zum Aufgeben *zwingen*.

Randalierer verbrannten den Bus, in dem die Freedom Riders ankamen. Wissen Sie, was die Riders taten? *Sie stiegen einfach in den nächsten Bus.* Sie ließen sich ihre Wunden im Krankenhaus zusammenflicken und fuhren weiter. Denn sie hatten etwas, wofür sie kämpften.

»Wenn Sie den Präsidenten sehen«, sagte Grant zu einem Journalisten, als er den Angriff auf Lee begann, »dann richten Sie ihm von mir aus, dass es, egal was passiert, kein Zurück geben wird.« Er war sich seines Sieges nicht sicher, aber wie die Spartaner sagte er, dass er mit seinem Schild zurückkommen würde. Niemand kann wirklich den Sieg versprechen, also gelobte Grant stattdessen einfach, sein Bestes zu geben – einschließlich seines Lebens.

»Stoiker verharmlosen körperliche Schmerzen, aber das ist bei ihnen keine Angeberei«, schrieb James Stockdale. »Sie sprechen davon im Vergleich zu den furchtbaren Qualen der Scham, die ihrer Auffassung nach gute Menschen erleiden, wenn sie im Herzen spüren, dass sie ihre Pflicht gegenüber ihren Mitmenschen oder Gott nicht erfüllt haben.«

Es ist die Seele, aus der der Held seine wahre Kraft schöpft. Es geht nicht darum, wer eine größere Armee oder die besseren Waffen hat, wer stärkere Argumente oder das größere Budget hat. Derjenige, der niemals aufgibt, wird der Sieger sein, wenn nicht jetzt, dann später, wenn nicht in diesem Leben, dann im nächsten.

Si succiderit, de genu pugnat. Wenn seine Beine nachgeben, kämpft er auf den Knien weiter, sagte Seneca. Helden stehen immer wieder auf, auch wenn es im wörtlichen Sinne nicht mehr möglich ist.

Churchill war sich nicht sicher, ob Großbritannien durchhalten würde. Niemand konnte das sein. Er war sich aber sicher, wie er bei einer Invasion der Nazis reagieren würde. »Was sollen wir dann tun?«, fragte ihn seine Schwiegertochter. »Nichts hindert dich daran, ein Tranchiermesser aus der Küche zu holen«, sagte er zu ihr, »und nichts kann dich davon abhalten, ein paar von den Mistkerlen mit ins Grab zu nehmen.«

Niemand behauptet, dass man Sie nicht irgendwann besiegen könnte; aber ob Sie aufgeben wollen, können Sie selbst entscheiden. Ob Sie Ihre Sache aufgeben – das liegt in Ihrer Hand.

Sie können Widerstand leisten … mit allem, was Ihnen noch geblieben ist.

Hemingway erinnert uns daran, dass man zwar vernichtet werden kann – vom Leben, vom Feind, von einem Missgeschick –, dass uns aber niemand *besiegen* kann. Diese Entscheidung steht uns zu, sie liegt allein in unserer Macht. Und es geschieht nur, wenn wir aufgeben. Man verliert nur, wenn einen der Mut verlässt.

Niederlagen sind selbstgewählt. Die Mutigen wählen sie nie.

Mut heißt, wieder aufzustehen

Bedeutet Mut also, dass man nicht gebrochen werden kann?

Nein.

Es bedeutet, wieder aufzustehen, wenn man gebrochen wurde.

Weil Ihre Kinder zuschauen.

Weil die Sache Sie braucht.

Weil Sie nicht zulassen werden, dass das Böse triumphiert.

Es bedeutet, dass Sie sich wieder zusammenreißen, damit Sie tun können, was getan werden muss, für sich selbst, für andere.

Aber manche von uns haben Angst, das zu tun. Nicht Angst, weiterzumachen, sondern Angst, so verletzlich zu sein, zuzugeben, dass wir verwundet sind, dass wir uns erst wieder sammeln müssen, dass wir einen Rückschlag erlitten haben.

In einer der schönsten Passagen von Hemingway heißt es:

> *»Wenn Menschen sehr viel Mut in diese Welt mitbringen, muss die Welt sie töten, um sie zu brechen, also tötet sie sie natürlich. Die Welt bricht jeden, und danach sind viele stark an den Stellen des Bruchs. Aber diejenigen, die sich nicht brechen lassen, bringt sie um. Sie tötet gleichermaßen die sehr Guten, die sehr Freundlichen und die sehr Tapferen.«*

Die Welt ist ein grausamer und unwirtlicher Ort. Einer, der seit mindestens viereinhalb Milliarden Jahren unbesiegt ist. Von ganzen Spezies von Spitzenprädatoren über Herkules bis hin zu Hemingway selbst war sie die Heimat von unglaublich starken und mächtigen Kreaturen. Und wo sind diese jetzt? Verschwunden. Zu Staub zerfallen. Allzu viele von ihnen vorzeitig, unnötigerweise.

Weil sie Stärke mit Resilienz verwechselten.

Der Stoizismus – der tief verankerte Mut – hilft Ihnen dabei, wieder zu Kräften zu kommen, wenn die Welt Sie bricht, und er macht Sie auf einer inneren Ebene stärker. Ein Stoiker heilt sich selbst, indem er sich auf das konzentriert, was er kontrollieren kann: seine Reaktion. Die Reparatur. Das Lernen aus dem Geschehenen. Die Vorbereitung auf die Zukunft. Für andere etwas bewirken. Um Hilfe bitten. Etwas verändern. Sich für ein höheres Gut aufopfern.

Diese Vorstellung existiert nicht ausschließlich in der abendländischen Kultur. Es gibt eine Form der japanischen Kunst namens *Kintsugi*, die auf das 15. Jahrhundert zurückgeht. Dabei reparieren die Meister zerbrochene Teller, Tassen und Schalen, aber anstatt sie einfach wieder in ihren ursprünglichen Zustand zu versetzen, machen sie sie besser. Die Scherben werden nicht einfach zusammengeklebt, sondern mit einem speziellen, mit Gold oder Silber vermischten Lack verschmolzen. Laut der Legende entstand diese Kunstform, nachdem eine zerbrochene Teeschale zur Reparatur nach China geschickt worden war. Aber die zurückgeschickte Schale war hässlich – dieselbe Schale wie vorher, aber mit sichtbaren Rissen. Kintsugi wurde als Möglichkeit erfunden, die Narben eines Bruchs in etwas Schönes zu verwandeln.

Das ist die Frage, die sich die Welt manchmal stellt. Sie weiß, dass wir tapfer sind, also will sie erfahren: Tod oder *Kintsugi*?

Werden Sie einen Weg finden, an den Bruchstellen stärker zu werden? Oder werden Sie sich so sehr an Ihr gewohntes Verhalten klammern, dass Sie zerschmettert werden?

Ein Held steht wieder auf. Seine Wunden verheilen. Er macht ein inneres Wachstum durch. Für sich selbst und für andere.

Audie Murphy – der meistdekorierte Soldat in der Geschichte der USA – schließt seine Memoiren mit diesem Gedanken ab. Er ist durch den Krieg beschädigt worden. Das weiß er. Er hat Dinge gesehen, die er nicht hätte sehen sollen. Wie viele Veteranen und Trauma-Überlebende leidet er unter einer posttraumatischen Belastungsstörung. Aber er beschließt, dass dies nicht seine weitere Existenz bestimmen soll. »Plötzlich steht das Leben vor uns«, schreibt er. »Ich schwöre mir, dass ich mich ihm stellen werde. Ich mag vom Krieg gebrandmarkt sein, aber ich werde mich nicht von ihm besiegen lassen.«

Ich werde wieder nach Hause kommen, sagt er. Er wird nicht aufgeben. Er wird sich von seinen inneren Dämonen nicht besiegen lassen. Er wird seine Traumfrau finden, heiraten, eine Familie gründen. Er wird eine neue berufliche Laufbahn finden, ein neues Ziel. »Ich werde lernen, das Leben ohne Zynismus zu betrachten«, sagt er zu sich selbst, genau wie Sie es auch tun müssen. »Ich werde lernen, zu glauben und zu lieben. Ich werde lernen, im Frieden genauso aktiv zu sein wie im Krieg. Und am Ende – am Ende werde ich es lernen, genauso wie unzählige andere, einfach wieder zu leben.«

Mut ist Tugend.
Tugend ist Mut.

»Tugenden sind wie Musik. Sie schwingen in einer höheren, erhabeneren Tonlage.«
STEVEN PRESSFIELD

»Im Anfang war das Wort!« heißt es in Goethes Faust.

Dann korrigiert der Protagonist sich mehrmals und endet mit »Im Anfang war die *Tat!*«.

Dies war ein Buch über Mut, das erste einer Serie über die Kardinaltugenden. Hier, am Ende des Buches, lohnt es sich, zu betonen: Worte sind nicht wichtig. *Taten dagegen sind es.*

Nichts beweist dies mehr als die Beziehung zwischen Mut und den anderen drei Tugenden Mäßigung, Gerechtigkeit und Weisheit. Diese Dinge sind unmöglich, sogar wertlos, ohne den Mut, sie zu schützen.

Wie C. S. Lewis schrieb: »Mut ist nicht einfach eine beliebige Tugend, sondern die Form jeder Tugend an der Stelle der Erprobung.« Versuchen Sie, mit Mäßigung zu leben. Versuchen Sie, anständig zu sein. Versuchen Sie, nach Wissen zu streben. Versuchen Sie, irgendetwas davon in einer Welt zu tun, die Weisheit, Selbstdisziplin und Gerechtigkeit aufgegeben hat, und Sie werden sehen.

Sehen Sie, wie weit Sie ohne Mut kommen. Man wird Sie verspotten. Man wird Sie kritisieren. Man wird versuchen, Sie zu behindern.

Sie werden feststellen, dass sich Ihr Kontostand dem Nullpunkt nähert. All das ist ein Test.

Ohne Mut werden Sie ihn nicht bestehen. Der Mob wird Sie besiegen ... oder Sie werden Teil des Mobs. Die Belastung wird Sie brechen ... oder Sie werden Ihre Verpflichtungen gegenüber dem, was die Belastung verursacht, brechen.

Mut ist der einzige Weg. Er ist das Rückgrat für alles andere. Sie werden ihn brauchen.

Denn es ist leicht, über Tugend zu reden. Es ging auch leicht von der Hand auf diesen Seiten, gestützt durch Jahrhunderte von Dichtung und Literatur und Memoiren. Aber der Zweck, für den dieses Buch geschrieben wurde, und die Stunden, die Sie mit dem Lesen verbracht haben, war nicht bloße Unterhaltung.

Wir versuchen, wirklich besser zu werden. Wir versuchen, unserem eigenen Ruf zu folgen und diese herkulische Entscheidung selbst zu treffen. Heute. Morgen. In jedem Augenblick.

Was nützt eine Tugend, wenn sie nur auf dem Papier existiert? Was nützt sie, wenn man nicht den Mut hat, sie zu leben? Sie auf sich allein gestellt zu verteidigen? Auf ihr zu beharren, auch wenn so viele Belohnungen dagegensprechen?

Sicher, es gibt einen Zusammenhang zwischen Theorie und Praxis, aber an einem bestimmten Punkt geht es um die konkrete Umsetzung. Wir denken über die Wahrheit nach, und dann müssen wir entsprechend handeln. Wir nehmen sie in unsere Seele auf. Die Antike liebte die Formulierung: *Charakter ist Schicksal.*

Das sollte heißen, dass Ihre Überzeugungen Ihr Handeln bestimmen. Bei den vier Tugenden ging es darum, einen guten Charakter zu entwickeln, damit man im entscheidenden Moment automatisch so handeln konnte. Mut ist nicht etwas, das man offiziell verkünden muss wie einen Konkurs, sondern etwas, das man erwirbt, das ein Teil von einem wird. So wie ein Schriftsteller durch das Schreiben zu einem solchen wird –

und ein großartiger Schriftsteller, wenn er etwas schreibt, das lesenswert ist –, so ist »mutig« eine Bewertung, die man sich im Laufe eines Lebens mit mutigen Entscheidungen verdient.

Die Menschen, denen wir bisher gefolgt sind – darunter Charles de Gaulle, Leonidas, Frederick Douglass, Theodore Roosevelt, Eleanor Roosevelt, Mark Aurel, Sophia Farrar, Frank Serpico und James Stockdale – waren nicht perfekt. Manchmal zeigten sie in ihrem Verhalten auch das genaue Gegenteil der Tugenden, die wir hier untersuchen, und das darf man nicht verschweigen. Dennoch kann man nicht leugnen, dass ihr Charakter sie in einem entscheidenden, kritischen Augenblick dazu brachte, etwas wahrhaft Großes zu tun. Nicht nur damals, für ihre Zeitgenossen, denen sie halfen, oder für die Sache, die sie voranbrachten, sondern auch heute für uns, durch die Inspiration, die sie uns schenken.

Es waren nicht ihre Worte, die zählten. Es kam darauf an, wer sie waren. Das ist es, was Lincoln in Gettysburg zum Ausdruck brachte: Was wir hier sagen, spielt keine Rolle, Gewicht haben nur die Taten, die hier vor Ort vollbracht wurden. Egal, ob es 480 v. Chr. um die Spartaner bei den Thermopylen geht oder um die britischen Truppen zweitausend Jahre später, die am gleichen Pass ebenfalls ihr Leben riskierten, diesmal gegen die Deutschen, ob es um Florence Nightingale geht, die auf ihren Ruf hörte, oder um Maya Moore, die das ebenso tat, egal, ob sie alle das Opfer, das sie brachten, oder die Konsequenzen ihrer Haltung gänzlich verstanden: Ihr Mut hallt bis heute nach.

Ihre Tugend leuchtet.

Es steht nicht uns zu, sie zu weihen. Sie steht ewig für sich selbst. Ein Opfer, das den Flammen übergeben wurde.

Denn wir wissen, dass wir ohne die Tapferkeit derer, die vor uns waren, nicht hier wären.

Es gibt nur einen Weg, wie wir ihnen dafür danken können.

Indem wir zu ihren Taten unsere eigenen hinzufügen, indem wir ihr begonnenes Werk fortsetzen. Wir müssen die Tradition fortsetzen, der wir angehören, ob wir es wissen oder nicht. Wir müssen Herkules folgen.

Es beginnt mit der Entscheidung für die Tugend. Nicht zur Schau gestellte Tugend, sondern *gelebte* Tugend.

Egal, wie viel wir zuvor über Tugend gelernt haben, es kommt auf die Entscheidung an, die wir treffen müssen, wenn wir an den Scheideweg kommen.

Wir haben dieses Buch mit der Bibel und mit John Steinbeck begonnen. Lassen Sie uns schließen, indem wir sie zusammenbringen. In Steinbecks Roman *East of Eden (Jenseits von Eden)* kommt er zu dem Schluss, dass der mächtigste Ausdruck im Christentum *timshel* ist. In modernen Übersetzungen der Zehn Gebote im Alten Testament erscheinen diese wie Befehle. Steinbeck ist jedoch der Auffassung, dass die hebräische Formulierung *timshel* genauer ist: nicht »Du sollst«, sondern »Du kannst«.

»Hier zeigt sich die individuelle Verantwortung und die Erfindung des Gewissens«, bemerkte er zu seinem Verleger, als er dabei war, diese Seiten zu schreiben. »Man kann, wenn man will, aber es liegt an einem selbst. Diese kleine Geschichte erweist sich als eine der tiefgründigsten der Welt. Ich hatte immer das Gefühl, dass sie das war, aber jetzt weiß ich, dass sie es ist.«

Egal, ob die Parabel aus der Bibel stammt oder vom Mythos des Herkules, aus dem Roman *Jenseits von Eden* oder dem Drama *Faust*, ist ihre Botschaft immer dieselbe: Wir haben eine Wahl. Wir wählen zwischen Feigheit und Mut, zwischen Tugend und Laster.

Der Mut ruft uns, während wir uns fürchten. Er ruft uns auf zu allen Taten der Tapferkeit und Beharrlichkeit, die zur Erfüllung unserer Pflichten erforderlich sind. Und er ruft uns dazu auf, über unsere eigene Person hinaus zu einem größeren Gemeinwohl beizutragen.

Wir können selbst entscheiden, wie wir diesem Ruf folgen. Nicht nur einmal, sondern tausendmal in einem Leben. Nicht nur in der Vergangenheit und in der Zukunft, sondern hier und jetzt.

Wie wird die Entscheidung ausfallen?

Können Sie tapfer sein? Für wen und wofür werden Sie tapfer sein? Die Welt will es wissen.

Nachwort

Ich war etwa 23 Jahre alt, als Dov Charney, der Chef von American Apparel, mich bat, Nacktfotos einer Frau, die eine Klage gegen ihn eingereicht hatte, an die Öffentlichkeit zu bringen. Ich sagte ihm, dass ich das nicht tun würde.

Er glaubte, dass diese Bilder und die dazugehörigen Textnachrichten ihn entlasten würden. Bis zu einem gewissen Grad hatte er damit recht. Aber die Veröffentlichung dieser Bilder wäre in eine Kategorie gefallen, die wir heute als »Revenge Porn« bezeichnen.

Ich sagte, dass ich damit nichts zu tun haben wollte.

Damals empfand ich eine gewisse Zufriedenheit mit mir selbst für diesen Moment der Zivilcourage. Jetzt, da ich älter geworden bin und die Seiten, die Sie gerade gelesen haben, geschrieben habe, erscheint mir meine damalige Handlungsweise zwar richtig, aber auch beschämend unzureichend. Einerseits gab es bei American Apparel niemanden, der es gewagt hätte, sich Dov Charney zu widersetzen; nicht, wenn man seinen Job behalten, geschweige denn in der Gunst des Chefs stehen wollte. Andererseits frage ich mich, wieso ich mich nicht einfach umgedreht habe und zur Tür hinausgegangen bin, ohne noch einmal zurückzublicken. Warum habe ich nicht sofort gekündigt? Warum haben das nicht alle getan? Warum wollte ich *trotzdem* meine Stelle behalten?

Ich weiß noch, wie ich ein paar Wochen später in sein Büro kam und Zeuge eines Videotelefonats zwischen ihm und Journalisten einflussreicher Medien wurde, bei dem sie gemeinsam die Fotos betrachteten. Ich hatte lediglich meine Beteiligung an dem unlauteren Vorhaben verweigert. Ich hatte nichts getan, um die Verwirklichung dieses Plans zu verhindern. Nur wenige Minuten später wurden die Fotos überall im Internet und in der Presse verbreitet.

Warum hat mich mein Mut damals verlassen?

Diese Frage habe ich mir seither immer wieder gestellt. Denn das war nicht die einzige moralische Zwickmühle, in der ich mich bei American Apparel befand. Ich redete mir ein, dass ich so viele Jahre dortblieb, weil ich die Menschen, die für mich arbeiteten, schützen wollte. Ich blieb, weil ich dachte, ich könne innerhalb der Firma mehr bewirken als außerhalb. Weil ich an die hehren Ziele der Firma glaubte (sie tat Gutes in der Welt). Ich bildete mir ein, ich sei nicht wie die anderen Mitarbeiter oder wie der Chef. Bis zu einem gewissen Grad stimmte das auch. Aber wir können immer Gründe finden, um schwierige, aber richtige Entscheidungen nicht treffen zu müssen. In jenem Alter auf das Geld und den wichtigsten Job, den ich bis dahin je hatte, zu verzichten und die Pläne, die ich für mein Leben hatte, über den Haufen zu werfen – das wäre für mich sehr schwer gewesen.

Die Ironie aus heutiger Sicht ist, dass ich zu jenem Zeitpunkt bereits Pläne schmiedete, etwas viel Riskanteres zu tun: die Geschäftswelt hinter mir zu lassen und Schriftsteller zu werden. Ich glaube, ich hatte Angst davor, was es bedeuten würde, meinen Lebenslauf schlagartig zu unterbrechen. Ich zögerte, weil ich dann kein Gehalt mehr bekommen würde. Die Ungewissheit, der Sprung in die Dunkelheit schreckten mich ab. Aber durch das Zögern stellte ich mich selbst und meine persönliche Sicherheit über das moralisch Richtige und über andere Menschen.

Drei weitere Jahre blieb ich bei der Firma als Berater und Stratege, wobei meine Tätigkeit hauptsächlich darin bestand, für die Mitarbeiter, denen ich helfen konnte, zu intervenieren und zu verhindern, dass es zu größeren Problemen kam. Oftmals konnte ich falsche Entscheidungen abwenden; ich sorgte dafür, dass möglichst ethische Lösungen gefunden wurden. Ich versuchte auch, Dov in die richtigen Bahnen zu lenken. Ich habe dazu beigetragen, die Firma am Laufen zu halten, was es Tausenden von Arbeitern in der Textilindustrie ermöglichte, weiter ihren Lebensunterhalt zu verdienen. Auch ich bekam weiterhin mein Gehalt, weshalb ich nicht leugnen kann, dass ich eine Mitschuld trage an allem, was in der Firma nicht in Ordnung war.

Ein Vorbild an Mut war ich nicht.

Im Jahr 2014, nachdem ich mich durch die Veröffentlichung von drei Büchern bereits als Schriftsteller etabliert hatte, überschlugen sich plötzlich die Ereignisse. Dov, dessen Realitätssinn auch zuvor schon Aussetzer gehabt hatte, geriet in eine akute Krise. Er lebte auf einer Pritsche in der Lagerhalle. Er schlug einen Angestellten. Er tobte wie ein Verrückter. Er schaffte es, den Aktienkurs der Firma auf den tiefsten Stand aller Zeiten zu treiben. Es kam zu weiteren Gerichtsverfahren gegen ihn, weil er sich nicht mehr beherrschen konnte.

Während Dovs Abstieg in den Wahnsinn diskutierte ich häufig mit Vorstandsmitgliedern von American Apparel über den Stand der Dinge innerhalb der Firma. Als die Lageberichte immer schlimmer wurden, beschloss der Vorstand schließlich, sich von seinem Geschäftsführer zu trennen. Auch ich argumentierte damals, dass Dov Hilfe benötigte, so wie Nero Hilfe benötigt hatte, und dass seine *Entlassung* die einzige Möglichkeit hierfür war. Ich hatte recht lange gebraucht, um zu dieser Erkenntnis zu gelangen, aber ab diesem Zeitpunkt zweifelte ich nicht mehr daran, dass es der richtige Weg war. An dem Tag, an dem ich meine Buchtour für *The Obstacle Is the Way* (auf Deutsch erschienen als *Dein Hindernis ist dein Weg*) beendete, erhielt ich erst einen Anruf von Dov und anschließend von seinem Stellvertreter. Der Vorstand hatte ihn nun tatsächlich gefeuert.

Hätte ich etwas bewirken können, wenn ich bereits früher für diese Lösung plädiert hätte? Oder wäre ich dann entlassen worden? Wenn ich bereits 2011 aus Protest gekündigt hätte, wäre das als Botschaft wahrgenommen worden oder wäre es unbemerkt geblieben? Wenn ich mich anfangs nicht zurückgehalten hätte, wäre ich im entscheidenden Augenblick nicht mehr da gewesen. Das rede ich mir zumindest ein.

Dov, der nichts von meinen Bemühungen wusste, versuchte in seiner Verzweiflung, sich meine Loyalität zu erkaufen. »Ich werde dir einen Buchverlag kaufen«, sagte er zu mir. Hätte er dieses Versprechen einlösen können? Wahrscheinlich nicht. Aber das spielte keine Rolle, denn ich hatte daran kein Interesse. Ich hatte in dieser Angelegenheit meinen Rubikon überschritten. Ich flog nach Los Angeles und hatte dort die völlig neue Aufgabe, die Firma neu zu strukturieren und sie vor Dov zu retten, der, statt sich mit seinem millionenschweren Abschiedsgeschenk zufriedenzugeben, beschlossen hatte, dass er, wenn er nicht mehr der Chef sein durfte, lieber das zerstören wollte, was er sein Leben lang aufgebaut hatte. Es war ein Wettlauf mit der Zeit, um ihn davon abzuhalten, den ganzen Laden niederzubrennen.

Es gab den Versuch einer feindlichen Übernahme durch die Wall Street und dann eine Giftpille als Abwehrmaßnahme unseres Vorstandes. Es war nicht dasselbe wie ein Aufenthalt in einem Kriegsgebiet, aber es war ein Chaos, wie ich es zuvor noch nie erlebt hatte. Ich musste mich gegen Kritik, Intrigen und allen möglichen anderen Unsinn behaupten. Ich saß da und wurde für eine Reihe von Ermittlungen befragt. Ich erzählte folglich, welche Fehler gemacht worden waren und bei welchen Anlässen man Geld verschwendet hatte. Ich überzeugte auch andere Mitarbeiter davon, ihre Erfahrungen zu schildern, und schützte sie vor Vergeltungsmaßnahmen. Ich räumte mit alten Missständen auf und machte Maßnahmen rückgängig, die nie hätten eingeführt werden dürfen. Ich habe Menschen getröstet und versucht, alles in Ordnung zu bringen. Ich habe damals viele Überstunden gemacht, weit weg von zu Hause; meine Frau war allein und wartete geduldig auf mich, während ich zusammen mit meinen Kollegen versuchte, die Reste der Firma zu retten. Es war eine harte Zeit.

Aber nicht jede Schlacht kann gewonnen werden. Die neue Firmenleitung zögerte in einem kritischen Moment. Es gab Mitarbeiter, die man hätte entlassen müssen, weil sie im Laufe der Jahre korrumpiert worden waren. Als man sie, weil man niemanden verärgern wollte, dennoch weiterbeschäftigte, konnte Dov die Firma durch sie von innen sabotieren. Dann gab der Hedgefonds, der die Firma gekauft hatte, unter seinem Druck nach und holte Dov teilweise zurück in die Verantwortung. Da ich wiederholt hiervor gewarnt hatte, kündigte ich sofort und verzichtete auf die Erfüllung meiner restlichen Vertragslaufzeit.

Er war aus Gründen entlassen worden, die viel zu lange ignoriert und entschuldigt worden waren. Die Vorstellung, anschließend eine Kehrtwende zu vollziehen, erschien mir völlig unzumutbar. Aber die Experten für Richtungswechsel waren sich sicher, dass sie es besser wussten. Am Ende musste die Firma Insolvenz anmelden. Nicht nur einmal, sondern gleich zweimal. Mehr als 10 000 Menschen verloren ihren Arbeitsplatz.[30]

Ich hatte schon früher Morddrohungen wegen meiner schriftstellerischen Tätigkeit erhalten, aber keine davon hat mich so erschüttert wie der Anruf von einem von Dovs dummdreisten Schergen in jenem Sommer. Man arbeitet für jemanden und bewundert ihn – weil man überzeugt davon ist, an dieselben Werte zu glauben – und merkt dann, dass man die Augen vor der Realität verschlossen hat. Man erkennt, dass man seine Würde verloren hat und dass der schöne Schein auf Lügen beruhte. Und plötzlich macht man sich Sorgen um die eigene Sicherheit und geht dem eigenen Beruf mit einem mulmigen Gefühl nach, so als ob das eigene Auto und Büro verwanzt wären und abgehört würden.

Ich war traurig und fürchtete mich, war mir meiner Entscheidung aber auch überraschend sicher. Ich fühlte mich viel besser dabei, den schwierigen Weg zu gehen, als während der Jahre in der Firma, wo ich trotz aller interessanten und manchmal auch vergnüglichen Erfahrungen vielen moralischen Konflikten ausgesetzt war. Und mein jetziges Leben fühlte sich für mich auch viel besser an.

Während American Apparel pleiteging, habe ich viel Seneca gelesen. Er ist eine faszinierende Persönlichkeit, denn trotz all seiner wunderbaren Schriften über den Stoizismus – insbesondere über Mut und Gerechtigkeit – arbeitete er auch für Nero. War ich ein kleineres Gegenstück zu ihm im 21. Jahrhundert gewesen? Ein Schriftsteller, der nicht nach seinen eigenen Worten gelebt hat? In gewissem Sinne, ja. Unbestreitbar hatte ich versagt. Ich war Kompromisse eingegangen. Ich hätte es besser wissen müssen. Ich hätte mutiger sein können.

Ich denke, einen großen Anteil daran hatte das langsame Hochkochen der Affäre. Man beginnt mit einer Reihe von Annahmen, die auf der eigenen Wahrnehmung der Wirklichkeit beruhen, oder sogar auf den Kompromissen, die man bereit ist, einzugehen. Seneca war ein Teenager, als er Nero zum ersten Mal traf. Ich lernte Dov kennen, als ich ebenfalls noch ein Teenager war. Aber im Lauf der Zeit verändert sich vieles. Man lernt dazu. Bestimmte Dinge passieren. Wenn man jedoch nicht bereit ist, Entscheidungen zu treffen – harte Entscheidungen –, wenn man älter wird und sich die Lage ändert, dann ist man ein Feigling.

Mangelnde Handlungsfähigkeit ist ansteckend. Wir sprachen bei American Apparel immer davon, dass wir Zuschauer der »Dov-Show« waren. Niemand sprach jemals die Möglichkeit an, etwas dagegen zu tun. Es war, als wären wir alle passive Beobachter unseres eigenen surrealen Lebens – und dazu gehörte auch, ihm stundenlang beim Schimpfen und Toben zusehen zu müssen. Manchmal war er brillant. Manchmal war er erschreckend bösartig. Es scheint so, als wäre nie jemand von uns auf die Idee gekommen, *dass wir etwas dagegen tun könnten.* Vielleicht haben wir erwartet, dass ein anderer es tun würde, überspitzt formuliert: dass die Erwachsenen uns retten würden. Als wir dann selbst älter wurden – genauso wie Seneca, der allmählich immer mächtiger wurde –, bemerkten wir nicht, dass *wir nun persönlich eingreifen mussten.*

Vertraulichkeitsvereinbarungen, Abfindungen, Autoleasings, Freundschaften, Abteilungen … das alles verband uns mit unserem »Unternehmensvater«. Er war der Chef, und seine Unterschrift war auf unseren Gehaltschecks. Wenn man eine persönliche Beziehung zu jemandem hat, wird man blind für dessen Fehler. Niemand, den wir kannten, hat uns zur Rebellion aufgerufen. Wenn jemand es getan hätte, hätten wir dann zugehört? Oder hätte uns das nur noch tiefer in die kognitive Dissonanz getrieben? Die Furcht – in ihren verschiedenen Ausprägungen – war eine überzeugende Abschreckungswaffe. Sie hat über den Mut gesiegt. Zumindest kann ich das in meinem eigenen Fall sagen.

Seneca selbst sprach davon, dass Tugend aus zwei Teilen bestehe. Das Studium der Wahrheit, gefolgt vom Verhalten. Wenn es einen dritten Teil gäbe, sagte er, dann wäre es die Ermahnung und Erinnerung – der Prozess der Überprüfung, des Nachdenkens und der Erstellung von Regeln auf der Grundlage unserer Erfahrungen. Von allen Teilen ist das Verhalten natürlich der wichtigste. Meine eigene Geschichte ist der Beweis dafür. Aber auch wenn wir versagen und danach in den Spiegel schauen, können wir daran wachsen und etwas daraus lernen und es beim nächsten Mal hoffentlich besser machen. So erging es auch Seneca. Am Ende brach er mit Nero. Er starb als Held.

Im Jahr 2016 zeigte sich, dass auch ich aus meinen Erfahrungen gelernt hatte. Ich hatte eine Kolumne im *New York Observer*, der Jared Kushner gehörte, damals nur bekannt als Immobilienunternehmer und Schwiegersohn eines Reality-Show-Stars. In jenem Sommer schrieb ich einen Artikel, der Donald Trumps Eignung für das Präsidentenamt stark infrage stellte. Bis zu jenem Zeitpunkt hatte ich keine redaktionelle Genehmigung für meine Artikel benötigt, aber nun stoppte die Zeitung auf einmal die Veröffentlichung meines Beitrags. Ein paar Jahre zuvor hätte ich noch Angst gehabt, unangenehm aufzufallen – oder das Geld zu verlieren, das mir der Auftrag einbringen würde. Jetzt kam es mir nicht einmal mehr in den Sinn, etwas, das ich für wichtig hielt, nicht zu veröffentlichen.

Ich wusste auch, dass ich nicht unrecht hatte, was bedeutete, dass es richtig war, es auszusprechen.

Ich postete meinen Artikel an anderer Stelle, und er ging sofort viral. Mir war klar, dass meine Tage als Autor beim *Observer* nunmehr gezählt waren. Kurz darauf schrieb ich einen weiteren kritischen Artikel, der sich mit der rechtsextremen Website Breitbart befasste. Auch dieser wurde nicht veröffentlicht, sodass ich ihn wiederum auf eigene Faust herausbrachte. Wenig später wurde ich darüber informiert, dass jemand, der mit Trumps Präsidentschaftskampagne in Verbindung stand, angerufen hatte, um die Anschuldigung zu erheben, dass eines meiner Bücher ein Plagiat sei. Die Behauptung war absurd, aber darum ging es nicht: Es sollte eine Warnung sein. Man wollte mich wissen lassen, dass man versuchen würde, mich zu ruinieren, wenn ich nicht den Mund halten würde.

Das haben sie aber nicht geschafft.

Und wenn ich meine Kolumne wegen des Trump-Artikels verloren hätte? Wenn ich gezwungen gewesen wäre, mich gegen falsche Anschuldigungen zu wehren? Wenn jemand hinter mir her gewesen wäre? Ich wäre damit genauso umgegangen wie zuvor mit dem Verlust meines Gehalts – mit meinen eigenen Mitteln, wie Mark Aurel sagte. Wenn man der Angst nachgibt, verleugnet man die Talente und Fähigkeiten, die einen überhaupt erst dahin gebracht haben, wo man ist. Damit beraubt man sich selbst der Handlungsfähigkeit, die einem mit der Geburt verliehen wurde.

In gewissem Sinne bin ich dankbar für die Erfahrungen bei American Apparel, denn sie haben mich – im Nachhinein – gelehrt, wie wichtig es ist, auf die eigene innere Stimme zu hören. Inmitten von Chaos und Korruption kann es schwer sein, den Aufruf zu vernehmen, mutig zu sein. Manchmal kann man die Gefahren des Zögerns, des Nichtaussprechens der Wahrheit gegenüber den Mächtigen, erst dann verstehen, wenn man erlebt hat, was mit einem selbst und anderen geschieht, wenn man es versäumt hat, zu handeln.

Sie werden feststellen, dass die offene Einschüchterung, von der ich gerade gesprochen habe, sehr selten ist. Viel effektiver sind die normalen Anreize des Lebens. Erzählen Sie den Leuten, was diese hören wollen, und Sie werden ein größeres Publikum haben. Vermeiden Sie politisch sensible Themen. Stellen Sie nicht die Identität anderer infrage. Jeder heutige Schriftsteller kann verfolgen, wann die Zahl seiner Abonnenten und Follower sinkt, und daraus unschwer ableiten, dass das Aussprechen unangenehmer Wahrheiten oftmals dem eigenen Geldbeutel schadet. Sie können das in Ihrer Fanpost feststellen, wenn Sie sich in kontroverse Themen eingemischt haben: »Warum haben Sie das gesagt? Ich werde nie wieder etwas von Ihnen lesen.«

Ich bin nicht perfekt. Ich war nicht immer so mutig, wie ich es mir aus heutiger Sicht wünschen würde, das steht fest. Aber je mehr Erfahrung ich als Schriftsteller gesammelt habe, desto klarer ist mir eines geworden: Wir sind der Wahrheit verpflichtet – ob sie den Menschen gefällt oder nicht. Man kann dafür bestraft werden, wie dies Helvidius widerfuhr. Man kann im Rahmen der aktuellen Cancel Culture dafür »gelöscht« werden oder sogar buchstäblich ermordet. Aber, wie ich verärgerten Lesern oft antworte: Ich habe meine Plattform nicht ins Internet gestellt, um dann darauf nicht das zu sagen, wovon ich überzeugt bin.

Ich habe mir diese Geschichte für das Ende des Buches aufgespart, weil sie ebenso kompliziert wie alltäglich ist. Nicht weniger als 12 000 Menschen haben im Laufe der Jahre bei American Apparel gearbeitet. Wer unter ihnen hat die größte Schuld auf sich geladen? Keiner kann das sagen. Wenn Sie die Hintergrundartikel über die geleakten Bilder lesen, werden Sie feststellen, wie undurchsichtig die Situation damals war. Jeder hat seinen eigenen Standpunkt: Vielleicht würden Sie bei der Lektüre meiner Trump-Kolumne denken, dass ich völlig falsch lag und sie nicht hätte veröffentlichen dürfen.

Mit den Geschichten in diesem Buch wollte ich zeigen, dass Mut etwas ist, worauf wir alle auf unsere eigene Art in unserem eigenen Leben hinarbeiten müssen – auch wenn dieses Leben meist recht langweilig ist. Samuel Johnson scherzte, dass »jeder Mann schlecht von sich denkt, wenn er kein Soldat gewesen ist«. Ich kann das verstehen. Ich habe damit gerungen, als ich dieses Buch schrieb: Bin ich dafür überhaupt *qualifiziert*? Darf ich über Mut schreiben, wenn ich noch nie jemandem das Leben gerettet habe, abgesehen von einigen Notrufen und einer Herzdruckmassage auf dem Bürgersteig vor einer Bar?

Ich bin nicht immer mutig gewesen. Ich bin auch heute nicht immer mutig. Ich habe sogar gezögert, dieses Kapitel über American Apparel zu schreiben, und einige Leute empfahlen mir, ich solle es nicht aufnehmen … aber dann erinnerte ich mich daran, dass derartiges Zögern die eigene Entschlossenheit stärken sollte. Ich kann ohne Übertreibung von mir sagen, dass ich immer besser der zeitlosen Herausforderung gerecht werde, im täglichen Leben Mut zu beweisen. Heute kümmert es mich weniger als früher, was die Leute von mir denken. Ich stelle mich öfter den Herausforderungen, als vor ihnen zurückzuweichen. Das Schreiben und Veröffentlichen dieses Buches war ein Beispiel dafür. Aber ich möchte dies mehr durch meine Lebensführung und meine Taten beweisen als durch meine Worte.

Wir müssen aufhören, Mut nur als das zu sehen, was auf dem Schlachtfeld oder in einem Bus während der Freedom Rides der amerikanischen Bürgerrechtsbewegung passiert. Es geht auch darum, keine Angst vor dem Chef zu haben … oder vor der Wahrheit. Es ist die Entscheidung, seiner eigenen kreativen Berufung zu folgen. Es bedeutet, eine ethische Grenzlinie zu ziehen. Es bedeutet, wie ein Spinner zu leben, wenn das dem eigenen Charakter entspricht. Es bedeutet, nach seinem Gewissen zu entscheiden und nicht nach dem, was die Mehrheit will. Oder was Ihre Eltern für Sie wollen.

Es geht nicht nur darum, mutig zu sein, wenn das Schicksal Sie auf die große Weltbühne ruft. Wie bereits erwähnt, geht es auch darum, Mut zur Gewohnheit werden zu lassen. Etwas, das Sie in großen und kleinen Angelegenheiten tagtäglich zeigen, sodass es jederzeit ganz automatisch passiert, egal, wer gerade zuschaut, egal, was auf dem Spiel steht.

Der Mut ruft jeden von uns.

Werden wir antworten?

Oder vielleicht ist das zu viel verlangt. Können wir unser Antwortverhalten wenigstens etwas *verbessern*? Können wir uns den Herausforderungen öfter stellen, als ihnen auszuweichen?

Fangen wir erst einmal damit an.

Ryan Holiday
The Painted Porch Bookshop
Bastrop, Texas
2021

Was soll ich als Nächstes lesen?

Die meisten Menschen finden Bibliografien langweilig. Für diejenigen, die gerne lesen, sind sie der beste Teil eines Buches. Im Fall dieses Werks, das sich auf so viele wunderbare Autoren und Denker stützt, konnte ich unmöglich die gesamte Bibliografie mit abdrucken. Stattdessen habe ich eine vollständige Liste all der großartigen Bücher erstellt, die die Ideen, die Sie gerade gelesen haben, beeinflusst haben, eine Liste, in der auch erwähnt wird, was ich aus diesen Büchern mitgenommen habe und warum Sie sie vielleicht lesen sollten. Um diese Liste zu erhalten, schicken Sie einfach eine E-Mail an

books@courageiscalling.com

oder Sie gehen auf die Website

courageiscalling.com/books.

Ich schicke Ihnen auch gerne eine Liste mit einigen großartigen Zitaten über Mut.

Kann ich noch mehr Buchempfehlungen erhalten?

JA. Sie können sich zusätzlich in meine Mailingliste mit monatlichen Buchempfehlungen eintragen (die nun schon im zweiten Jahrzehnt besteht). Diese Liste ist auf mehr als 200 000 Abonnenten aus aller Welt angewachsen und hat bereits Tausende von Büchern empfohlen, die einem Leben eine neue Richtung geben können.

ryanholiday.net/reading-newsletter

Ich werde Ihnen dann zunächst zehn großartige Bücher nennen, von denen ich mir sicher bin, dass sie Ihnen gefallen werden.

Danksagungen

Dieses Buch wurde in der schlimmsten Zeit der COVID-19-Pandemie geschrieben und wäre ohne die mutigen Ärzte, Wissenschaftler, unersetzlichen Arbeiter, Paketboten und Kassiererinnen von Supermärkten, die jeden Tag Publikumskontakt hatten, nicht möglich gewesen – jeder von ihnen leistete seinen eigenen kleinen Beitrag, damit wir alle überleben konnten. Wenn ich von Mut spreche, dann meine ich nicht nur Soldaten, sondern jeden, der angesichts von Furcht, Schwierigkeiten oder Zweifeln standhaft bleibt. Wir alle sind den Helden von 2020 und 2021 zu Dank verpflichtet – und sollten die Ereignisse des letzten Jahres nutzen, um unser Verhalten und unseren Beitrag zum Gemeinwohl zu überprüfen.

Ich möchte mich auch bei meiner Frau Samantha bedanken, die sich unermüdlich um unsere Familie kümmerte, während ich dieses Buch schrieb. Ich danke auch meinen Schwiegereltern, die mir erlaubten, den ganzen Sommer über ein Wohnmobil in ihrer Einfahrt zu parken, und auf unsere Kinder aufpassten, während ich Teil 2 dieses Buches schrieb. Danken möchte ich überdies meinen Informationssammlern Billy Oppenheimer und Hristo Vassilev, meinem Lektor Nils Parker, meinem Agenten Stephen Hanselman und dem Team von Portfolio (Adrian Zackheim, Niki Papadopoulos, Stefanie Brody, Tara Gilbride, Megan Mccormack). Mein Dank geht an General Mattis, General Lasica, Bradley Snyder, meinen unermüdlichen Mentor Robert Greene und Steven Pressfield für ihre Ratschläge und Anmerkungen. Dankbar bin ich auch meinen früheren Kollegen von American Apparel für ihre Hilfe beim

Nachwort und dafür, dass sie zu mir gehalten haben, auch wenn ich nicht immer so mutig war, wie ich hätte sein können.

Dieses Buch – wie alle Kunst, Literatur und Technik – wäre ohne die Opfer und die Tapferkeit früherer Generationen nicht möglich gewesen. Wir können unseren Vorfahren für diese Anstrengungen niemals hinreichend danken. Alles, was wir tun können, ist, zu versuchen, in ihre Fußstapfen zu treten und sie zu ehren, indem wir ihre Inspiration für unsere eigenen Taten nutzen. Ganz unabhängig davon, in welchem Maße mir das hier oder anderswo gelungen ist, stehe ich in jedem Fall in ihrer Schuld.

Anmerkungen

1 Rosa Parks sollte am 1. Dezember 1955 in der Stadt Montgomery im US-Bundesstaat Alabama ihren Sitzplatz im Bus einem weißen Fahrgast überlassen – weil sie schwarz war. Doch sie sagte nein und löste damit eine Protestbewegung aus, die Amerika veränderte.

2 Aus dem Gedicht »Santa Filomena« (1857), hier in der deutschen Übersetzung von Friedrich Marx (Leipzig: Reclam 1872, S. 81).

3 Wenn für Sie persönlich die Bibel nicht maßgeblich ist, dann sollten Sie wissen, dass Aufforderungen wie »Sei tapfer«, »Habe Mut« und »Fürchte dich nicht« auch mehr als ein Dutzend Mal in Homers *Odyssee* zu finden sind.

4 Im Folgenden wird noch zu sehen sein, dass es für diesen Schönwetterpolitiker besser gewesen wäre, seinem eigenen Rat zu folgen.

5 Unentschuldbar ist, dass noch im Jahr 2021 eine Statue von Senator Tillman auf dem Gelände des South Carolina Statehouse steht.

6 In dem so betitelten Lied von Pink Floyd geht es darum, die in der Jugend wie Diamanten funkelnden Augen – die Ausdruck von Idealismus und Optimismus sind – nicht mit fortschreitendem Alter gegen einen erloschenen Blick einzutauschen, Ausdruck der Resignation.

7 Martha Austin Graham (1894-1991) war eine US-amerikanische Tänzerin, Choreografin und Tanzpädagogin. Graham gilt in der Fachwelt als eine Innovatorin des Modern Dance.

8 Aus dem in der Sammlung *Leaves of Grass* enthaltenen Gedicht »Song of Joys«, hier in der Übersetzung von Johannes Schlaf (Rottenburg/Neckar: Verlag Deutsche Volksbücher 1948).

9 Es schaudert einen, wenn man sich vorstellt, was mit de Gaulles von ihm geliebter, unter einer Behinderung leidenden Tochter Anne hätte passieren können, wenn die Familie in Frankreich geblieben wäre.

10 Aus diesem Grund entließ Lincoln General George B. McClellan und ersetzte ihn durch Grant. »Er kämpft wenigstens«, sagte Lincoln.

11 Im Amerikanischen Bürgerkrieg wurden die Seeminen als »Torpedos« bezeichnet. Diese berühmte Redensart bedeutete nicht »Waffen scharf machen«, wie manche vermuten, sondern: »Vergessen Sie die Hindernisse, lassen Sie uns vorrücken!«

12 Dabei sollten wir nicht vergessen, dass er nur aufgrund der großen und konzertierten Tapferkeit von *Generationen* von Suffragetten in die Lage kam, das Zünglein an der Waage zu spielen.

13 Hier findet sich im englischen Original ein schwer ins Deutsche zu übertragendes Wortspiel: »Mrs. ›Thomas Catt‹« meint die amerikanische Frauenrechtlerin Carrie Chapman Catt, in deren Namen sich mit »cat« eine Katze versteckt; und »tomcat« ist ein Kater, der hier aber nicht auf der Jagd nach Mäusen, sondern nach Ratten ist, weil es um die Ratifizierung des Verfassungszusatzes zum Frauenwahlrecht geht.

14 Von Soldaten wird erwartet, dass sie Befehle befolgen, aber heutzutage sind sie auch befugt, wenn sie die Sicherheit oder Moral eines Befehls anzweifeln, damit zu ihrem Vorgesetzten zu gehen – und weiter nach oben in der Antragshierarchie –, bis eine Lösung gefunden wird.

15 Aus: Stefan Zweig, *Magellan. Der Mann und seine Tat*, Wien 1938.

16 Eine ausführlichere Darstellung seines Kampfes gegen Gawker findet sich in meinem Buch *Conspiracy* (erschienen im Jahr 2018).

17 Angesichts des umgangssprachlichen Begriffs wäre eine mögliche Entsprechung im Deutschen „Sich einfach weiter durchwursteln".

18 Am Rande sollte erwähnt werden, dass MacArthur sechs Monate später durch Truman seines Amtes enthoben wurde, weil ihm der Erfolg zu Kopf gestiegen war. Denken Sie daran: Kühnheit ist nicht Leichtsinn. Das darf sie nicht sein, wenn das Leben anderer Menschen auf dem Spiel steht.

19 Aus dem Gedicht »A Psalm of Life« (1838), hier in der deutschen Übersetzung von Friedrich Marx (Leipzig: Reclam 1872, S. 92).

20 Aus dem Gedicht »A Psalm of Life« (1838), hier in der deutschen Übersetzung von Friedrich Marx (Leipzig: Reclam 1872, S. 92).

21 Freie Übersetzung der griechischen Inschrift durch Friedrich Schiller (1795).

22 Aus dem 4. Gesang von Byrons epischem Gedicht »The Island«, hier in der deutschen Übersetzung von K. L. Kannegießer (in *Lord Byron's sämmtliche Werke, Siebenter Teil*, Frankfurt/M.: Sauerländer 1831, S. 234).

23 Zu würdigen ist auch Prinz Albert von England, der in den letzten Tagen seines Lebens Großbritannien aus dem amerikanischen Bürgerkrieg heraushielt (der ganz leicht zu einem Weltkrieg hätte werden können).

24 Erster Akt, dritte Szene, Vers 65-67, hier in der klassischen Übersetzung von August Wilhelm Schlegel.

25 Die Apostel sahen, dass Christus seinen eigenen Rat befolgte und dabei Qualen auf sich nahm, indem er sein Leben für alle opferte. Man geht davon aus, dass von den zwölf Aposteln nur einer oder zwei eines natürlichen Todes starben.

26 Aus dem Gedicht »Santa Filomena« (1857), hier in der deutschen Übersetzung von Friedrich Marx (Leipzig: Reclam 1872, S. 80).

27 Aus dem Gedicht »A Psalm of Life« (1838), hier in der deutschen Übersetzung von Friedrich Marx (Leipzig: Reclam 1872, S. 92).

28 Aus einem Brief an den Theologen Reinhold Niebuhr vom Juni 1939.

29 Es ist kurios, dass ausgerechnet die Nihilisten, die ohnehin an nichts glauben, immer so verdammt enttäuscht von den Menschen zu sein scheinen.

30 Diese Erfahrung bildete die Grundlage für mein Buch *Ego is the Enemy* (auf Deutsch erschienen als *Dein Ego ist dein Feind*).

Die neue Buchreihe zu den vier stoischen Tugenden von Ryan Holiday

Band I: MUT – COURAGE IS CALLING
(erschienen 2021)

Band II: MÄSSIGUNG – ONLY THE DISCIPLINED ARE FREE
(erscheint 2022)

Band III: GERECHTIGKEIT – JUST DO THE RIGHT THING
(erscheint 2023)

Band IV: WEISHEIT – WISDOM TAKES WORK
(erscheint 2024)